Volver a dónde

 **Seix Barral** Biblioteca Breve

Antonio Muñoz Molina
Volver a dónde

© Antonio Muñoz Molina, 2021
© Editorial Planeta, S. A., 2021
Seix Barral, un sello editorial de Editorial Planeta, S. A.
Avda. Diagonal, 662-664, 08034 Barcelona (España)
www.seix-barral.es
www.planetadelibros.com

© Imagen del interior: archivo personal del autor

Primera edición: septiembre de 2021
Segunda impresión: septiembre de 2021
Tercera impresión: septiembre de 2021
Cuarta impresión: octubre de 2021
ISBN: 978-84-322-3904-5
Depósito legal: B. 10.925-2021
Composición: Moelmo, SCP
Impresión y encuadernación: CPI Black Print
Printed in Spain - Impreso en España

Fais apparaître ce qui sans toi ne serait peut-être jamais vu.

ROBERT BRESSON

Para Elvira
30 años
toda la vida

1

Junio, 2020. *Ahora es cuando no tengo ganas de salir a la calle. El estado de alarma que acaba de ser abolido continúa vigente en mi espíritu. El mundo de después, sobre el que tanto se especulaba, ha resultado ser muy parecido al de antes, salvo por el incordio añadido de las mascarillas. A media mañana, en el calor seco y candente de Madrid —«un horno de ladrillo babilonio», decía Herman Melville del calor de Nueva York— el tráfico es el mismo de otros veranos, quizás con un grado mayor de encono, porque la temperatura sube cada año, y porque los conductores de coches y de motos parecen ansiosos por compensar el tiempo perdido, la gasolina no gastada, los cláxones no apretados con gustosa violencia durante meses de silencio. Este mundo de después, igual que el de antes, está habitado por adictos al ruido, al motor de explosión y a la quema de combustibles fósiles. El aire de esta calle en la que hace nada se oían los gorriones huele casi palpablemente a gasolina. En un atasco un conductor ofendido por algo se baja de su furgoneta, llega a zancadas al coche que tenía delante, intenta abrir la puerta y como no puede da puñetazos en la ventanilla. Por fin logra abrir la puerta: sujeta con las dos manos la camisa del conductor, que se defiende a puñetazos* poco efectivos, porque el agresor es mucho más corpulento. Se dicen a gritos cosas terribles. Las dos caras enrojecidas de furia y de sudor y tapadas a medias por las mascarillas están muy cerca la una de la otra. En ese momento el tráfico empieza a moverse: ahora el conductor agresivo tiene que volver a toda prisa a su vehículo para eludir la furia de los que pitan contra él. Uno y otro sacan la cabeza por la ventanilla y continúan gritando y agitando los puños mientras conducen.

Aunque ahora pueda quedarme en la calle todo el tiempo que quiera procuro volver cuanto antes al refugio de mi casa, atronado por el ruido, por la violencia de la ciudad inhóspita. Sin la menor necesidad una brigada de operarios asistidos por excavadoras y por un camión cargado de alquitrán humeante están renovando el asfalto de un lado de la calle. Primero lo levantan con la pala dentada de la excavadora y después clavan en él las puntas de acero de los martillos neumáticos. En el calor ardiente los operarios llevan cascos de obra, guantes muy recios, gafas protectoras, mascarillas, pero no cascos para los oídos. El pavimento de la acera tiembla bajo las pisadas. Como han cortado el acceso de una calle lateral los coches atascados levantan un gran clamor de cláxones. Este es el mundo al que había tanta prisa por volver. Los pitidos del semáforo en verde se vuelven más cortos y más rápidos, pero el abuelo que cruza delante de mí arrastrando los pies no puede acelerar el paso. Los motores de los coches rugen de impaciencia en el mismo momento en que la luz verde y el diligente hombrecillo verde empiezan a parpadear. Miro hacia atrás desde la seguridad de la otra acera y el abuelo se ha quedado encallado en la mediana.

2

Inconfesablemente, hay cosas de las que siento nostalgia. A la caída de la tarde salgo al balcón y miro uno por uno los balcones y las ventanas a los que se asomaban a diario esos vecinos a los que nos unió durante más de dos meses la fraternidad del aplauso. Algunas de esas ventanas ya están tapadas por las copas de las acacias en las que por entonces aún no habían brotado las hojas. Las miro y me acuerdo bien de cada una de las personas que se asomaba a ellas: la anchura de la calle marca una distancia en la que no llegan a distinguirse bien los rasgos, pero sí los tipos humanos, la edad, hasta el carácter. Detrás de las figuras se atisbaba la intimidad distinta de cada vivienda. Si alguien no aparecía una tarde ya nos preocupábamos. Quien abría su ventana o se apoyaba en la baranda de su balcón saludaba con la mano, uno por uno, a los vecinos del otro lado de la calle: la señora mayor de pelo blanco que era la primera en aparecer, siempre uno o dos minutos antes de las ocho; las tres chicas con aspecto de compartir un piso de estudiantes, que se hacían selfies, ponían música y bailaban; el hombre de la barba y el pelo canosos y su mujer, los dos con un aire de progresistas veteranos, de haber sido jóvenes en los últimos setenta; la pareja más joven que a veces sacaba a la ventana un altavoz y ponía música, ella con el pelo muy corto, rubio pálido, siempre con una sudadera de capucha; la otra señora mayor que salía al balcón con un abrigo y unos incongruentes leotardos rojos; las dos hermanas de cierta edad que se asomaban perfectamente peinadas y vestidas, como arregladas para salir, con pañuelos estampados al cuello. Según pasaba el tiempo, seguir saliendo a aplaudir era una señal de vehemencia en la defensa de la sanidad pública: también indicaba que uno pertenecía al grupo de los aplausos de las ocho, no al de las cacerolas de una hora más tarde. Las ventanas que se abrían a las nueve estaban bien cerradas a las ocho, y de ellas colgaban banderas españolas con crespones negros. Pero para un oído musical también había una belleza en el sonido de las cacerolas: era, sobre todo con una cierta lejanía, un clamor metálico como de música gamelán indonesia. También, esa hora del atardecer, a mí me despertaba asociaciones acústicas: era a esa hora cuando volvían del campo los rebaños de ovejas y cabras en los atardeceres de verano de mi infancia, levantando nubes de polvo por los caminos. En el primero de todos los atardeceres de *Don Quijote de la Mancha* suena el cuerno de un pastor que lleva de recogida una piara de cerdos. Hasta el balcón de mi casa de Madrid llegaba certeramente una memoria de veranos remotos. Al final había algo de tristeza en las fuerzas cada día más menguadas de los que seguíamos saliendo a aplaudir. Ya estaba permitido salir a dar paseos, y mientras nosotros aplaudíamos mucha gente iba descuidadamente a lo suyo por la calle, impacientes por adoptar cuanto antes una normalidad que aún no existía. Nuestros aplausos se escuchaban menos porque éramos muy pocos y porque ya había mucho más tráfico.

3

Como es 13 de junio, San Antonio de Padua, he llamado a mi madre para felicitarla por su santo, pero no estoy seguro de que se acordara. Ahora se le nota a veces que finge entender lo que se le está diciendo, pero que tiene una idea muy vaga, si acaso, o que estaba muy sumergida en sí misma, o tenía la mente en blanco, y tarda en volver, en despertar a lo que está delante de ella. Hasta hace unos pocos años era ella quien me llamaba a mí bien temprano, para felicitarme antes que nadie. El confinamiento no varió en casi nada su vida. Tampoco ahora cambia nada, porque ya no sale a la calle, ni siquiera los miércoles, que era cuando iba antes a la peluquería. Iba caminando despacio, del brazo de mi hermana o de la chica que la cuida. Después empezaron a llevarla en la silla de ruedas. Pero las aceras en el Puerto de Santa María son estrechas y con muchos desniveles, y con frecuencia están bloqueadas por los coches. La he llamado y por el tono de su voz me doy cuenta de lo ausente que estaba. Desde hace meses mi trato con las personas cercanas es solo a través de sus voces. El teléfono me permite una sensación de intimidad mucho mayor que las videoconferencias. La voz sola favorece la cercanía más que la voz y las imágenes.

Mi madre tuvo una voz joven hasta hace no muchos años. La llamaba por teléfono y al escuchar su voz regresaba a otro tiempo. Ahora es ya sin remedio la voz de una anciana. Le pregunto quién la ha llamado ya para felicitarla, y dice: «mucha gente», pero sospecho que si le preguntara nombres no sabría decírmelos. Hasta hace nada enumeraba con orgullo todas las personas que la habían llamado: sus hermanos, sus primos de Barcelona, sus nietos, vecinas de San Lorenzo que la echan de menos. Estará sentada delante de su mesa con el atril de lectura, en la habitación que mi hermana ha preparado para ella en su casa, con libros, una cesta de costura que ya casi no usa, un televisor, una ventana que da a terrazas y tapias de jardines. Me cuenta que ha estado resfriada, pero que ya se encuentra mejor, y que no tiene miedo. Con la voz del todo lúcida ahora me dice: «Yo ya sé que no soy eterna. Cuando me tenga que ir me iré, tan a gusto. Con eso yo estoy conforme. Lo que no quiero es que sufráis por mí. Quiero que os quedéis con un buen recuerdo».

4

Fue hace nada, y es como si hiciera mucho tiempo. Ayer mismo, de pronto, es nunca jamás. Adquiríamos costumbres que se volvían invariables de un día para otro, y que dotaban de una forma pautada al curso de las horas del encierro. El aplauso de las ocho era una de ellas. También, para mí, el cuidado y el riego de las plantas del balcón, a las que hasta entonces no había hecho ningún caso. El riego automático se había estropeado y en medio del encierro nadie iba a venir a arreglarlo. Empecé a regar yo a mano, cada dos o tres días, ya de noche, cuando había menos peligro de que el agua cayera sobre algún viandante. Casi nadie pasaba entonces por la acera. Como había muy poco tráfico, por primera vez desde que nos mudamos a esta casa era agradable salir al balcón. Yo solo conocía los nombres de algunas plantas. No saber el nombre de una planta es no verla del todo. Conocía los geranios, la abelia, el jazmín, la glicinia, la albahaca, la hierbabuena, la menta, la parra virgen que desde el principio de mayo empezó a trepar de nuevo por la pared, la camelia, la fucsia, la gardenia. Al no venir la señora que trabaja en casa yo ya no tenía excusa para no cuidarlas. Hacía una ronda periódica de las plantas del balcón y las del interior. Lo que al principio me había parecido un fastidio poco a poco se convirtió en uno de esos hábitos que nos fueron ordenando la vida. La jardinería y la huerta son oficios de gente sedentaria. A quien va de un lado a otro y de aeropuerto en aeropuerto las plantas se le mueren de negligencia y soledad. Todos los días del año mi padre bajaba a su huerta, incluso el Domingo de Ramos y el Viernes Santo. De lunes a sábado volvía del mercado a la hora de comer y se cambiaba los pantalones de tela por los de pana, la chaqueta blanca inmaculada de vendedor por la camisa y la chaqueta viejas de hortelano. El pantalón de ir a vender lo dejaba bien doblado sobre la butaca de su dormitorio, los zapatos lustrosos al pie de la cama. Mi padre era tan joven entonces como lo son ahora cualquiera de mis hijos o de sus amigos. El pelo se le puso blanco muy pronto, pero tenía una cara ancha y cordial que lo rejuvenecía. Cuando estaba en su puesto del mercado, rodeado de parroquianas habladoras, sonreía mucho y hacía bromas con ellas, con un talento natural de vendedor. En la huerta era serio y se concentraba mucho en el trabajo. Era en casa donde muchas veces se volvía callado y sombrío. Ponía mucha paciencia y esmero en enseñarme cosas de la huerta que yo no tenía ningún interés en aprender. Su perfeccionismo me irritaba, su amor meticuloso al trabajo, su convicción de que las cosas debían hacerse lo mejor posible aunque no fuera a sacarse ninguna recompensa. No haber hecho caso hasta ahora de las plantas del balcón me provocaba de pronto un remordimiento que tenía mucho que ver con la sombra tutelar de mi padre. Una tarde de finales de mayo, después del aplauso de las ocho, descubrí que en la tierra de una jardinera habían nacido quién sabe por qué tres plantas de tomates.

5

A principios de febrero parecía aún que lo propio de las calamidades era que les sucedieran a otros, que fueran muy lejanas. Ese era entonces el orden natural del mundo. En otros continentes había epidemias mortales, huracanes, tsunamis, terremotos. El virus se extendía por una ciudad china con nombre exótico que la hacía aún más remota, Wuhan. Era como una fantasía de futurismo asiático que se hubiera podido clausurar una ciudad de diez millones de habitantes. En el Cuerno de África, en Kenia, en Somalia, en Etiopía, oscurecían el cielo y arrasaban luego la tierra nubes de miles de millones de langostas como no se habían visto nunca antes, favorecidas por los trastornos del clima. Todo tenía una resonancia de plaga bíblica: primero una sequía devastadora, después inundaciones causadas por ciclones tropicales. Las variaciones climáticas extremas creaban las condiciones necesarias para la reproducción explosiva de los insectos. Con viento favorable las nubes de langostas podían avanzar más de ciento cincuenta kilómetros al día. El calentamiento global acentuaba la evaporación del agua del mar y por lo tanto la formación de tormentas. En diciembre había tres ciclones girando simultáneamente sobre el Índico. Las lluvias torrenciales sobre los desiertos de la península arábiga permitieron una reproducción excepcional de las langostas. Sus enjambres cruzaban luego el golfo de Adén hacia el Cuerno de África impulsadas por los vientos. En Kenia no se habían visto nubes así desde hacía 75 años. Un enjambre con un frente de un kilómetro de ancho puede comer en un día lo mismo que 35.000 personas. Comparativamente no hay ningún animal tan voraz como este insecto que no pesa ni dos gramos. En el periódico se veía la foto de un hombre corriendo despavorido y agitando los brazos para apartar los torbellinos de langostas que volaban zumbando a su alrededor. Recorté la foto y la pegué en mi cuaderno.

6

Junto al portal de mi casa está la sede central de una agencia de viajes. La renovaron con gran lujo el año pasado. Antes había en el escaparate carteles de destinos turísticos. Ahora hay dos pantallas de alta definición en las que se proyectan videos de viajes a lugares lejanos, trineos tirados por perros corriendo sobre la nieve de Laponia, participantes en cruceros que danzan de noche alrededor de una hoguera en la plaza de una isla griega, geishas andando a pasitos cortos por un callejón de Kioto sombreado de almendros en flor. Cuando empezó el confinamiento la agencia de viajes quedó cerrada, como casi todo en Madrid, pero en las pantallas siguieron proyectándose sin pausa los videos de expediciones, de canoas avanzando al atardecer por bahías del sudeste asiático, de cruceros surcando el Caribe. Las pantallas estaban encendidas de día y de noche. Su claridad era tan poderosa que de noche se proyectaba hacia el otro lado de la calle, reflejándose como relámpagos dispersos en escaparates y ventanas. Las imágenes se sucedían a un ritmo hipnótico, siempre las mismas, aunque nadie las viera, grupos de jubilados en Disney World, una pareja de recién casados con albornoces blancos en la terraza de una cabaña de lujo, campesinos salvadoreños ofreciendo puñados de granos de café sostenible a turistas concienciados. El silencio de las imágenes es tan completo como el de la calle desierta. Las pantallas iluminan la acera con su claridad convulsa.

7

Ahora he adquirido la costumbre de sentarme a la caída de la noche en el balcón. No es algo que haya decidido hacer. Me da la impresión de que cada vez hace falta decidir menos cosas. Las costumbres ya están asentadas cuando uno se vuelve consciente de ellas. Salgo al balcón, recién terminada la cena, en el anochecer caliente, con una copa en la que todavía queda un poco de vino, el último trago tan sabroso. Vengo a regar mis plantas y a hacerles compañía. Vengo a observar la vista desde mi tercer piso. El mundo tiene ahora dimensiones abarcables. Veo la esquina de la calle O'Donnell con Fernán González. Veo un poco más allá la torre de Valencia, que tapa la vista del Retiro, y un horizonte que se extiende en dirección a la Puerta de Alcalá, Cibeles, la Gran Vía. Ese horizonte se vuelve rojo en los atardeceres. Se hace de noche pero el cielo no está oscuro del todo. Se nota en el espectáculo del mundo la fatiga de estos días que son los más largos del año. Hay como una extenuación de la luz. Todavía quedan vencejos volando muy alto sobre las terrazas. En torno a la claridad de las farolas se ven revoloteando unos pocos insectos. Los enjambres de otros tiempos no muy lejanos ya han desaparecido: una hecatombe está sucediendo sin que casi nadie repare en ella, un apocalipsis secreto. A los vencejos, a los murciélagos y a las salamanquesas les será muy difícil encontrar alimento.

Hasta hace unos días esta era una hora misteriosa, hasta que terminó el estado de alarma. Casi todo estaba todavía cerrado pero se permitía salir entre las ocho y las diez. Asomado al balcón yo miraba a la gente pasando por la calle, que estaba llena de voces, porque circulaban muy pocos coches. Voces y ladridos de perros, como en las lejanías de un pueblo. Paseaban de una manera muy antigua, como en otra época que vuelve por sorpresa a la memoria, cuando las personas, los sábados y los domingos a esta misma hora, paseaban por pasear, sin ir a ningún sitio en concreto, por el puro gusto de hacerlo, de ir charlando, de buscar con la mirada, de encontrarse por azar, sin haberse citado, mucha gente mezclada, cada pareja o cada grupo a lo suyo, a su ritmo, sin prisa, agotando el tiempo del paseo, que se terminaba a una cierta hora, y la calle se quedaba en silencio.

8

En los días de máximo rigor del encierro salir a la calle era una liberación. Era el gozo de respirar al aire libre, de ejercitar los músculos entumecidos por el sedentarismo, de cumplir tareas cotidianas que permitían un atisbo de normalidad: ir al supermercado, comprar el periódico, pasear a mi perra. Miraba de soslayo temiendo que apareciera un coche de la policía. Daba una vuelta a la manzana, y luego otra, a grandes zancadas. Me atrevía a alejarme un poco más, con la coartada de la perra que jadeaba a mi lado, con la de la bolsa de alimentos recién adquiridos, según podía demostrar el recibo que había tenido la precaución de guardar en la cartera. Cada mañana iba hacia el kiosco temiendo que lo hubieran cerrado: por un grado mayor de severidad en el confinamiento, o porque nadie más que yo se acercaba a comprar el periódico. Leía a todas horas noticias en internet o las escuchaba en la radio pero necesitaba esa caminata diaria, el kiosco abierto, el kiosquero con su cara de desolación detrás de la mascarilla, el despliegue de titulares de los diarios, el papel satinado y los colores vivos de las revistas. Entonces no era obligatoria la mascarilla al aire libre, pero se recomendaba el uso de guantes. Había una caja de guantes de un plástico muy liviano a la entrada de los supermercados, y un vigilante de seguridad que no permitía pasar a quien no se los pusiera, aunque llevara mascarilla. Si uno traía sus propios guantes tenía que ponerse encima los otros. Era difícil coger las cosas con dos pares de guantes superpuestos, y más todavía sacar el dinero o la tarjeta, o marcar el número de seguridad en la caja. Yo entraba al supermercado y el vaho de mi aliento me empañaba los cristales de las gafas, y no podía ver nada. Me quitaba las gafas para evitar la neblina de los cristales empañados y veía aún menos.

9

Todo esto son recuerdos lejanos de hace solo unos meses. Paso las páginas de los cuadernos en los que apuntaba a diario todo lo que veía y en los que pegaba fotos, titulares, artículos, y me parece que estoy consultando un testimonio de otra época. Los primeros días de marzo, justo antes de que empezara el encierro, hacía un calor anticipado casi de verano. Las mujeres llevaban ya vestidos ligeros, sandalias, zapatillas de deporte, camisetas de tirantes. Las terrazas estaban abiertas hasta después de medianoche en la plaza de Felipe II, cerca de mi casa. De ellas ascendía un rumor antiguo de conversaciones en noches de verano. En la esquina de Fernán González abrió muy anticipadamente la heladería Alboraya. La víspera del comienzo del estado de alarma la terraza de Alboraya fue la última en apagar las luces cuando ya todos los demás bares de la plaza estaban clausurados. Vi a una pareja que terminaba de tomarse sus helados tan apaciblemente como si estuvieran en un paseo marítimo, mientras los camareros recogían mesas y sillas y plegaban toldos, en el silencio que llenaba la plaza.

Poco después, aquellos días, según fue quedándose en silencio todo —no de la noche a la mañana, al principio, sino gradualmente, con zonas de normalidad y otras de cautela—, el tiempo empezó a cambiar también, retrocediendo al invierno. Las calles estaban vacías bajo cielos encapotados, y el tiempo parecía que se quedaba inmóvil a media mañana, con una luz gris sin horas precisas, con algo de llovizna y frío regresados. Las pocas figuras que se veían de lejos daban una impresión mayor de soledad porque iban abrigadas y hoscas. Madrid tenía amplitudes desiertas y llenas de silencio como de ciudad báltica en invierno, de antigua capital austrohúngara en un país comunista de los años cincuenta. La sensación quedaba confirmada por las colas de gente delante de los supermercados: colas de personas solas, muy separadas entre sí, recelosas de cualquier cercanía, abrigadas contra el frío, con grandes bolsas de compra, mascarillas, guantes azules de goma. Era como haber hecho un viaje a un país de otra latitud mucho más al este y al norte, de gente retraída, habituada a la escasez y a la contrariedad, sometida al silencio. Con la grisura de la luz se hacía más opresivo el confinamiento, al que solo estábamos empezando a acostumbrarnos. Caía una llovizna helada cuando salí en mi paseo con la perra Lolita, una de las primeras noches. No había nadie. La lluvia participaba del silencio. Me sobresaltó la aparición de un repartidor de comida que salía de un portal, doblemente enmascarado con un pasamontañas y el casco de la moto. En aquella soledad oí una voz femenina que hablaba muy alto y una carcajada. Doblé la esquina para ver de quién procedía. Era una mujer que paseaba a un perro y hablaba a voces, reía y gesticulaba, con un teléfono de manos libres. Al fondo de la calle los autobuses iluminados y vacíos cruzaban como barcazas por los canales de Ámsterdam. En el escaparate de la agencia de viajes un foco iluminaba la maqueta gigante de un crucero. Más que nunca daba una impresión de desmesura inútil, como la que darían sus modelos reales ahora deshabitados y atracados en los puertos turísticos. Un hombre solo y muy abrigado venía por la acera, arrimándose a la pared para evitar la llovizna.

10

Nadie previó lo que se avecinaba. A los pocos que sí lo hicieron nadie les prestó atención. Nadie, hasta unos días antes, fue capaz de prever el vuelco que todas las cosas iban a sufrir de un día para otro, la escalada de los muertos, los hospitales desbordados, los ancianos muertos y abandonados durante varios días en las residencias, la ciudad entera como en estado de sitio, la amplitud soviética de las avenidas sin tráfico, el silencio solo interrumpido por los pájaros y por las ambulancias. Yo mismo me negaba a ver la evidencia: por distracción, por miedo, por la jactancia de no seguir la corriente. Nadie, ni los más expertos, ni los que tenían la obligación y la responsabilidad de hacerlo, previó nada: pero a continuación ya no había figura intelectual que no se pusiera a improvisar dictámenes sobre el porvenir, a emitir juicios imperativos sobre el significado de lo que estaba pasando. Había una prisa por interpretar, por levantar teorías, por hacer nuevas predicciones que estarían sin duda tan equivocadas como las que se hicieron un poco antes, aunque ya nadie se acordaría de ellas. A mí se me acentuaba una aversión instintiva a las abstracciones, a las opiniones, a los vaticinios. Mi único deseo, mi inclinación exclusiva, era observar en silencio, tomar nota, concentrarme en la parte de la calle que se ve desde mi balcón, en el escaso territorio autorizado para hacer la compra o pasear perros. Mis herramientas eran el cuaderno, la pluma, el tintero, los lápices, las tijeras, la barra de pegamento. Quería observar lo cercano como un explorador en un país desconocido. Salir a Madrid era a veces como haber llegado por primera vez a una inmensidad como la de la gran plaza de Cracovia, una mañana invernal de cielo bajo y blanco y llovizna. Quería observarme a mí mismo desde fuera, con atención pero sin ensimismamiento, observar el modo en que el encierro en nuestra casa durante tanto tiempo nos afectaba a Elvira y a mí. Pensaba en la concepción de la escritura que tenía Primo Levi, como el informe meticuloso sobre un experimento químico. Me acordaba de otros maestros consumados de la observación. A V. S. Naipaul le preguntaron por qué había permitido a su biógrafo, Patrick French, consultar los diarios de su esposa difunta, Pat, que lo retratan de una manera tan desfavorable, y él contestó: *«The record must be kept»*. Quería fijarme en lo específico de este tiempo nuevo, lo concreto, lo que se olvida porque nadie le da importancia, lo que no aparece en los libros de historia, lo que no puede recordar más que quien lo ha vivido. Una vez le pedí a mi amigo y traductor Philippe Bataillon que me contara pormenores sensoriales precisos de la Ocupación en París, que él vivió como un adolescente. Se quedó pensando, con un brillo de agudeza y de lejanía en sus ojos muy azules de anciano, y me dijo: «Me acuerdo del sonido de las chapas metálicas que los militares alemanes llevaban en los tacones de las botas. Uno los oía venir antes de verlos. Esos golpes metálicos resonaban muy fuerte en los pasillos del metro».

11

Es muy raro haber tardado tanto en abrir los ojos, en cobrar conciencia del peligro, de lo que empezaba a suceder cada vez más cerca y sin embargo parecía que a nosotros no fuera a afectarnos. A mediados de febrero Elvira fue a Milán a dar unas conferencias y pasar unos días con su amiga Teresa. Teresa tenía una tos seca y constante pero decía que no era más que un catarro. Elvira me llamó por teléfono a medianoche y me dijo que oía a Teresa toser en la cama, en la habitación de al lado. En las noticias de la radio dijeron como de pasada que se habían registrado varios casos de coronavirus en Milán. Elvira estaba alarmada, impaciente por volver. Yo pensaba que era demasiado aprensiva. Cuando volviera a España tenía previstos varios viajes más, presentaciones de su novela recién publicada: Sevilla, Barcelona, Bilbao. Después iríamos juntos a Gante, para ver la gran exposición de Jan van Eyck. Los periódicos estaban llenos de fotos de gente con mascarilla, siempre en sitios remotos, en China, Corea, Taiwán, Hong Kong, donde la mascarilla parecía una prenda común, entre exótica y paranoica. Yo recortaba esas fotos y las pegaba en un cuaderno. Cuando Elvira volvió a Madrid, le extrañó que en el aeropuerto no hubiera controles de temperatura. Elvira se encontraba resfriada, con mareos, con la fatiga de los madrugones y los aeropuertos. Se echó a media mañana en el diván y tenía escalofríos. Yo pensaba que podía ser algo de autosugestión. Llamaba a un teléfono de urgencias que venía en la página web del Ministerio de Sanidad pero solo escuchaba un mensaje grabado. Al cabo de unos días ya estaba mejor.

12

26 de febrero. *Las cosas poco a poco se acercan. En España ya hay contagiados del virus que han venido del norte de Italia. El miedo de Elvira estaba más justificado de lo que yo creía. Esta mañana, a las 10, fue a la guardería a recoger a Leonor, y de pronto cayó en la cuenta de que al haber venido de Milán está en lo que llaman un grupo de riesgo. En la puerta de la guardería decidió no entrar. Las mascarillas se han agotado en las farmacias de Madrid. Sin que nos diéramos mucha cuenta las mascarillas se han vuelto omnipresentes en los periódicos y en las imágenes de la televisión. Yo lo veo todo como detrás de una pantalla empañada de indiferencia, como no queriendo o no sabiendo aceptar lo que ocurre por miedo, en el fondo, a que la realidad sea tan amenazadora que no haya forma posible de resistirse a ella, de ponerse a salvo.*

Me ocurrió algo muy parecido en Nueva York, cuando el 11 de Septiembre. Elvira estaba obsesionada, angustiada, alerta a cualquier indicio nuevo de peligro, deseando marcharse cuanto antes de aquella ciudad amenazada, de aquella isla sin escapatoria. Yo tenía una tranquilidad que a ella la sacaba de quicio. Simplemente yo no podía aceptar la posibilidad de que las cosas fueran a peor. Me ensimismaba en mis trabajos y en mis aficiones, o en mis pesadumbres difusas, como hago estos días. Ahora, como entonces, es muy difícil para mí aceptar la idea de que todo pueda hundirse en cualquier momento, de que se va a acabar la comida en el supermercado, de que no habrá metro o autobuses, de que no se podrá salir de una ciudad, como pasa ahora mismo en Italia y en China.

13

No llego a acostumbrarme a este Madrid de lo que llaman nueva normalidad, como el que no se adapta a su ciudad después de una estancia de cierto tiempo en otro país. Unas veces parece el Madrid de antes y otras me parece otro, más agrio, más desalentado, en el que todo el mundo lleva mascarilla y mira al suelo y habla por teléfono o mira y teclea en una pantalla, en línea recta, sin mirar al frente, en una trayectoria robótica. En el calor tórrido de la mañana hay vallas cortando el tráfico y un clamor de cláxones que no llegan a prevalecer sobre el estruendo de los martillos neumáticos y las excavadoras y el alarido de las ambulancias y los camiones de bomberos. El escaparate de una tienda de ropa está cruzado de letreros tan alarmantes como titulares de periódico o anuncios de un apocalipsis: ÚLTIMOS DÍAS, REMATE FINAL. En la esquina de Fernán González con Duque de Sesto, cerca de los contenedores de vidrio y de papel y cartón, un hombre duerme tirado en posición fetal en un colchón sucio y medio desgarrado. Por la puntera de un calcetín roto asoma una uña curva y negra. El hombre tiene la cabeza rapada, la cara roja de intemperie y alcohol. Bajo un brazo con tatuajes carcelarios sujeta un botín que ha debido de recoger de la basura de un supermercado: una bolsa de pan de molde, otra de magdalenas, un cartón de yogures. El colchón ocupa toda la esquina. El hombre duerme con una respiración agitada y profunda y el sol de la mañana que asciende sobre los aleros ha empezado a darle en la cara. Él se encoge más todavía en sueños, se protege sin éxito con la bolsa de pan y la de magdalenas. La gente se aparta sin mirarlo y sigue su camino, con esa urgencia matinal que también ha regresado, la prisa que durante un tiempo dejó de ser visible. En la persiana metálica de una peluquería de mujeres hay un letrero escrito a mano y pegado con cinta adhesiva: CERRADO DEFINITIVAMENTE.

14

La epidemia se propagaba por los noticiarios y los periódicos y también empezaba a filtrarse a los sueños. El género más frecuente en los míos es el de las cadenas agotadoras de imposibilidades. Soñé que estaba en una ciudad francesa, en uno de esos hoteles confortables y anticuados que allí son tan comunes. No podía volver a España porque a causa del coronavirus se habían cerrado las fronteras. Que las fronteras se cerraran de golpe era entonces algo que parecía solo verosímil en los malos sueños. Había un último vuelo que yo podría tomar si me daba mucha prisa. Estaba por fin en el avión, con los motores en marcha, el cinturón ajustado, pero en el último momento el comandante avisaba por la megafonía de que el vuelo había sido cancelado. Desperté en la oscuridad y tardé

29

en caer en la cuenta de que estaba en mi casa y en mi cama, no atrapado en Francia. En la vida diurna desaparecía mi clarividencia, más aún cuando me quedaba solo y podía perderme con más facilidad en mis lecturas y en mis imaginaciones y quimeras, en mi destreza para aislarme de la realidad. Iba por la calle y recibí un mensaje de Elvira desde Sevilla: «La gente se ha vuelto loca comprando en los supermercados». Pero un rato después pasé junto a un Carrefour y no vi nada anormal. Vi algo más allá a un hombre que empujaba un carrito lleno de cosas y llevaba en equilibrio sobre la cabeza un paquete gigante de papel higiénico. Entré por curiosidad en el OpenCor y había tal vez más gente de lo normal a esa hora, pero las estanterías estaban bien abastecidas, y ni siquiera se había formado cola en la caja. Un taxista me dijo que todo aquello lo habían organizado «los de arriba», para meternos en cintura. Bajó la voz para asegurarme en confianza que la culpa de todo la tenían los perros, que eran ellos los que transmitían el virus: el gobierno y las asociaciones animalistas querían ocultarlo para evitar una matanza general.

15

14 de marzo. *La sensación de retiro y encierro se acentúa: la súbita, chocante simplificación radical de la vida. Elvira ha vuelto de Sevilla con el gran alivio de que mañana no tendrá que viajar a Barcelona. Todos los viajes que tenía por delante se han suspendido. Todas las páginas futuras de la agenda se han quedado en blanco. De la noche a la mañana la palabrería y la gesticulación irresponsable de la clase política están sometidas al choque brutal con la* *realidad. Ahora nos damos cuenta de todas las cosas que parecían necesarias y urgentes y de pronto carecen de importancia; y nos damos cuenta al mismo tiempo de cuáles son las que importan de verdad, y del poco caso que se les ha hecho, y de los procesos de degradación, abandono, incluso liquidación, a los que llevan años sometidas: la sanidad pública, la primera de todas. Nadie sabe qué va a pasar.*

16

Ahora que parece que todo ha pasado, o casi, es cuando tengo miedo, cuando solo me siento seguro de verdad quedándome en mi casa, sentado en esta silla de jardín, a la caída de la noche, mirando desde una distancia segura a la gente que pasa por la calle, jóvenes en grupos a veces, sin mascarillas, muy cerca los unos de los otros, deportistas que bufan lanzando a su alrededor gotículas y aerosoles de saliva. Ahora hemos aprendido muchas palabras específicas. Al principio, en vísperas del confinamiento, el miedo me lo vedaba la pura inconsciencia, la parte que me correspondía de la ceguera colectiva. Después, ya encerrados, en ningún momento me sentí de verdad vulnerable. No tenía contacto físico con casi nadie. A las tiendas entraba con mascarilla y con guantes y en la puerta había siempre alguien que echaba gel hidroalcohólico en las manos. En el interior del supermercado el control estricto de la gente que entraba permitía mantener la distancia. Nos movíamos unos y otros entre los estantes con un aire de misantropía recelosa. Cuando salía a primera hora de la mañana o después de medianoche a pasear a mi perra no me cruzaba con nadie. Si veía a alguien acercarse al fondo de la calle uno de los dos cambiaba de acera.

Pero anoche doblé una esquina y me vi de golpe en medio de un grupo de gente joven que ocupaba la acera e invadía la calzada, sin mascarillas, sin precaución ninguna, bebiendo y dejando por el suelo un rastro de botellas vacías, vasos de plástico, bolsas de plástico con comida. Había un ensañamiento nervioso en las carcajadas, en la alegría de pisar ruidosamente un vaso de plástico o de tirar una botella contra una pared. A la mañana siguiente todo seguía lleno de basura. Olía a alcohol agrio, a meada y a vómito. El mundo de después es una mala copia del mundo de antes. En la televisión se ven imágenes de un botellón masivo en un parque de Barcelona, en el que hasta hace unos días habrá crecido sin estorbo la vegetación y habrán habitado los pájaros. En el periódico viene una foto de una calle de Londres la primera noche en la que han vuelto a abrirse los pubs. Un hombre joven, flaco, en calzoncillos, en medio de una multitud, alza una botella de ginebra en una mano y la vierte sobre su propia boca muy abierta, y la ginebra le empapa la cara y el pelo y le chorrea por el cuerpo.

17

15 de marzo. *He salido a dar un paseo más largo de lo permitido llevando como coartada a Lolita. Eran las seis, pero el día era tan gris que ya estaba anocheciendo. El color del cielo era tan neutro como el del asfalto. En la calle Máiquez los gorriones alborotaban más que nunca en los árboles de la acera, en los que ya brotan las hojas. Madrid es una gran amplitud deshabitada. Como está prohibido ir en compañía, oír de pronto una voz provoca un sobresalto. Las voces que se oyen son de personas solas que van hablando por* *teléfono. La gente habla tan alto por la calle como cuando tenía que sobreponerse al ruido del tráfico. Iba a volver a casa pero no he podido resistirme a seguir caminando. He bajado por Alcalá, viendo a lo lejos como las torres de una ciudad prohibida los edificios de Cibeles y del comienzo de la Gran Vía. He llegado a Menéndez Pelayo y he seguido la verja del Retiro. El Retiro clausurado y sin público tiene una espesura de bosque. Copas relucientes de hojas tiernas, retamas, castaños en flor. Del otro lado de la verja vienen oleadas de olores a tierra y a savia, y un gran alboroto de pájaros. Uno se pregunta si el Paraíso terrenal también estaría cercado por una verja muy alta después de la expulsión. Si Adán y Eva no se fueron desterrados muy lejos a veces se acercarían con temor y nostalgia, con el remordimiento de lo que habían perdido.*

18

En el supermercado, en aquellos días de marzo, el ambiente era silencioso y tranquilo y todos los anaqueles estaban bien abastecidos. Las cajeras llevaban mascarillas o pantallas faciales, y además estaban separadas de los clientes por mamparas de plástico. Hasta el contacto con la tarjeta de crédito estaba suprimido: la cajera extendía el datáfono con su mano enguantada y era uno mismo quien aproximaba la tarjeta. Parecía mentira acordarse del roce antiguo de las manos al entregar y recibir el cambio. Un empleado ofrecía el cesto de la compra al recién llegado pasándole antes un desinfectante por el asa. Las cajeras se dirigían a uno con especial amabilidad, sin levantar nunca la voz. En muchos casos hasta la música ambiental había desaparecido. Era admirable que se mantuviera el funcionamiento previo de todo lo necesario para la vida: alguien seguía recogiendo la fruta y la verdura que comprábamos, mataba los animales y troceaba la carne en los mataderos, transportaba las cosas en largos viajes solitarios en camión. En los mataderos y en las plantas gigantes de procesado de carne en Estados Unidos estaban algunos de los focos más activos del virus. En España los conductores de los camiones no podían detenerse a descansar o a comer porque los restaurantes de las carreteras estaban cerrados. Nadie podía saber qué ocurriría si la excepcionalidad se prolongaba hasta el punto de que los canales de distribución empezaran a romperse. Pero viendo a la gente en el supermercado se confirmaba en mí la idea de que el común de la gente en España es más racional y templada que la mayor parte de la clase política. Un fascista de VOX, contagiado y en trance de curarse, había dicho que sus anticuerpos españoles estaban combatiendo al maldito virus chino. Un patriota independentista catalán decía que España era muerte y Cataluña era vida. Cuando empezó a multiplicarse el número de muertos en Madrid, otro patriota catalán célebre hizo en Twitter una broma que fue muy celebrada por los suyos: *De Madrid al cielo*.

19

17 de marzo. *Cada mañana me despierto con angustia. La oscuridad y el silencio en el dormitorio me producen una opresión física, como de haber despertado en un espacio muy cerrado, una cripta, una de esas cámaras acústicas que suprimen cualquier sonido. De la calle no llega ningún rumor de tráfico, solo sirenas de ambulancias. Da mie-*

do pensar qué habrá ocurrido durante la noche, qué van a contar los locutores de noticias cuando pongamos la radio con el desayuno. Salgo a la calle y el silencio es igual de absoluto. Ya va aceptando uno sin extrañeza esta normalidad de calles vacías, tiendas cerradas, personas solas. En las puertas de las farmacias hay carteles que avisan de que no quedan mascarillas. Ayer por la tarde encontré una donde anunciaban que sí las vendían. Compré dos, a un precio de estafa, diez euros. Me puse una y era muy raro llevarla. No estaba seguro de habérmela puesto bien. Era muy fatigoso respirar. En un escaparate vi a un transeúnte enmascarado y anónimo y era yo. Me la quité de inmediato. El aire limpio y sin humo de tráfico era una súbita felicidad.

20

Por el barrio pululan ahora más que nunca los pedigüeños, los mendigos vergonzantes, los que rebuscan cosas en las papeleras y en los contenedores de basura y de escombros. Durante el encierro desaparecieron los mendigos rumanos organizados y los negros apostados en las esquinas y a las puertas de los supermercados, ofreciendo pañuelos de papel, o agitando vasos de plástico con monedas. Una de las señales de que poco a poco regresaba la normalidad fue que los africanos volvieron a aparecer en los mismos lugares, ahora con mascarillas, quizás con un aire mayor de desamparo y urgencia. Ahora algunos piden comida, galletas, leche. Los que no han vuelto a aparecer son los mendigos profesionales rumanos, los tullidos y cojos que exhiben deformidades o muñones con una desvergüenza de miseria inmemorial. Ahora quienes piden y quienes rebuscan por las papeleras son personas comunes. Hay un hombre joven, de buen aspecto, en bermudas, que se instala cada día delante de un puesto de venta de pollos asados, del que emana siempre un olor suculento a salsa y carne tostada. La gente hace cola a la puerta, y este hombre, con una mezcla de timidez y de insistencia, pide algo de comer, unas monedas, un pollo asado para que coman sus hijos, dice, mirándolo a uno a los ojos. En la esquina soleada de Fernán González y Duque de Sesto, me llama la atención una mujer gorda, de buen aspecto, madura, con aire de cansancio, parada en la acera. Hay algo inusual en ella. Uno aprende a fijarse en estos detalles. Podría ser una vecina del barrio, pero es rara esa inmovilidad, a esa hora de la mañana, ese no hacer nada, no dar indicio de ir a alguna parte, a alguna tarea. Tiene aspecto, más o menos, de clase media, no lleva unos zapatos desastrados, no viste mal. Lleva pantalones anchos, una blusa holgada, gafas. Cuando me voy acercando a ella me dice en voz baja que si puedo darle algo. Baja tanto la voz que casi no la entiendo bien. No hace ningún gesto de pedir, no extiende la mano. Busco en los bolsillos y encuentro una moneda de un euro. La mujer la aprieta en una mano pequeña y carnosa y me da las gracias en un murmullo. Por pudor no la miro a los ojos. Unos días más tarde la he vuelto a ver, a la entrada del Corte Inglés, en Goya. Sigue produciendo el mismo efecto engañoso. Es una señora mayor, que no hace nada, que está como esperando, mirando pasar a la gente. Se aproxima educadamente a alguien. Esa ruptura de la distancia establecida ya provoca un reflejo de alerta. La señora se aproxima y la otra persona al principio escucha sin recelo, como se hace con quien va a preguntarnos una dirección. La señora que no parece una mendiga murmura en voz baja y extiende apenas la mano, o ni siquiera eso, y el rechazo es inmediato, el reflejo de sumir en la invisibilidad a quien está delante de los ojos.

21

18 de marzo. *Geografía dispersa del confinamiento: mi madre en su habitación, delante de un ventanal y de una araucaria, en el Puerto de Santa María; nuestros hijos aquí y allá: Elena con Damien en Dublín, en un barrio de las afueras, con un horizonte brumoso de edificios bajos y parques muy verdes; Miguel con Lara en Carabanchel, con una vista vecinal sobre los tejados rojizos de Madrid; Arturo y Olalla en su casa de Granada, él tocando la guitarra para distraerse cuando lleva muchas horas traduciendo, y ella pedaleando en la bici estática para compensar el sedentarismo forzoso, los dos disfrutando de una terraza providencial que da a Sierra Nevada, al lomo nevado del Veleta; Antonio en casa de su madre, en Granada también, con Violeta y la niña Leonor, que sale a jugar al jardín y vive en su paraíso ajeno a la pandemia y al mundo exterior. Las voces en el teléfono ayudan a mitigar la lejanía.*

22

Como si el confinamiento domiciliario no fuera suficiente yo vivía confinado también en la lectura del primer tomo de una biografía inmensa de Hitler, escrita por Volker Ullrich. Me embarqué en ella sin mucha convicción y al cabo de unas pocas páginas ya me tenía atrapado, por su atención a los matices menores y significativos, y al modo en que las cosas eran percibidas mientras sucedían. En la mirada retrospectiva del historiador hay trampa: en diarios, en cartas, en noticias de periódicos, está la vibración del presente, la dificultad humana de ver lo que se tiene delante. Todos los que lo conocieron coinciden en la fuerza extraña de los ojos de Hitler: grandes, muy azules, muy fijos. Hasta 1928 no empezó a usar megafonía en sus actos públicos. Llevaba siempre una fusta, y cuando se enfadaba en una reunión la golpeaba contra la mesa. Tarareaba con muy buen oído, con un vibrato raro, largos pasajes de óperas de Wagner. Era vegetariano y no bebía alcohol, pero echaba varias cucharadillas de azúcar al té, que luego sorbía con mucho ruido, y devoraba pasteles de nata. Klaus Mann lo observó una vez de cerca en un café de Múnich, comiéndose un pastel a grandes bocados. Por culpa de la afición al azúcar tenía los dientes en mal estado. En los últimos tiempos, en el búnker de Berlín, su halitosis se volvió insufrible para los que se le acercaban. La gente se fijaba en la belleza de sus manos, largas y suaves, que muchos calificaban de manos de artista, de pianista. El sórdido filósofo Heidegger sentía gran admiración por las manos de Hitler. Contaba historias de batallas en la Gran Guerra europea haciendo todo tipo de ruidos onomatopéyicos: disparos, bombas, explosiones, motores, relinchos de caballos. Se le daba muy bien imitar a la gente para ridiculizarla. Podía doblarse de risa, pero solo reía a costa de otros. No veía la hora de ir a acostarse por las noches. No le gustaba quedarse solo. En sus paseos por los jardines de la Cancillería llevaba siempre un puñado de frutos secos en un bolsillo para alimentar a las ardillas que se le acercaban.

23

19 de marzo. *Ahora mismo, a mediodía, el número total de muertos en España es de 767, pero es seguro que a cada hora serán más, y también que hay más muertos de los que quedan registrados. No somos capaces de darnos cuenta de la magnitud de lo que está pasando. Cada vez se ve más clara la fragilidad de España y de Italia. Aquí al lado, en el Gregorio Marañón, la situación debe de estar aproximándose al colapso. Desde el balcón veo llegar y salir ambulancias con las sirenas en marcha a cada momento. En los periódicos, en la radio, en la TV, en las redes, también hay una pandemia desbocada de* kitsch, *de lirismo de resiliencia y autoayuda. Poetas galardonados publican versos de urgencia bochornosos. Es un colectivismo de la tontería «positiva».*

24

En el balcón, a las once de la noche, hay una brisa cálida que estremece a mi lado las matas de tomates. Compré tierra fértil y abono, trasplanté en macetas separadas cada una de las matas todavía diminutas pero ya muy erguidas y las he regado cada noche. En poco tiempo han crecido mucho. En alguna apunta una flor amarilla. Si toco las hojas de los tomates y me llevo los dedos a la nariz me traspasa una felicidad que no se parece a ninguna otra. Es la felicidad en estado puro de los veranos en la huerta de mi padre, las noches calientes de junio y julio en la plaza de San Lorenzo, cuando vivían y estaban activos mis abuelos y mis padres eran jóvenes, y yo no había salido del edén de la infancia. Me siento en el balcón cada noche, esperando algo que no sé lo que es, disfrutando algo muy concreto, muy limitado, en el mejor sentido de la palabra: algo muy definido de forma, autosuficiente, abarcable, cerrado sobre sí mismo y al mismo tiempo abierto al mundo, como este balcón. El balcón es mi reino, con las plantas que ahora no me olvido de regar cada noche, cuando el calor extremo da un respiro, los tomates, los geranios, el jazmín, la glicinia, la abelia, la gardenia. El reino breve está delimitado por una baranda pintada de blanco, a tres pisos de altura sobre la calle O'Donnell, y sobre las copas de las acacias del Japón que están empezando a florecer. Al otro lado de la calle veo ventanas iluminadas a las que ya no se asoma nadie, y muy arriba el perfil de las terrazas, que tienen algo de quintas secretas en el campo, con toldos verdes y plantas, hasta siluetas de árboles, una palmera, un magnolio, un jazminero. Siguiendo hacia el oeste la línea de las terrazas y los tejados la mirada llega a la torre de Valencia, que tapa el horizonte del Retiro. El cielo era entre blanco y gris hasta hace un rato: dentro de poco, si tengo paciencia o pereza para seguir observando, lo veré convertirse en azul marino. Ahora mismo es un azul un poco sucio, tal vez por culpa de la contaminación que vuelve, y por el polvo que está disuelto en el aire: polvo del desierto del Sahara, traído por los vientos áridos del sur, y también de los secanos españoles que atraviesan las corrientes de aire hasta llegar a Madrid. En Nueva York tuve amistad con un físico español muy brillante, joven, especialista en la difusión de aerosoles, en las micropartículas naturales o artificiales que se mantienen en suspensión en el aire. Me contó que en el polvo africano que se respira en los veranos en España hay microfósiles de conchas de animales marinos que se depositaron en el fondo del mar donde luego estuvo el desierto del Sahara. Los pulmones humanos están adaptados a las partículas vegetales o minerales de la naturaleza, el polen, el polvo. Las partículas del monóxido de carbono y el dióxido de nitrógeno que expulsan los motores de los coches son tan pequeñas que nuestros pulmones no las filtran. Se incrustan en los tejidos pulmonares, en el interior de las células.

En este azul todavía indefinido y turbio solo distingo el brillo débil de una estrella. En el cine de verano de Úbeda yo levantaba la cabeza hacia más allá del cañón irisado de polvo luminoso del proyector y veía la Vía Láctea. El cielo era una bóveda resplandeciente que abarcaba de noche toda la amplitud del valle del Guadalquivir, desde el mirador de San Lorenzo hasta las laderas y las cumbres de la sierra de Mágina. La Vía Láctea cruzaba de un lado a otro el cielo sobre la calle Fuente de las Risas. Mi padre me llevaba en brazos y a mí se me cerraban los ojos de sueño. Me quedaba dormido apoyándome en la firmeza de su hombro. Aquellos cielos tenían una negrura de tinta, con un brillo de espejo, como el que se veía al asomarse a un pozo. Ahora esta estrella única es tan incierta como una vela a punto de apagarse al fondo de una capilla. La luna también ha desaparecido del cielo, o la tapan los edificios de enfrente. La vi hace unas cuantas noches, emergiendo como una monstruosa bola amarilla por detrás de los árboles del Retiro, reflejándose luego con relumbres de charol sobre el agua del estanque, justo cuando se levantaba sobre ella una brisa fresca que aliviaba el calor de la noche.

En el metro se ve claro que este ya es otro mundo, que el de antes no ha vuelto. El metro tiene ahora una atmósfera espectral con las mascarillas y el miedo al contagio, con los avisos de voces severas y alarmantes por la megafonía. Hay mucha gente callada y metida en sí misma en los andenes. En los coches no es posible mantener la distancia. El anonimato de las mascarillas hace más visible la uniformidad de los viajeros, la repetición exacta de una misma actitud: hoscos, absortos en los móviles, tecleando en ellos, los oídos sellados al exterior por los auriculares. Una respiración cercana es una amenaza. Un golpe de tos acentúa el silencio y la alarma de un vagón entero. Entro en un vagón y yo soy la única persona que lleva en las manos un libro y no un teléfono. Es mi primer viaje en el metro después del encierro. Pero de una estación a otra empieza a formarse una pequeña comunidad lectora: un hombre joven y barbudo se sienta frente a mí leyendo un tomo muy grueso, más atento aún porque estaba llegando a las últimas páginas. No consigo ver el título. Y en la siguiente parada entra una chica muy joven, moderna, con coletas tiesas, camiseta, zapatillas blancas de lona, calcetines cortos. Es una lectora tan formal que lleva un lápiz en la mano y de vez en cuando subraya algo. Tiene las uñas pintadas de azul. Esta vez sí llego a ver el título, aunque no me suena de nada, ni consigo fijarme en el nombre del autor. El libro se titula, no sin truculencia, *El contorno del abismo*. El que yo llevo es uno de esos libros fragmentarios que van muy bien para los viajes en metro, *Slight Exaggeration*, de Adam Zagajewski. Entre la lectura y la observación de los otros estoy a punto de pasarme de estación. Dice Zagajewski: «*Books should be as portable as thoughts»* —tan portátiles como poemas que uno se sabe de memoria.

26

Una mañana, en la segunda o la tercera semana del encierro, llamé a mi amigo el doctor Bouza. Acabábamos de oír en la radio que el día antes había muerto un enfermo en Madrid cada dieciséis minutos. Pero no daba la impresión de que las cifras fueran muy fiables. El número de muertos podía ser mayor. Morían sin auxilio los ancianos en las residencias y los médicos y los enfermeros en los hospitales se contagiaban por falta de equipos de protección. El doctor Bouza lleva un año jubilado pero ha vuelto al Gregorio Marañón para unirse a sus compañeros sanitarios. Le dejé un mensaje y me llamó al cabo de dos horas, con la voz tranquila y hasta risueña que ha tenido siempre. Nos conocemos desde hace más de veinte años. Me ha cuidado cuando he estado enfermo y me ha dado ánimos de una manera sobria y efectiva cuando me faltaba la esperanza. Es una eminencia internacional en su campo y ha pasado gran parte de su carrera en una oficinilla del Gregorio Marañón con una ventana que daba a un patio interior. Llevaba siempre una corbata de lazo y una estilográfica en el bolsillo superior de la bata blanca. Andaba muy rápido por los pasillos del hospital, inclinado hacia adelante, como queriendo llegar antes que sus propios pasos. Me dijo que había vuelto al hospital, aunque con precauciones, porque ya tiene setenta años. «Así que soy población de riesgo», dijo, como enunciando un contratiempo, una de tantas adversidades mayores o menores a las que tiene que hacer frente quien trabaja en la sanidad pública. Se quedaba aislado en un despacho, y pasaba consultas por videoconferencia. Llamaba por teléfono a los colegas que estaban de baja: comprobaba síntomas, daba ánimos a los que vivían solos, a los que empezaban a recuperarse y estaban impacientes por volver ya al hospital. Me dijo: «Yo nunca he conocido nada como esto, ni en los peores tiempos en que la gente se nos moría de sida y no podíamos hacer nada más que verlos morirse. Esto es como una guerra. Es como si cada día se estrellara en Barajas un avión lleno de gente. Hay camas por todos los pasillos. Ahora mismo hay en el Gregorio Marañón doscientos enfermos esperando camas. Imagínate cuántos habrá en todos los hospitales de Madrid. O lo que estará pasando ahora mismo en las residencias de ancianos. Esto es una guerra, y como en una guerra tendremos que asumir que habrá bajas». A pesar de todos los pesares, me dijo con orgullo, el personal de los hospitales estaba trabajando con una eficacia y una entrega como él no había visto nunca. «Cada uno haciendo a conciencia lo que tiene que hacer, como soldados españoles en los tercios de Flandes.» El doctor Bouza es un gran científico que tiene una visión épica a la antigua de la historia de España. «No hay que desesperarse. Las cosas empezarán dentro de poco a ir a mejor. Los efectos del confinamiento tienen que empezar a notarse. No mañana ni pasado, pero sí en unas semanas.» Y a continuación me mostró su rabia por toda la incompetencia, toda la irresponsabilidad de la gente que nos gobierna, los que durante tantos años han abandonado y desmantelado y privatizado la sanidad pública, los que vieron acercarse la pandemia y recibieron avisos urgentes desde China y luego Italia y no hicieron nada. Ni los años ni la jubilación han mellado su ánimo, su entusiasmo práctico por remediar en lo posible el sufrimiento y mejor todavía por prevenirlo, su austera fortaleza mezclada siempre de compasión y de un fondo de ironía. Lo llamaban por otra línea y tuvo que colgar. Me dijo que tenía ganas de que acabara todo para hacer de nuevo el Camino de Santiago en bicicleta.

27

En cuanto fue posible salir para hacer ejercicio, a principios de mayo, yo adquirí la costumbre de echarme a la calle a las nueve de la mañana. En ese tiempo encuentro algo del frescor y la quietud arcádica que ya ha desaparecido en el resto del día, y que solo vuelve de verdad en las primeras horas matinales del fin de semana. Hemos visto con nuestros propios ojos una ciudad posible que está siendo abolida antes de llegar a existir. Yo la veo también, en parte, cuando salgo al balcón después de cenar, hacia las nueve y media de la noche, cuando todavía hay una gran claridad en el cielo pero ya se ha puesto el sol, cuando empieza a levantarse una brisa que alivia de todas las horas de calor sostenido del día, del horno babilonio. Es otra costumbre. Hasta hace muy poco, había mucha gente caminando a esa hora, la de los paseos permitidos, cuando aún no estaban abiertos los bares.

Había mucha gente, y pocos coches todavía. Hoy, esta noche, me he sentado en el balcón, en una silla de jardín, y he puesto el portátil en otra frente a mí, para no perderme mi espectáculo diario mientras escribía. Hay paréntesis de antiguo silencio cuando se cierran los semáforos. Hay gente que pasa en bici, por uno de los pocos carriles decentes de la ciudad, y corredores enérgicos que van hacia el Retiro, y otros que vuelven, fatigados y absueltos.

Mientras escribo el cielo ha pasado del azul suave a un azul profundo en el que se recorta con precisión la luna en cuarto creciente. A esta hora los vencejos han desaparecido ya del cielo. Algo que hemos vislumbrado en los meses de encierro es la feracidad asombrosa que recobra la vida natural en cuanto cede en algo el castigo de la codicia humana contra ella. En mi calle ha parado un momento el tráfico y he vuelto a oír voces de gente que charla caminando, el ladrido de un perro contra un fondo de calma. Otra forma de vivir sería posible.

28

En estas calles laterales arboladas sonaba sin descanso en aquellos primeros días el escándalo de los gorriones. Como llovía tanto y no había quien pisara el pavimento, la hierba empezó a brotar por todas partes, en los alcorques de los árboles, en las medianas de tráfico, hasta en las grietas del asfalto, briznas heroicas de hierba que anunciaban la pujanza del mundo natural en cuanto los seres humanos dejan de castigarlo. Yo nunca había oído tantos gorriones en el centro de Madrid. Identifiqué a uno que estaba cantando a solas todas las mañanas en la copa de la acacia que hay delante de mi casa. Era infatigable, obsesivo, tenaz. Una mañana de lunes en la que se hizo aún más estricto el confinamiento, porque las cifras de contagiados y de muertos no paraban de crecer, el silencio era tan grande en esta calle habitualmente dominada por el tráfico que en toda su anchura solo se oía el piar obstinado de ese gorrión: un poco más lejos, el ladrido ronco de un perro sonaba como si uno lo oyera durante un paseo por el campo. Hasta la lluvia parecía caer con sigilo, acentuando el silencio en vez de perturbarlo.

29

Con la llegada del calor y el final del confinamiento vuelven las obligaciones enojosas, las que quedaron en suspenso cuando todo se detuvo de golpe, ofreciendo una coartada perfecta para la dilación, una holganza sin culpa. Ahora de nuevo hay que tomar taxis a media mañana, para ir de un lado a otro de Madrid, con las mascarillas, las mamparas de plástico, el apuro de llegar tarde a una cita por culpa del tráfico. Primero al banco, y luego al notario. La notaría está en un barrio más opulento, de aceras anchurosas sombreadas de árboles. El notario tiene en su escritorio gigante una escultura en bronce de un soldado de la División Azul. Sobre un atril como de colegiata barroca hay abierto un facsímil de manuscrito iluminado medieval con ilustraciones del Apocalipsis. Hemos venido a firmar nuestros testamentos. Hay una gran sensación de irrealidad y congoja. El notario usa con naturalidad la palabra *premoriencia*, que yo no había escuchado nunca. Uno de los dos sobrevivirá al otro. Lo más probable es que yo muera antes. Hablar de la muerte en prosa jurídica, en el despacho de un notario, junto a una puerta entornada por la que entran ruidos de oficina, parece que vuelve neutra la desgracia, que morir es un acto jurídico como cualquier otro, que el notario certifica con su garabato distraído. Ahora miro esta casa que hemos empapado tanto de nuestra presencia a lo largo de estos meses, y pienso en cómo será cuando el último de nosotros dos haya muerto. Miro la silla de hierro en la que me siento cada noche en el balcón. Habrá una fecha futura en la que yo no vuelva a ocuparla. Habrá otra en la que nadie asocie esa silla y ese balcón a mi presencia, y esta casa a la vida que nosotros tenemos en ella. Pienso en el hombre y la mujer que la habitaron durante medio siglo. Cuando nosotros llegamos, de ellos quedaba una lámpara lujosa y polvorienta en el techo, un cuadro en relieve de latón oxidado de la Virgen de las Angustias y un uniforme azul con botones dorados de oficial de Marina colgado como un fantasma al fondo de un armario. En el fondo de sí mismo uno no cree de verdad que todas las cosas sean tan fugaces.

30

El encierro y la repetición de las tareas cotidianas y de las noticias desalentadoras borraban la diferencia entre los días. Era como si se confundieran en una sustancia única y monótona que perturbaba el sentido del tiempo. El cómputo de los días transcurridos desde el principio del confinamiento no significaba nada para la memoria. El tiempo anterior había quedado en una lejanía que no era posible calibrar: era una frontera sumergida en la bruma, una distancia en blanco. También se volvía difícil el recuerdo de lo que sucedió antes, justo hasta entonces, en las semanas y los días finales de la vida anterior. Esa vida pasada provocaba desapego más que nostalgia. Era como cuando la gente mayor hablaba de «antes de la guerra», para referirse a un mundo completo que de un día para otro era una época perdida, ajena, todavía familiar y sin embargo abolida, preservada tan solo en fotografías o en objetos o prendas de ropa de repente anacrónicos. Ese tiempo cancelado nos separaba más todavía de los que se quedaron en él, los que murieron un poco antes. Hay una forma de piedad hacia los muertos que consiste en alegrarse de que no llegaran a ver lo que les habría causado demasiado dolor. Uno de aquellos días de grisura, silencio, espanto, cifras exponenciales de muertos, sirenas de ambulancias en las calles sin nadie, Elvira me dijo que se alegraba de que su padre no hubiera vivido para ver esta epidemia. En las noticias dijeron que el ejército había encontrado en las residencias de Madrid cadáveres de ancianos que llevaban muertos varios días en las camas, algunos en la misma habitación que seguía ocupando un paciente vivo.

31

Las mañanas frescas y despejadas del sábado y el domingo las aprovecho para salir en bicicleta sin el peligro del tráfico. Esa hora temprana es tan favorable para los ciclistas como para las golondrinas. Las calles laterales del barrio de Salamanca se prolongan hacia la lejanía como túneles de verdor y de sombra bajo las copas redondas de los aligustres y las acacias. Dando vueltas por la ciudad llegué a nuestro antiguo barrio de Alfonso XIII, y fui a saludar a nuestros amigos de la frutería donde comprábamos siempre. Tienen el género dispuesto de una manera resplandeciente: los tomates gordos muy rojos, los cuartos de sandía, las pilas de cerezas reventonas, los melocotones, las fresas, las coliflores de un blanco de espuma, la piel brillante de los pimientos rojos y verdes, los melones y las papayas tentadoras, partidas por la mitad. Los dueños, Neno y Laura, son jóvenes y muy competentes, alegres y enérgicos en su trabajo, con el don de gentes que requiere el trato con el público, los parroquianos, como decía mi padre. Ese don él lo tenía en grado máximo: en su puesto del mercado, con su chaqueta blanca impoluta, bromeando con las clientas habladoras que le compraban solo a él, ya no era el hombre serio y reservado que me daba órdenes y me encargaba tareas en la huerta.

Laura tiene el pelo largo y muy rizado. Neno lleva gafas de pasta de intelectual y una pequeña coleta. Han levantado con mucho esfuerzo esta frutería prodigiosa. Mientras hablan con los clientes van despachando los pedidos a toda velocidad. Me cuentan que durante el encierro organizaron los repartos por internet y por teléfono y que no han parado de trabajar. Hay destreza y sentido estético en todo lo que hacen. A mí me gusta ver cómo Neno va organizando las cosas que le pido en la caja en la que me lo llevarán a casa, asegurándose de aprovechar al máximo el espacio y de no dañar nada. Culminándolo todo añade un manojo de perejil tan fresco y oloroso que parece recién cortado. En la huerta de mi padre segábamos el perejil por la base del tallo y al poco tiempo había vuelto a brotar. Charlando de una cosa y otra les enseño una foto de la niña Leonor, el otro día, sentada en el sofá con Elvira. «Es mi nieta», les digo con orgullo. Entonces a Laura se le pone una sonrisa triste mientras mira la foto en mi teléfono. Me dice que pasó por una operación en el útero y no puede tener hijos. «Pero casi más que por mí y por Neno me da pena por mis padres. Tenían más ilusión por ser abuelos que yo por ser madre.» Es como haber tocado por descuido una zona de dolor. Pero Laura sigue con su tarea con gran agitación de la melena rizada, y en seguida vuelve a sonreír. Me pone delante como una ofrenda un albaricoque que acaba de lavar para mí, y que yo me como golosamente en dos bocados, antes de continuar mi travesía en bicicleta por Madrid, en la mañana fresca de principios de verano.

32

26 de marzo. *La situación es tan extrema que un descenso mínimo, no en el número diario de muertos sino en el ritmo de su aumento, nos concede un atisbo de esperanza. Ayer los muertos crecieron un 24 %; hoy, solo un 14 %. Las pruebas que compró el gobierno para diagnóstico rápido resulta que no sirven. La impresión que da el gobierno en todo esto es de incompetencia y también de impotencia. El Estado central se fue desmantelando atolondradamente, de acuerdo con los trapicheos políticos de cada momento, y ahora no es capaz de hacer frente a una calamidad que necesitaría una acción ejecutiva enérgica y una coordinación que ya son imposibles. Los nacionalistas periféricos y sus aliados y sus imitadores en cada comunidad —el propio Partido Socialista entre ellos— han desguazado la estructura administrativa del Estado. Cada gobierno autónomo anda por ahí queriendo comprar por su cuenta material sanitario en un mercado internacional controlado ahora por especuladores. El ministro de Sanidad, que parece un hombre honesto y serio, pero que no tenía ninguna cualificación para el cargo, aparece pasmado, perdido, murmurando sin aplomo en las ruedas de prensa. El estado de alarma le confiere unos poderes teóricos que no puede ejercer porque su ministerio está desmantelado. Un país de tan poco poderío económico como España se permite el lujo de sostener 17 sistemas de salud distintos, con 17 marañas distintas de cargos políticos, con 17 redes informáticas distintas e incompatibles entre sí, lo cual hace casi imposible la cuan-*

tificación rápida y fehaciente de datos. No hay manera de que médicos y enfermeros de las comunidades menos afectadas se trasladen como refuerzo a las que más están sufriendo. Los hospitales privados, de los que se dijo que iban a ser intervenidos, cierran por falta de actividad y dan vacaciones a sus médicos. La derecha corrupta y desleal que ha hecho todo lo posible por socavar la sanidad pública ahora se lanza sin ningún escrúpulo a desgastar al gobierno. Los separatistas están alerta para aprovechar este nuevo momento de debilidad del Estado.

Y mientras tanto toda esa gente capacitada y heroica, que llevaba años denunciando y sufriendo el deterioro de la sanidad pública sin que se le hiciera ningún caso, sigue jugándose la vida en los hospitales, sin el material que necesitan y les prometen y no llega nunca, haciéndose guantes y batas con bolsas de basura.

No sé si se va a aprender alguna lección política de este tiempo. Las divisiones son demasiado profundas, no porque la gente común se haya vuelto más sectaria, sino porque la parte nociva de la clase política se ha dedicado a alimentarlas y ahondarlas, y hasta a inventarlas cuando no existían. Ahora nos damos cuenta del daño que hemos sufrido por pasar varios años sin tener un gobierno estable, firme, resolutivo, por culpa del extremismo y la frivolidad de unos y otros.

33

El día del Corpus, el de San Antonio y el de San Juan configuraban el comienzo sacramental y campesino del verano. San Antonio es uno de esos santos populares de la tradición medieval que hacían todo tipo de milagros prácticos. En Lisboa san Antonio se encarga de aproximar a la ciudad los grandes bancos de sardinas, que son el alimento barato y delicioso de los barrios pobres en los que se celebra tan festivamente su procesión, con farolillos y banderolas en las calles estrechas de Alfama y la Mouraria. San Antonio era un santo adecuado para mí porque también era hijo de hortelano. Uno de sus milagros consistió en predicar a los pájaros, a la manera de san Francisco de Asís, para persuadirlos de que no picotearan los frutales ni se comieran las semillas que su padre acababa de sembrar. El verano empezaba con San Antonio y San Juan y la siega de los cereales y terminaba con San Miguel y San Francisco de Asís y la vendimia. Los trabajos y las cosechas eran más variados porque aún no se había impuesto el monocultivo del olivar, que iba a convertir todo aquel oleaje de colinas en un desierto cuadriculado de olivos idénticos. Como el repertorio de nombres propios era muy limitado, el día del santo lo compartía mucha gente. Todos nos llamábamos más o menos igual, en masculino o femenino. Nos llamábamos Francisco, Manuel, Carmen, Pedro, Juan, Asunción, Miguel, Andrés, Antonio, Paula, Teresa. Una vez llegó a mi escuela un niño forastero que se llamaba Hipólito y yo imaginé que sería rico. El nombre de mi abuela Leonor era más raro, pero se multiplicaba sin pausa en mi familia. Los días de santos muy populares había muchas peticiones en los programas de discos dedicados de la radio. «Para Carmen, en el día de su onomástica.» «Para José, de parte de la que él ya sabe.» La palabra *onomástica* solo se escuchaba en esos programas. Era tan ajena a nosotros como el acento o la entonación con que hablaban los locutores, sus voces vibrantes que pronunciaban todas las eses y todas las des intervocálicas. Como en cada familia se repetían mucho los nombres, el día del santo era una celebración colectiva, aunque casi siempre muy modesta. Un vecino nuestro que había acumulado muchos olivares y se llamaba Bartolomé celebraba el día de su santo contratando camareros que servían mesas largas cubiertas con manteles y hasta una orquestina de baile. Por esa razón yo sé que el día de San Bartolomé es el 24 de agosto.

Cada día de San Antonio llamo pronto a mi madre y luego llamo a mi hijo Antonio. Voces familiares que no he escuchado en todo el año me llaman para felicitarme por mi santo: mi tía Juani, mi prima Cati, mi tío Juan. En el teléfono las voces suenan con los acentos y las entonaciones del pasado. El día 13 de junio es, además, el de mi hijo mayor, el de mi tío Antonio, el de varios primos Antonios, el de mi abuelo paterno, que murió hace 34 años. Ahora incluyo en esta lista a la madre de Elvira, que murió en 1978, y a la que yo nunca conocí, pero que ha llegado a ser una presencia querida y fantasmal en mi vida, Antonia Garrido.

34

El 14 de marzo, el primer día del confinamiento, fue sábado. Parecía uno de esos sábados anchurosos de fin de semana largo o de Semana Santa en los que ha habido una gran diáspora de coches y de gente y la ciudad tan hostil adquiere una quietud apaciguadora, como un espejismo o una visión inusitada de otra ciudad posible. Uno tenía irreflexivamente la sensación profunda de estar de vacaciones. A la caída de esa tarde, en la pureza del silencio, hubo una particular delicadeza en la luz y en el aire: templado, limpio, por la ausencia de tráfico, con olor a savia y no a gasolina, un hondo perfume vegetal insólito en estas calles. El tiempo se había despejado de tareas obligatorias y citas. Los gorriones volaban bajo de un lado a otro de la calle O'Donnell. Picoteaban cosas en la acera por la que no pasaba nadie. Se posaban sin apuro en el asfalto de la calzada por la que no venía ningún coche.

En el interior de la calma había una médula de congoja. Después de un día más prolongado aún por su rareza, porque no podíamos imaginar cómo íbamos a adaptarnos a la nueva vida recién empezada, llegó la noche del primer aplauso. Toda la tensión y el miedo y el vértigo de lo inaudito que de pronto era cotidiano se desbordaban en el pecho, en la garganta, en las lágrimas. A las diez de la noche por primera vez se iluminaron uno por uno los balcones y las ventanas de toda la calle. La gente salía, salíamos, para aplaudir al heroísmo cívico y verdadero de los trabajadores de la sanidad pública. El aislamiento temeroso de cada uno se volcaba en la emoción común: las calles a oscuras, el asfalto sin tráfico, las ventanas iluminadas, las siluetas de las personas que aplaudían, un gran rumor de oleaje que atravesaba toda la ciudad y rompía la claustrofobia del primer día del estado de alarma.

35

Era el día del santo cuando se daban regalos, no en el cumpleaños. En el día de mi santo de mis once años mi padre me regaló el primer reloj que tuve en mi vida. Era un reloj dorado, impresionante, con correa de cuero, de la marca Radiant, con una esfera que pesaba como si estuviera hecha de un metal noble y macizo. Las manecillas de las horas y los minutos brillaban como agujas de oro. Seguir la aguja del segundero en su esferilla diminuta daba algo de vértigo. En aquel mundo nada sucedía tan rápido como para medir una duración en segundos. Tener un reloj era ser alguien en la vida, casi un adulto. Era un privilegio y también una responsabilidad. «Ahora a ver si no tienes cuidado y vas a perderlo.» Yo me puse el reloj en la muñeca izquierda porque llevarlo en la derecha era cosa de mujeres y de mariquitas, como fumar con la mano derecha. El reloj era tan avanzado que aseguraban que uno podía bañarse con él. Ni yo me bañaba entonces —no había bañeras, ni piscinas— ni iba a arriesgarme a comprobarlo. No hacía falta darle cuerda porque decían que se activaba automáticamente con el pulso. Si te morías el reloj se paraba en el momento en que dejaba de latirte el corazón. En el reverso de la esfera había una indicación misteriosa: *Automatic Incabloc*. Pero lo más asombroso de todo era el rectángulo diminuto recortado en la superficie de la esfera en el que aparecía la fecha del mes. El cambio se producía con un breve chasquido a las doce en punto de la noche, como las transformaciones de los cuentos. En cuanto la aguja de la hora y la del minutero coincidían en su posición vertical, el número visible en la esfera empezaba a moverse y de pronto cambiaba con ese chasquido de puntualidad y precisión. La primera noche todos nos quedamos alerta alrededor de la mesa camilla, esperando a que se produjera el cambio, en un silencio religioso. Mi corazón latía más rápido que el tic-tac del reloj en mi muñeca. Parecía que tardaba en llegar, pero lo inesperado sucedía, justo a medianoche, ni un segundo antes ni después. Lo mejor de todo era acostarse y poner el reloj entre la oreja y la almohada para escuchar con más exactitud su mecanismo. En la habitación a oscuras, con la ventana abierta a los tejados y a la noche azul marino del verano, yo escuchaba ese tiempo tan rápido y seguro que ya parecía el de otra vida futura, más adulta, no campesina ni infantil, la vida de alguien que sabe adelantar con desenvoltura la muñeca en medio de la calle para consultar la hora, para que el sol relumbre en la esfera dorada, indicándole la urgencia de sus obligaciones. El día de San Antonio de mis quince años mi padre me regaló una máquina de escribir.

36

El comienzo de la primavera parecía otra de las cosas canceladas por el estado de alarma. El 21 de marzo había un gris invariable en el cielo y caía una llovizna intermitente y helada. El contagio y la mortandad seguían acelerándose. Había algo malsano y también superfluo en estar a cada momento pendientes de las noticias: los boletines horarios en la radio, el telediario, las páginas web de los periódicos. Todas las noticias eran malas. Todas eran peores al cabo de una hora, en el siguiente informativo. El aire fantasmal de la calle se transmitía al interior de la casa, y al estado de ánimo, a las sensaciones más íntimas, a las palabras conversadas. Hablábamos mucho entre nosotros sin levantar la voz. En el aislamiento y el silencio, en el tiempo sin obligaciones exteriores, las conversaciones duraban más y llegaban más hondo. Seguíamos viviendo con la secreta certeza irracional de que es siempre a otros a quienes les suceden las cosas peores.

Cada noche, a las ocho en punto, los aplausos estallaban en la calle como una copiosa lluvia súbita, que arreciaba durante varios minutos y luego menguaba despacio, y cesaba, y volvía el silencio, las aceras oscuras y desiertas bajo nuestros balcones, las ramas de las acacias invernalmente desnudas. Madrid deshabitada a medianoche era una maqueta a tamaño natural de Madrid. Por la calle no había nadie salvo algún que otro solitario con un perro, y en las ventanas iluminadas la vida era invisible.

Se quedó quieto y en silencio el mundo que no paraba nunca.

37

27 de marzo. *Hoy me he despertado sintiendo mucho miedo. De madrugada empecé a gritar por una pesadilla de la que ahora no me acuerdo. Elvira, como otras veces, me rescató hablándome para que despertara. Ya no pudo volver a dormirse. He pensado que la vida anterior no va a volver, y que este confinamiento no es un paréntesis, sino el umbral hacia algo que será desconocido. No volveremos con más o menos ajustes a lo que antes existía. Cuando regresemos al mundo ya no encontraremos intacto y esperándonos lo que dejamos atrás. Los desplazados por una invasión o una catástrofe no encuentran al volver su casa tal como la dejaron. Han presenciado cosas que modifican por completo el modo en que ahora ven el mundo. Han aprendido, los supervivientes, o han quedado trastornados, y ya no saben comprender la nueva realidad, ni adaptarse a ella.*

La línea oficial de consuelo es que resistiremos bien a esto y saldremos fortalecidos. Yo tengo cada día más dudas. El daño al tejido económico y social va a ser inmenso, porque todo era ya más frágil de lo que parecía. ¿De qué hemos vivido nosotros? De lo más volátil, lo más inestable, el turis-

mo de masas, el consumo, los servicios, bares y restauran-
tes, fiestas y puentes, desplazamientos multitudinarios en
coche para semanas santas y ferias. Yo miraba a veces esa
calle de restaurantes pijos y tiendas caras de Madrid, Jorge
Juan, y me preguntaba cómo se sostenía todo eso, de dónde
salía la prosperidad necesaria para pagar esas comidas tan
caras, los platos tan rebuscados de todos esos restaurantes,
la decoración lujosa, los relojes magníficos en las muñecas
con gemelos dorados, los deportivos y todoterrenos aparca-
dos ilegalmente junto a las aceras.

38

Jorgito, el hijo de nuestros sobrinos Jorge y Patricia, cumplió tres años en una de aquellas primeras semanas espectrales del confinamiento. Patricia nos contó por teléfono que estaba pálido y tenía ratos de silencio y tristeza. Jorgito es un niño muy activo al que le gusta estar siempre corriendo y que disfruta mucho en la guardería y en el parque. Antes de saber andar reptaba velozmente por el suelo con una técnica como de soldado en acción de comando, propulsándose alternativamente con los codos y las rodillas, la cabeza erguida, el chupete en la boca. Desaparecía por debajo de las mesas y detrás de los sofás. Es un niño alegre, expansivo, atolondrado, sociable, con una sonrisa muy dulce. Nació con don de gentes. Nos dijo Patricia que jugaba a llamar a sus amigos de la guardería con un telefonillo de juguete. Un día fingió que llamaba a una niña y se dio a conocer con mucha formalidad: «Soy Jorge Ortega». De pronto el niño que hasta entonces solo había tenido nombre propio y en diminutivo se identificaba por primera vez con su nombre y su apellido. Estaba saliendo del cogollo íntimo de la familia para tener un esbozo de vida social. Colgó su telefonillo de plástico y se quedó callado, con un aire precoz de ensimismamiento, de nostalgia.

39

El cumpleaños era un hecho individual. Señalaba el avance en línea recta del tiempo. El día del santo pertenecía a un tiempo no lineal, sino circular, como el del tránsito de las estaciones, los trabajos y los dones del campo, con los que tantas veces estaba asociado. No era la fecha numérica, sino el santo del día, lo que a ellos les ayudaba a situarse en el tiempo. Las primeras brevas maduraban en las higueras con los calores de San Juan. Las uvas apuntaban entre Santiago y Santa Ana y se vendimiaban para San Miguel. El cumpleaños no se repetía igual, porque cada año lo hacía a uno más viejo el tiempo sin vuelta. El día del santo volvía como las golondrinas a principios de mayo, o como la matanza del cerdo por San Martín, en noviembre, o la cosecha de aceituna con los primeros fríos de diciembre. Mi nombre no era solo mío, ni mis padres lo habían escogido libremente para mí. Había un protocolo riguroso en la transmisión de los nombres según los hijos iban naciendo. A nadie se le hubiera ocurrido que el nombre de un hijo fuera una elección personal. Elecciones personales había muy pocas. Yo tenía que llamarme Antonio porque al primer hijo varón le correspondía heredar el nombre del abuelo paterno. Si a mis padres les hubiera nacido otro varón después de mí se habría llamado Manuel. A mi hermana, por ser niña, le tocaba llamarse como la abuela paterna. Otra niña que hubiera nacido se habría llamado Leonor. Que no se respetara esa sucesión era inimaginable. Si ocurría, desataba uno de aquellos agravios sordos que se prolongaban durante toda la vida.

Habían pasado bastantes años de la muerte de mi padre. Mi hijo mayor era abogado, y estaba a punto de ser padre también, cuando mi madre me dijo como al azar, hablando por teléfono, algo que no me había contado nunca antes, y que yo no habría imaginado. «Hay que ver cómo se enfadó tu padre cuando tuvisteis el primer hijo y le pusisteis tu nombre, y no el suyo, con la ilusión que le hacía.» Entonces me dolió esa herida lejana que yo había provocado sin darme cuenta, sin pensar siquiera en que a mi padre hubiera podido importarle que su primer nieto varón no se llamara como él. Y me entristecí todavía más por haberlo sabido tantos años después.

40

Hoy es el día en el que uno se da cuenta de hasta qué punto era y es monstruosa la normalidad que todo el mundo tenía tanta prisa por recuperar. El tráfico vuelve a invadir sin resquicios la ciudad en la mañana del primer lunes después del estado de alarma. El calor extremo de finales de junio reverbera en las chapas de los coches y espesa más todavía el humo de la gasolina. Nada más salir a la calle con la bici me he dado cuenta del error. Subo pedaleando por Jorge Juan al costado de la Biblioteca Nacional y me pasan al lado a una velocidad de autopista los coches que han venido de Génova y atravesado la plaza de Colón. En el semáforo de Serrano me paro en el carril del centro, que tiene una flecha en línea recta. Pero cuando intento continuar Jorge Juan arriba el coche que tengo a mi izquierda arranca muy fuerte y hace un giro prohibido hacia la derecha, cortándome el paso. Ha estado a punto de derribarme. Los coches que aceleraban por detrás me habrían arrollado. Tengo reflejos y mantengo el equilibrio, aunque he de apoyar los pies en el suelo un momento. Oigo pitidos y frenazos. Estoy parado en medio de la calle Serrano. Alguien me insulta y acelera muy cerca. Logro ponerme en marcha y seguir por Jorge Juan, pero el peligro continúa, porque el carril derecho está interrumpido cada pocos metros por coches aparcados en doble fila: coches lujosos en correspondencia con los restaurantes de la zona. Para eludirlos he de desplazarme al carril izquierdo, por el que los coches suben muy rápido. Es la brutalidad del tráfico en Madrid, la agresividad constante de los conductores, que se excita más todavía frente a los ciclistas. Mi sueño socialdemócrata de una ciudad caminada, respirable y hospitalaria para las bicicletas no tiene mucho porvenir en esta donde vivo. Creo que los irritamos todavía más porque nos ven tan vulnerables.

41

Los días idénticos nos desdibujaban la vida personal. El estado de ánimo se volvía neutro, en parte por la falta de estímulos variados. Toda la realidad consistía siempre en lo mismo. De un modo casi inconsciente uno aceptaba que no tenía derecho a la queja, y ni siquiera a la melancolía. Las cosas son como son. Toda la atención la volcábamos a cada momento hacia lo que sucedía fuera de nosotros, en la intemperie de la desgracia, de las agonías en soledad, de los hospitales. Nosotros no podíamos salir, pero nada de lo que nos ocurriera en nuestro encierro tenía un valor significativo frente al horror sin respiro de las noticias que llegaban. También la monotonía exacta de la vida diaria iba borrando poco a poco las oscilaciones del estado de ánimo. El paso de las horas estaba tan regulado para nosotros como en un monasterio. No era decente hacer demasiado caso de uno mismo. Por eso era importante mantener el orden del tiempo, la meticulosidad de las tareas cotidianas. Por la mañana, después del desayuno, cuando se iban asimilando las noticias del día, cuando era evidente que el encierro se prolongaría mucho más de lo previsto, había un impulso de claudicación, una tentación de no hacer nada, de dejar el periódico a un lado y quedarse en el sofá, rindiéndose al hipnotismo del salón ordenado y de ese otro orden igual de invariable que se veía por la ventana: las casas de enfrente, la luz tan triste como la del día anterior, el silencio tan raro que subía de la calle. Sería peligrosísimo ceder a esa claudicación, decirse que no hacía falta ponerse a hacer cosas todavía, que si algo sobraba era el tiempo. Levantarse del sofá en ese momento y no al cabo de diez minutos o de una hora era una cuestión de vida o muerte. Las tareas de la casa cobraban más que nunca un carácter de rituales de meditación, de espiritualidad práctica a la manera zen. «—¿Qué es la iluminación? —Cortar la leña, acarrear el agua.» Pasar la aspiradora. Hacer la cama. Cambiar las sábanas. Regar las plantas. Mezclar la carne picada con briznas de perejil, ajo en láminas, vino blanco, huevo batido, para preparar unas albóndigas. Pelar los tomates, cortarlos en trozos pequeños, machacarlos con una cuchara de palo para que se frían mejor en la sartén y lograr una salsa más trabada y sabrosa. Hasta sacar las cosas del lavavajillas y distribuirlas por cajones y estantes tenía su precisión, y su importancia decisiva. Y retirar los platos inmediatamente después de comer, limpiar de nuevo la cocina, dejarla en orden, cada cosa en su lugar y todas las superficies relucientes, y hacerlo con la misma determinación y pulcritud tres veces al día, cortar la leña, acarrear el agua. Otras veces estábamos tan sumergidos en la conversación que tardábamos en levantarnos de la mesa, como comensales muy entretenidos en un restaurante que va quedándose vacío. Los días de buen tiempo Antonio nos mandaba fotos y videos desde Granada. Leonor jugaba hacendosamente en el jardín de su abuela paterna. Los niños de esa edad habitan en el paraíso casi en cualquier circunstancia. A mí me daba un miedo un poco egoísta que con una separación tan larga la niña se olvidara de nosotros.

42

31 de marzo. *Leer es ahora mi dedicación más asidua, la que más me apetece, más que escuchar música. En estos días angustiosos me produce rechazo cualquier música en la que haya algo de desorden y estridencia. He terminado no sin alivio el primer tomo de la biografía de Hitler, y ahora estoy entregado sin reserva a* El doctor Centeno, *y pienso seguir con las otras dos novelas de la trilogía,* Tormento *y* La de Bringas. *Hablo con Elvira de los personajes como si fueran antiguos conocidos nuestros. Tendremos que aceptar de una vez por todas, con todas las consecuencias, que la literatura de verdad puede existir al margen de la moda, y de la actualidad, y de la celebridad pública, al margen de todos los indicadores oficiales, o académicos, o comerciales, que determinan el mérito. Y tendremos que adaptar nuestro trabajo y nuestra vida a esa aceptación. Eso quiere decir*

apartarse de manera tajante y sin énfasis de toda forma de
mundanidad literaria, no dejarse llevar ni por el rechazo ni
por el halago: escribir y leer tan apartados de todo como lo
estamos ahora, en esta isla del encierro.

43

Mi familia materna era una multitud de manueles y leo-
nores; la paterna, una de juanas, juanes, antonios. A cada
lado se dilataba una red de tíos y primos con nombres repetidos. En la distancia de los años las figuras de los muertos
conservan la precisión de sus nombres. Mi abuelo Antonio, un hombre muy callado, con el pelo blanco, translúcido, como hilachas de algodón sobre su frente cobriza; mi
abuela Juana, menuda y dominante, la cara ancha que heredó mi padre. Mi abuelo caminaba muy cargado de espaldas y con las piernas arqueadas. Una sombra de ese gesto
la heredó mi hermana, igual que heredó el nombre de esa
abuela hacia la que ninguno de los dos sentimos nunca
mucha simpatía. La hermana segunda de mi padre es mi
tía Paula. Tiene la cara estrecha, la nariz afilada de mi abuelo Antonio, también el arco de las piernas. Misteriosas
transmisiones genéticas. El menor de los tres hermanos es
mi tío Juan. También él heredó la cara estrecha y la nariz
larga y afilada de su padre. Mi tío Juan es una de esas personas que llevan impresa toda la vida la condición de hermanos menores: una actitud juvenil y un tanto desamparada, una devoción hacia el hermano mayor que no
disminuye ni cuando ese hermano muere y que mantiene siempre al que la siente como en una cercanía de la
infancia. Mi padre era un héroe casi adulto para ese hermano pequeño al que le llevaba doce años. Vivía a su am-

paro y a su sombra, también a su merced. Mi tío Juan es el depositario exclusivo de una memoria de mi padre que se habría borrado del mundo si él no existiera. Yo quiero preguntarle sobre él pero una especie de pudor me lo impide. Cómo era mi padre adolescente, o a sus veinte años, mucho antes de que yo naciera, antes de que él y mi madre fueran novios; cómo trataba él a su hermano pequeño, si lo cuidaba, si lo protegía, qué le contaba; cómo era mi padre fuera de mi memoria, en la parte de su vida ajena a la paternidad, en esa casa de la calle Chirinos en la que crecieron juntos, o en la huerta de mi abuelo Antonio, donde los dos trabajaron.

La memoria es egocéntrica. Esa huerta es para mí un recuerdo muy vago, un edén de veredas entre higueras y granados, con acequias de agua invisible y sonora, un camino ancho a lo largo de un torrente que discurre bajo espesuras de zarzamoras y mimbreras. Por ese camino yo bajaba solo con siete u ocho años para llevarle a mi padre su comida en una cesta, como un niño en un cuento. Bajaba desde nuestra casa en la calle Fuente de las Risas. Tras la última esquina de la calle empezaba el campo, los senderos blancos hacia las huertas, los olivares, las hazas de cereal, el valle azulado del Guadalquivir, la sierra de Mágina, con su monte más alto, como una estatua de la isla de la Pascua caída de lado. El nombre que venía en los mapas era Monte Aznaitín. Ellos le llamaban el Cerro Natín. Aquella huerta era fértil pero no daba para que vivieran de ella tres familias. Cuando mi padre compró la suya propia mi tío Juan se quedó en la de mi abuelo Antonio, que ya estaba haciéndose viejo y no podía mantenerla él solo. Un día sucedió lo inaudito. Mi tío Juan, que se había casado hacía poco, dejó solo a su padre en la huerta y se fue a trabajar en la Fundición, donde lloviera o no lloviera ganaría un salario fijo. Mi padre y mis abuelos renegaron de él. Dejaron de hablarle y de decir su nombre. Ahora le llamaban «ese». Mi abuelo viejo con su espalda cargada y sus piernas en arco tenía que trabajar solo en la huerta porque su hijo ingrato lo había traicionado. Al tío Juan, alegre y un poco infantil, yo ahora tenía que verlo como un enemigo: imaginarlo más bien, porque ya no lo veía, borrado de nuestras vidas, proscrito, despojado de nombre, «ese». Ya no lo felicitaríamos nunca en el día de su santo. Invisible y viviendo en la casa de al lado.

44

2 de abril. *En el confinamiento uno adquiere esa habilidad de los presos para andar muy rápido en espacios muy limitados: se acercan deprisa al muro del patio y al llegar a él se dan la vuelta en seco y no disminuyen la velocidad, y así apuran al máximo las posibilidades del espacio. Así doy yo mis paseos por el interior de la casa, o cuando salgo al barrio a hacer la compra o a pasear a Lolita, como quien lleva mucha prisa, dando pasos largos y veloces, girando en ángulo recto al llegar a cada esquina, añorando casi lo único que echo de menos del tiempo anterior, las caminatas de kilómetros. Salgo con Lolita por la tarde y aunque está prohibido alejarse del domicilio en los paseos con los perros voy caminando muy rápido por calles laterales hasta las verjas del Retiro. El olor de la savia es tan poderoso como el jaleo de los pájaros en las copas de los árboles. Los silbidos de los mirlos atraviesan limpiamente el silencio. Como no hay jardineros que sieguen las praderas y ha llovido mucho en los últimos tiempos la hierba y los arbustos han crecido selvá-*

ticamente y todo está más verde que nunca, salpicado de
manchas blancas de margaritas.

En el escaparate de la agencia de viajes siguen funcio-
nando las pantallas en las que se suceden en bucle videos
de lugares lejanos. Las imágenes se proyectan hasta la me-
dianoche en la acera desierta. En las tiendas de ropa los
maniquíes visten risueñas faldas y blusas de verano que de
repente ya son anacrónicas, como escaparates que perma-
necieron intactos en una ciudad abandonada hace tiempo.

45

Cada tarde tengo que sentarme aquí aproximadamen-
te a la misma hora: cuando ya se ha puesto el sol pero aún
queda intacta la claridad del largo día de verano, cuando ha
empezado a ser de noche. Vengo con mi copa mediada de
vino. Riego las plantas, reviso el crecimiento de los tomates,
las matas que ya me llegan al hombro cuando estoy sentado,
aunque las flores no prosperan. «No cuajan», me dijo mi tío
Juan cuando le consulté. Bebo de vez en cuando un sorbo
de vino y miro a la calle, a la acera del otro lado, iluminada
por los crudos fluorescentes del 24 horas. Miro los últimos
vencejos y los insectos escasos en torno a la luz de las farolas. Tengo la copa en la mano como un fumador que se
contenta con sostener el cigarro entre los dedos. Cada vez
más soy cautivo de hábitos que no sé de dónde vienen y que
no me apetece controlar. Soy un catálogo de adicciones be-
névolas pero muy poderosas. Abro al azar un libro en el que
no tenía un interés particular y ya no puedo dejar de leerlo.
Así leí durante el encierro los dos volúmenes enormes de la
biografía de Hitler y un diario de Thomas Merton que era
más seductor porque trataba de su vida de monje en el con-

vento de Getsemaní, en un paisaje de colinas boscosas en el estado de Kentucky. La biografía de Hitler me angustiaba y me oprimía a cada página pero yo no podía romper el hábito diario de leerla. El tedio de los días de Thomas Merton en su monasterio se correspondía con el de nuestro encierro en los extraños días en suspenso de marzo y de abril. Estaba tan habituado a ese diario como un monje a su libro de horas. Cuando lo terminé volví al principio y lo leí entero otra vez. Dejé atrás el monasterio de Thomas Merton y la siguiente adicción fueron las novelas de Galdós y luego la cuarta serie de los Episodios. Galdós me hacía admirar con envidia la imaginación desatada de un novelista en su plenitud; Merton alimentaba mi afición a la vida retirada y contemplativa. Merton me apasionaba cuando escribía de la naturaleza y del silencio, de ese despojamiento del yo que fomentan las reglas monacales, y que se parece mucho a la disciplina budista. Cuando se enredaba en divagaciones teológicas o en fervores de catolicismo yo me saltaba los párrafos y me ponía a pensar en otra cosa. Pero una parte de lo que yo busco en la vida y lo que es más secretamente mío lo reconocía en esos diarios: la necesidad de huir del ruido del mundo, y del otro ruido no menos confuso y dañino que hay tantas veces dentro de uno mismo. Copiaba frases de Merton: «*This is a wine without intoxication, a joy that has no poison*».

46

3 de abril. *He terminado de leer* El doctor Centeno. *Es una novela cómica y una novela trágica. Trata sobre todo del desamparo al que están condenadas la generosidad y la inocencia en una sociedad devastada por la pobreza y so-*

metida al poder del dinero. *La clase media es mezquina, y los pobres tienden a ser mezquinos entre sí, y cualquier debilidad ensoñadora lo convierte a uno en víctima de depredadores que son más desalmados porque también a ellos los acosa la miseria. Otro hilo poderoso que discurre a lo largo de la novela es el de la educación: la enseñanza en las escuelas consiste en inocular nociones vacías a fuerza de repetición y de violencia física. Los que por su posición social llegan a la universidad se dedican a la marrullería y a la vagancia. La inteligencia natural de un niño nacido en la pobreza se malogra por la falta de oportunidades. Un hombre lleno de ideas educativas sensatas y avanzadas —la novela transcurre en 1863— es también un demente que se escribe cartas a sí mismo, hechas, sin embargo, de una lucidez pedagógica que les parece grotesca a los señoritos universitarios y haraganes que se burlan de él.*

47

Estoy cautivo de mis lecturas, de cada una de mis costumbres diarias, de la música que llevo meses escuchando, las sonatas para piano de Beethoven, todas ellas, en la grabación completa de Daniel Barenboim, aunque también escucho las cinco últimas en un disco de Igor Levit. Leo episodios de Galdós y escucho sonatas. En ninguno de los dos casos tengo la sensación de haberlo decidido. El orden de las sonatas es una especie de constelación matemática y también es el diario cifrado de la vida de Beethoven, y la de los pianistas que han debido dedicarle las suyas para poder interpretarlas dominando poco a poco sus dificultades. Me siento en el balcón con mi copa de vino y escucho a Beethoven en los auriculares. La música es la banda sonora de la noche que empieza y aunque se parezca mucho no es del todo idéntica a la de ayer. También el tránsito de cada día y cada noche es un sistema de repetición y variaciones. Esta música de una depuración formal tan extrema se ha ido empapando de los lugares y los estados de ánimo y la atmósfera privada y pública de este tiempo en el que no dejo de escucharla. Es Madrid, el barrio del Retiro, las noches en el balcón, el aire caliente del verano, las calles desiertas y la plaza en sombras de Felipe II después de medianoche, el pasado remoto de hace solo unos meses, el porvenir incierto, el sedentarismo recobrado al cabo de muchos años, la cercanía en el teléfono de las voces lejanas, las voces más lejanas todavía que ya se van extinguiendo en la memoria.

48

Cambió la hora a finales de marzo y por primera vez el aplauso de las ocho de la tarde fue en la plena luz del día. Era alentador distinguir bien a las personas que hasta entonces habían sido noche tras noche siluetas anónimas en las ventanas iluminadas. Nos saludábamos por primera vez de un lado a otro de la calle viéndonos las caras. La impaciencia del contacto humano reducía la distancia. Las tres chicas del balcón de enfrente salieron en pijama y en ropa de gimnasio y estuvieron haciéndose selfies y mandándonos besos. La señora sola del pelo blanco y la bata de casa nos saludaba con aire de formalidad agitando una mano. Aplaudíamos a los autobuses urbanos que pasaban, a las ambulancias, a los camiones de limpieza municipal, a los coches de la policía, en una especie de gratitud indiscriminada hacia los servidores públicos.

Pasó un repartidor de comida en una bicicleta y alzó los brazos como si el aplauso fuera para él, y todos le aplaudimos más fuerte. Pasó volando bajo sobre los tejados un helicóptero de la policía y alzamos las miradas y las manos para incluirlo en el aplauso. Salieron médicos, enfermeras y limpiadoras a la puerta de la Maternidad, con una variedad festiva de colores en sus uniformes, verdes, azules, naranjas. Pasaban despacio los autobuses, haciendo sonar los cláxones, y hubo un desfile de ambulancias y de coches de policía con todas las luces encendidas. Los policías se bajaron de los coches y se alinearon frente a los sanitarios en un aplauso mutuo que resonaba muy fuerte en la anchura de la calle. Desde un balcón alguien lanzó un grito vigoroso de entusiasmo, que coreamos en todos los balcones: «¡Viva el Gregorio!». Llamar «el Gregorio» al hospital Gregorio Marañón era una vindicación vecinal y visceral de la sanidad pública. El Gregorio era el corazón de la tragedia y el heroísmo que estaban sucediendo no a nuestra vista pero sí muy cerca de nosotros. En su oficina del Gregorio mi amigo el doctor Bouza se encerraba en jornadas de doce o catorce horas llamando por teléfono a sanitarios enfermos y pasando consultas por videoconferencia. Y ahora los que se habían tomado un respiro para salir a la calle durante los cinco o los diez minutos del aplauso sacaban sus pancartas reivindicativas escritas a mano y las alzaban sobre sus cabezas mientras los policías nacionales y los guardias civiles les aplaudían alineados frente a ellos, junto a los coches en los que habían dejado las luces encendidas para añadir más colores a los de los uniformes. Alguien sacó un altavoz muy potente y los sanitarios se pusieron a bailar con una coreografía improvisada de reguetón. Y un momento después bajaron sus pancartas, dejaron el baile y volvieron rápido a sus trabajos y a sus urgencias en el interior del hospital. Viva el Gregorio. Los aplausos sonaban más fuertes y nítidos porque la humedad de una lluvia reciente había mojado la calle. Una hora después estaba anocheciendo y no quedaba nadie en las ventanas, ni pasaba nadie por la calle. Llegaba con claridad de muy lejos el ladrido de un perro.

49

6 de abril. *En el informativo de la radio se oye la voz anónima de una trabajadora en una residencia de ancianos. No dice su nombre porque tiene miedo de perder el trabajo. También tiene miedo de enfermar y morir. Dice que las condiciones son espantosas. Que los ancianos mueren y se quedan días en la cama porque nadie viene a recogerlos, a veces en una habitación donde hay otra cama que sigue ocupada. Dice que todos los trabajadores saben que están infectados porque no tienen medidas de protección, ni para ellos ni para los abuelos, a los que ven morir sin poder hacer nada. Los teléfonos no paran de sonar y ellos no tienen tiempo de cogerlos ni saben cómo enfrentarse al dolor o a la rabia de los familiares que llaman. Trabajan jornadas agotadoras y no tienen días de descanso, y además no pueden salir de la residencia. La voz suena más desesperada todavía porque carece de nombre y de cara.*

Apagamos la radio y nos quedamos en silencio. La conversación, tan fluida siempre, ahora tarda en volver. Es un silencio hecho de congoja mutua. Le digo a Elvira que hoy ha sido un día oscuro para mí. Da pudor quejarse, en medio de tanto sufrimiento objetivo. Ella me confiesa que esta noche pasada se despertó en la oscuridad con un ataque de angustia.

Dejar que lo paralice a uno la monotonía o el desáni-
mo es el gran peligro. Un momento difícil es la media ma-
ñana, sobre todo en estos días tan grises. Uno nota por igual
la necesidad de moverse y de hacer algo y la tentación de
quedarse en el sofá, en el hastío de los periódicos y la opre-
sión del silencio que sube de la calle desierta. En mí se acen-
túa la antigua necesidad matinal de salir a toda costa, salir
huyendo de la negrura insinuada, echar a andar hacia don-
de sea. Salgo a comprar alguna cosa necesaria, pero lo de-
sierto de todo provoca cada día una pesadumbre mayor, que
ni siquiera queda diluida por el ejercicio físico.

50

He llamado a mi tío Juan en el día de su santo, 24 de
junio. Ha sido oír mi voz y se ha puesto a llorar. Dice que
llora de alegría. Llora con mucha facilidad desde que su
mujer, mi tía Catalina, murió de cáncer hace cinco años.
La última vez que la vi llevaba un turbante para cubrir la
calva de la quimioterapia. Sin pelo y con el turbante y los
años y todo el desgaste de la enfermedad seguía siendo
una mujer bellísima. Tenía algo de Nefertiti de la provincia de Jaén, del barrio de la calle Chirinos, donde vivió
toda su vida, donde murió en una bruma piadosa de ternura y morfina, con mi tío Juan al lado, sus hijos, sus nietos. Cuando lo he llamado mi tío estaba en esa casa, en la
que ya no vive, o ya no duerme más bien, porque se pasa
en ella el día entero, cuidando de su huerto. La última vez
que la vi mi tía Catalina estaba sentada en el patio contiguo al huerto, a la sombra de una gran higuera que refrescaba con un murmullo de hojas el calor de un atardecer
de verano. Mi tío quería cuidarla pero era ella quien se

preocupaba de él y lo protegía, lo consolaba con su fortaleza de un desamparo contra el que él no sabía defenderse.
Mi tío tenía una tristeza de viudo anticipado, de hombre
mayor a punto de convertirse en huérfano sin consuelo de
la mujer sin la que no sabe vivir. Él quería traer cosas de la
cocina para que ella no se levantara. Pero tardaba en volver porque no las encontraba y era mi tía quien se ocupaba de servir las patatas fritas y las aceitunas y cervezas del
aperitivo, risueña con esfuerzo, con un rastro de lentitud
dolorida en los gestos, hasta en su sonrisa, que permanecía intacta y luminosa, como en las fotos de boda de medio siglo atrás, que aún están en los mismos lugares que
cuando ella vivía. El patio con la gran higuera estaba a la
sombra. En el huerto, unos pasos más allá, aún caía fuerte el sol de la tarde. Había un canario muy cantor en una
jaula colgada de una rama, justo al lado del botijo, que se
refrescaba en la brisa de la higuera. El canario se llamaba
Pepito. Había un perrillo bodeguero que saltaba como un
muelle al reclamo de una aceituna o una patata frita y que
se llamaba Pirulo. Mi tío abrió un higo muy maduro y se
lo puso al canario Pepito en el comedero. Detrás de una
valla de alambre cacareaban gallos y gallinas. Mi tía Catalina seguía a su marido con una mirada de dulzura y piedad. Él nos había enseñado sus plantaciones de tomates,
de berenjenas, de pimientos, las hileras de judías verdes
montadas verticalmente sobre cañas cruzadas, su melo-
cotonero, su ciruelo, su granado. Su acento y su voz me
devolvían al pasado lejano con la misma fuerza que los
olores y el tacto de las hortalizas, que la forma de los surcos por los que se deslizaría el agua cuando al atardecer
llegara la hora del riego. De las ramas de los árboles y de
tendedores de bramante y de hilos de plástico colgaban
cedés que al moverse en la brisa emitían destellos cons-

tantes. Eran la contribución de la modernidad a los saberes hortelanos de mi tío: los destellos de los cedés asustaban a los pájaros. Había una pequeña alberca con las
paredes exteriores encaladas, cubierta por la sombra de
una parra. En torno a los racimos que ya empezaban a do-
rarse zumbaban las avispas. Mi tío Juan quería que nos
lleváramos de todo: higos reventones, berenjenas moradas de manga de fraile, tomates rotundos de carne de doncella. Mientras hablaba parecía que lograba dominar la
angustia, o distraerse de la negrura opresiva que a cada
momento estaba sobre nosotros, flotando en el aire, en
los ojos bellos y tristes y en la sonrisa de mi tía. Nos dábamos besos de adiós. No lográbamos sujetar en nuestras
manos todas las bolsas con los regalos de mi tío. Mi tía
salió a la puerta a decirnos adiós y ya no volvimos a verla
nunca.

51

8 de abril. *Elvira cocina igual que escribe, o que se
peina o se maquilla, o elige una blusa antes de salir: rápida, resuelta, inventiva, infalible. Anoche, después de cenar, la vi que se quedaba trajinando en la cocina, y al cabo
de un rato salió anunciándome que acababa de hacer un
bizcocho de limón. El bizcocho estaba dorado y oloroso
en una bandeja y la cocina resplandecía como si acabaran
de instalarla. Lo hemos probado en el desayuno y era un
regalo para los sentidos, impregnado del zumo y la corteza
del limón, a la vez sustancioso y ligero. Esta noche hemos
cenado unas croquetas deliciosas que hizo ella con la carne del cocido que había hecho yo. Es una suma perfecta de
austeridad y sensualidad, el aprovechamiento máximo*

de la comida popular. Con una olla de cocido, con los in-gredientes más baratos que existen, hemos comido los dos durante varios días, con pleno disfrute, y hemos podido hacer esas croquetas tan sofisticadas, la mayor parte de las cuales vamos a congelar, y nos darán de cenar más veces. Con lo que gastábamos en una comida o una cena poco o nada memorables en un restaurante ahora podemos ali-mentarnos con deleite saludable y variedad una semana entera. Es esa idea japonesa de la «refinada pobreza». Hay algo sacramental en un plato de garbanzos cocidos en su punto, con un chorreón de aceite, que se deshacen en la boca. Mientras tanto en la radio no dan tregua las noticias siniestras.

52

Igual que estoy cautivo de las sonatas de Beethoven, de los Episodios Nacionales, del diario de Thomas Mer-ton, de los anocheceres en la silla de jardín en el balcón y de la media copa de vino en la mano, también lo estoy de la pluma con la que escribo, de su forma adictiva, que se ajusta con tanta precisión a mi manera de sujetarla, a la delicadeza con que el plumín se mueve sobre el papel di-bujando las palabras. Me la regaló mi amigo el doctor Bouza, y ya solo puedo escribir con ella. Es la pluma mis-ma la que me lleva a escribir, a que la ponga en uso, como esos puñales que en un cuento de Borges inducen a dos personas pacíficas a empuñarlos y enfrentarse en un due-lo, a fin de que cumplan el destino homicida que estaba contenido en ellos. Hay unos parásitos que modifican los cerebros de los ratones y los vuelven temerarios, a fin de que se conviertan en presas fáciles de los gatos en cuyos intestinos esos parásitos gozarán de las condiciones necesarias para su reproducción. El doctor Bouza es una eminencia mundial en el VIH y en toda la microbiología de las enfermedades infecciosas. También es un coleccionista avezado de estilográficas antiguas, plumas averiadas que la gente olvida o desecha, que pasan años o décadas en la triste sepultura del escritorio de un muerto, o que alguien ha rescatado no de un cajón sino de la chaqueta del difunto, que habría sido uno de aquellos hombres del tiempo de mis abuelos y mis padres que llevaban la pluma bien visible en el bolsillo superior. Herederos desconsiderados, impacientes por librarse de las cosas en apariencia sin valor que pertenecieron a los muertos, le regalan al doctor Bouza plumas viejas con las que no saben qué hacer, aunque les dé reparo tirarlas. Otras las encuentra en los puestos de chamarileros y anticuarios, y con su ojo clínico, nunca mejor dicho, entrenado para distinguir en el microscopio las peculiaridades de los virus y las bacterias, el doctor Bouza distingue a primera vista la categoría de una pluma, la marca y el modelo, hasta las fechas de su producción. En un cuarto de su casa ha montado algo como un taller de relojería o joyería. El tiempo que antes pasaba absorto en la investigación de microorganismos pavorosos ahora lo dedica a componer y restaurar plumas antiguas, cubiertas a veces, cuando llegan a él, de una capa endurecida de polvo y mugre, utilizando una lente que se incrusta en el hueco de un ojo como un relojero. Endereza plumines, los afila de nuevo, raspándoles los restos secos de tinta; arregla los delicados mecanismos de carga y bombeo, tan diferentes en cada tipo de pluma, sin descender nunca a la vulgaridad de los cartuchos de plástico.

53

Y así una pluma que no ha escrito nada en cuarenta o cincuenta años o más cobra vida y vuelve a moverse y trazar signos sobre una hoja de papel, como esta que el doctor Bouza restauró y eligió para regalarme, y con la que yo escribo ahora mismo, y no he parado de hacerlo cada día desde el principio del confinamiento. La miro y me pregunto a quién pudo pertenecer, cómo eran las manos que la sujetaron antes que las mías, tal vez generaciones de manos, manos de gente muerta hace mucho tiempo, notarios o médicos o funcionarios de cierta posición, que rubricarían con ella sus escritos oficiales, y le pondrían luego escrupulosamente el capuchón, y la deslizarían en el bolsillo superior de la chaqueta, asegurándola con esa pinza dorada en forma de flecha, que añadiría un rango de distinción administrativa a su traje. De pronto me dan ganas de llamar al doctor Bouza y preguntarle todo lo que no sé sobre mi pluma, de qué está hecha exactamente, quizás baquelita negra y acero, con un baño de oro en el capuchón, en qué año se comercializó, dónde la encontró él, a quién pudo haber pertenecido. En este momento yo no soy el dueño incondicional de la pluma, sino uno más entre los que la han tenido hasta ahora, no exactamente poseído. *Posesión* es una palabra demasiado severa para un instrumento que tiene algo volátil como de pájaro o varilla de ilusionista o batuta de músico. Y me imagino el hilo, el nilo y el amazonas y el mississipi de tinta de todas las palabras que se han escrito con ella desde que su primer dueño empezó a usarla, un río secreto que enhebra las vidas y los años, las sombras sucesivas de las manos que la han usado.

54

9 de abril. *Hoy es el día más gris desde que comenzó el encierro; fuera de la ventana, en el interior de la casa y dentro de mi alma. La soledad en la calle a las diez de la mañana era opresiva. Lloviznaba en silencio. Las dos o tres personas con las que me crucé llevaban abrigos y mascarillas. Todos nos apartamos desde lejos del itinerario de los otros. Eso parece que agranda el espacio vacío. En el periódico no hay titulares que no sean amenazadores. Las reuniones de los dirigentes europeos para hacer frente a la crisis duran catorce o quince horas y terminan sin acuerdo. La bronca política en España es de una agresividad autodestructiva. Ni siquiera en medio de una desgracia colectiva como esta existe la menor posibilidad de concordia. Cada día está más claro que las cifras de muertos son muy superiores a las que dicen las autoridades, y que la descoordinación y la incompetencia de las administraciones —también la simple voluntad de engañar— hace imposible un cálculo preciso de lo que está pasando. Lo que se sabe con seguridad es que la epidemia se está cebando en las residencias de ancianos, agujeros negros de contagio y de muerte. La Guardia Civil y el ejército montan hospitales de urgencia en Cataluña y el gobierno secesionista los sabotea para que no puedan usarse.*

Esta gangrena política es una desgracia española, un maleficio que se ceba en nosotros más que en cualquier otro país de Europa: una afrenta a tantas personas inocentes y desvalidas que están muriendo en una espantosa soledad, y a tanta gente heroica que se deja la vida trabajando en los hospitales, o que pone en práctica cada día su talento y su coraje personal para que se mantenga el funcionamiento de todas las cosas. Millones de personas actúan con

responsabilidad y disciplina y jugándose la vida, y mien-
tras tanto esa chusma de políticos venenosos que tanto se
odian entre sí se confabula sin embargo en una sola cosa:
hacer imposible que nuestro país tenga un sistema de con-
vivencia y de buen gobierno que nos proteja a todos y que
pueda ayudarnos a salir del foso en el que nos vemos aho-
ra, y a investigar y corregir en lo posible todos los muchos
errores por culpa de los cuales hemos llegado a este desas-
tre. El cainismo político prevalece sobre el sentido común
y el acuerdo, ni tregua ni respeto para el sufrimiento de las
víctimas, igual que después de los atentados del 11 de mar-
zo en Madrid y del 17 de agosto en Cataluña. A cada cual
le corresponde su parte de culpa. La derecha españolista que
clama por la unidad de la patria es tan destructiva como
los independentistas que no paran de conspirar para rom-
perla. Con saña impúdica la derecha se ha lanzado a compe-
tir con la extrema derecha.

55

El uno de julio siempre me trae el recuerdo feliz del
santo de mi abuela Leonor. En nuestro calendario familiar era el comienzo verdadero del verano. Venían todos
mis tíos y mis primos, vecinas del barrio, vagos parientes
de mi abuela a los que solo veíamos ese día, hijos e hijas de
sus hermanos, que habían muerto. A mi abuela mi tía Juani le peinaba su luminoso pelo blanco, y ella se ponía un
vestido sobrio, de manga corta, que descubría los bellos
brazos de los que estaba orgullosa, con una rara coquetería en su vida tan austera. Se complacía en sus brazos
bien formados y sin vello, igual que sus piernas, sin medias en verano. Era una mujer alta, muy erguida, de pó-

mulos anchos, de huesos fuertes. En la foto de su boda lleva un corte de pelo de los años veinte y sobre él, un velo negro translúcido, una falda recta, unos zapatos de tacón con hebilla. Es una flapper severa y morena del interior de Andalucía. Mi abuelo es rubio y muy alto, con los ojos claros. En la foto a ninguno de los dos se les nota lo pobres que eran. Resplandecen contra un fondo pintado como estrellas de cine mudo.

Al santo de mi abuela venían, como invitados de más rango, el tío Luis y la tía Juana, hermana mayor de mi abuelo Manuel. Se les ponían las sillas más cómodas que hubiera, porque estaban mayores y se fatigaban pronto, y porque se les reconocía la autoridad de su opulencia. El tío Luis era un hombre sordo y bronco que había hecho dinero y acumulado hazas, huertas y olivares durante los años de postguerra, en el estraperlo, en los negocios dudosos de entonces, todos ellos facilitados por el miedo y el hambre. Vivían en una casa enorme, de habitaciones oscuras y confusas, con retratos de santos y fotografías de muertos en las paredes, con cuadras de animales, graneros colmados, puertas que se abrían de golpe a una huerta grande y feraz que descendía en anchas terrazas por la ladera de la antigua muralla. El tío Luis y la tía Juana no tenían hijos. En los tiempos más duros del hambre mi abuelo les había cedido a su primogénito, mi tío Nicolás, para que viviera un tiempo con ellos y les ayudara en el campo y en la huerta: una boca menos en la familia menesterosa de mis abuelos, que tenían seis hijos. También recogieron un tiempo a mi madre, pero ella, a diferencia de su hermano mayor, volvió a casa de sus padres al cabo de unos meses. Los añoraba tanto que no podía estar lejos de ellos, aunque entre una casa y otra no hubiera más de unos centenares de pasos. A la tía Juana y al tío Luis les sorprendió, y hasta llegó a ofenderles, que prefiriera el puchero pobre de su madre a los manjares que ellos le ofrecían a diario en su mesa, jamón y lomo en orza y embutidos de la matanza, pollos de plumaje suntuoso del corral de la huerta, natillas y dulces traídos del obrador de unas monjas. Pero a la niña le remordía la conciencia acordarse de su madre sola en la otra casa, con cuatro hijos, casi todos pequeños, sin la ayuda de nadie, teniendo que arreglarse con lo poco que ganaba su marido, un campesino sin tierra, aparcero de las fincas de otros, sin más capital que la fuerza de sus brazos y un mulo que tampoco era suyo, porque lo había comprado con un préstamo de su cuñado, el tío Luis. Cada mes tenía que pagarle un plazo, pero los plazos parecía que nunca se acababan.

Yo oía siempre de fondo esas historias antiguas y me intrigaban pero también me aburría de ellas, porque estaban repitiéndose siempre, tan llenas de sobreentendidos y de zonas de silencio que no podían comprenderse, un caudal secreto que fluía por debajo de lo visible y lo evidente de la vida. Cuando en mi casa hablaban del tío Luis y la tía Juana, y del hijo que se fue con ellos a los doce años y ya no volvió, las voces se ensombrecían y sonaban cautelosas o amargas. Pero esa noche del primer día de julio, Santa Leonor, el tío Luis y la tía Juana presidían benévolamente el barullo de los familiares que al llegar les ofrecían sus respetos, después de haber felicitado a mi abuela. Sus dos figuras tan antiguas eran como las de esas fotos de antepasados en color sepia que colgaban en las habitaciones de su casa. Mis tíos habían comprado cajas de cervezas y gaseosas y garrafas de vino y las habían puesto a enfriar en el agua del pozo. Habían traído tableros y montado mesas en el patio y en los portales, y abierto de par en par la puerta de la calle y todas las de la planta baja para que

circulara el aire en el anochecer caliente. Tendían hileras
de bombillas bajo el emparrado del patio. Repartían botellas de cerveza y de refrescos mojadas por el frío del pozo,
jarras de sangría. Mi madre, mi tía y sus cuñadas servían
platos de aperitivos abundantes y modestos, patatas fritas, cacahuetes tostados, aceitunas, boquerones en vinagre, tazas de pequeños caracoles en caldo picante. Una
nube de primos bullía bajo las mesas, corría por los portales, desembocaba en el espacio abierto de la plazuela,
convertida esa noche en una extensión del patio de la casa.
Si apretaba el calor se sacaban sillas a la calle. Los gritos
festivos de primos y primas se perdían en el clamor de
las conversaciones, voces graves y secas de hombres y voces claras de mujeres, todas alzándose hacia un grado de
estridencia, extendiéndose por la plaza hasta después de
medianoche, igual que las luces de las ventanas y de la entrada abierta de par en par. En medio de todo aquel agasa-
jo organizado para ella, mi abuela Leonor mantenía su cara
serena y su sonrisa irónica. Yo me daba cuenta de que me
seguía con la mirada mientras jugaba con mis primos. No
la llamábamos abuela. Ese apelativo era tan ajeno a nosotros como decir rojo en vez de colorado, o decir lluvia y no
agua, o llamar olivo al árbol de la aceituna, o como cele-
brar el cumpleaños, o decir papá y mamá, en vez de papa
y mama. A mi abuela la llamábamos madre Leonor.

56

12 de abril. *Esta mañana Madrid no era una ciudad
silenciosa o tranquila, ni siquiera una ciudad deshabitada
por las vacaciones. Esta mañana, a las 10, Madrid era una
ciudad muerta, en la que a veces se distinguían a lo lejos*

siluetas de supervivientes aislados, perdidos en la irrealidad de un cataclismo que hubiera dejado intactos los edificios, los árboles, hasta los semáforos, y hubiera eliminado por completo a los seres humanos. Así contaban que actuarían las bombas de neutrones. Ha estado lloviendo toda la noche. Alzo los ojos y sobre el horizonte ancho de la calle Narváez veo una bandada de gaviotas en perfecta formación, la geometría infalible y sin embargo espontánea de la naturaleza. En la puerta del Corte Inglés había un mendigo con aire de leñador o de marinero nórdico, muy rapado, fornido, con los ojos muy claros, la cara roja de borrachín de clima muy frío. Sentado contra la pared, abrigado con un chaquetón viejo, lo miraba todo con una sonrisa ecuánime, la plaza fea y desierta, con su amplitud de aparcamiento y esa escultura lamentable de Dalí que es uno de tantos dalís falsificados por él mismo, la cola espaciada de gente que aguarda, los bares cerrados. En el trozo de cartón que tiene junto al platillo de las limosnas solo hay una línea escrita: «Psalm 70, verse 5». Le doy un euro y cuando me sonríe para darme las gracias tiene un brillo turbio y burlón en los ojos clarísimos y muestra una boca con dos o tres dientes. Al volver a casa voy a la Biblia y busco ese salmo, en el castellano incomparable de Casiodoro de Reina: «Yo estoy afligido y menesteroso; apresúrate a mí, oh Dios; ayuda mía y mi libertador eres tú; oh Jehová, no te detengas».

57

He llamado a Antonio para recordarle que hoy, uno de julio, es el santo de la niña Leonor. Él y Violeta ya nacieron en el mundo de los cumpleaños. Desde que me dijeron que iba a ser una niña y que pensaban llamarla

Leonor, la memoria de mi abuela, su tatarabuela, se ha vuelto aún más presente y más viva para mí. Antonio se acuerda bien de ella, porque cuando murió él tenía siete años. Cuando era niño yo pasaba largas temporadas con mi abuela, los dos solos, en la casa de la plaza de San Lorenzo, casi el invierno entero. Mi madre estaba en la aceituna con la cuadrilla de mi abuelo Manuel. Mi padre, entre el mercado y la huerta, ni podía ni habría sabido ocuparse de mí. La aceituna duraba al menos dos meses, y mi madre ganaba un jornal como granillera. Se levantaba mucho antes del amanecer para arreglar la casa y dejar preparada la ropa y la comida de mi padre, y la que ella iba a llevarse al campo. A mí me gustaba irme durante ese tiempo de nuestra casa en la calle Fuente de las Risas y quedarme a vivir con mis abuelos y mis tíos en la de la plaza de San Lorenzo. Era como hacer un viaje, como tener otra vida. Tenía que seguir otro camino hacia la escuela. Había otros niños con los que jugar a juegos que no eran del todo los mismos que los de la Fuente de las Risas. Hasta los tebeos que nos intercambiábamos eran distintos. Muy temprano, todavía de noche, me despertaban los ruidos y las voces del comienzo de la jornada, los relinchos y las pisadas de los cascos de los mulos, las voces de los aceituneros que se congregaban en el portal. Preparaban las varas de varear los olivos, las espuertas y los sacos para recoger la aceituna, la comida que iban a llevar a los olivares. Las mujeres se levantaban antes que los hombres para encender el fuego y hacer la comida. Decían la lumbre, no el fuego. *Fuego* era otra de las palabras de las películas y de los libros, y de la gente que no trabajaba en el campo. Entre toda esa gente que salía de noche caminando hacia los olivares iba mi madre. Yo solo la vería cuando volviera, otra vez de noche, muy cansada, con las uñas rotas y padrastros en las manos, después de pasarse el día entero arrodillada recogiendo aceitunas de la tierra áspera, endurecida por el frío, hecha barro después de la lluvia. Antes del amanecer me despertaba el ruido del comienzo del largo día de trabajo. Luego toda la casa se quedaba en un gran silencio, cuando la cuadrilla se había marchado, cuando se había perdido el estrépito de los cascos de los animales y de las ruedas de los carros sobre los adoquines de la calle del Pozo. El silencio en el interior de la casa se extendía a la calle por donde ya no pasaba nadie, porque todo el mundo estaba en el campo. En ese silencio yo dejaba mi cama de niño e iba a acostarme en la cama grande y todavía caliente de mis abuelos. A veces mi abuela venía y se acostaba en ella, ahora que ya no tenía nada más que hacer y no quedaba nadie, y que podía recuperarse del madrugón inhumano. El día entero lo pasábamos los dos solos en la casa tranquila, en la penumbra de los días breves y nublados de invierno. Yo iba tras ella mientras hacía las camas, atizaba la lumbre, preparaba la comida, planchaba la ropa, jugando a ayudarle. En torno a mi madre había a veces un velo de cansancio y tristeza que actuaba como un límite disuasorio sobre mi intuición de niño. El niño intuye la ausencia en las personas que tiene cerca, igual que intuye la simulación y la maldad. Mi abuela era pura presencia jubilosa, dulzura franca e ironía. Nos sentábamos delante de la lumbre, y yo le pedía que me leyera algo, un cuento, un tebeo, un libro. Ella lo abría y protestaba: «Pero hijo mío, si yo casi no sé leer». Cuando ya era un adulto, tenía una familia, hijos, y volvía de un viaje, me sentaba a su lado en una silla baja, en la mesa camilla, y me apretaba la mano. «Cuánto mundo vas a ver, y yo no he visto nada.» Pero también me examinaba con una capacidad fulminante de adivinación que comprobé muchas veces, y que no se equivocaba nunca: «De dónde vendrás tú».

58

13 de abril. *Me llama Arturo, desde su retiro en el Albaicín, su casa en la calle del Agua, tan silenciosa desde que no la invaden las multitudes de turistas. Le parece mentira no oír a cada momento el ruido de las ruedas de las maletas sobre los adoquines. Pero en el silencio de ahora resuenan más otros sonidos alarmantes: dice Arturo que en la casa de enfrente vivía un traficante de drogas, que desde el principio del confinamiento ha desaparecido. Los adictos llegan a comprarle, golpean la puerta, lo llaman a gritos, cada uno en la impaciencia o la desesperación de su necesidad. Golpean la puerta y gritan a cualquier hora del día o de la noche. A veces se equivocan de puerta y llaman a la de Arturo, y los golpes los despiertan a Olalla y a él de madrugada. Me cuenta Arturo que uno de los visitantes más asiduos, y más obstinados, es una mujer joven con una gran barriga de embarazada.*

59

Mi abuela Leonor nació a principios del siglo xx. La niña que lleva su nombre podrá vivir hasta más allá del final del siglo xxi. Yo miro a un lado y a otro y vislumbro esas dos lejanías en el tiempo, la del pasado y la del porvenir. Mi abuela nació en la pobreza andaluza de los campesinos sin tierra. El mundo en el que mi nieta será adulta yo no puedo imaginarlo. De este tiempo que vive ahora le quedará si acaso alguna imagen fragmentaria, como rastros de un sueño, quizás algo luminoso, hecho de irrealidad y ternura, como los pocos recuerdos que tengo yo del cuarto alquilado en el que viví con mis padres hasta los tres años. Eran tan jóvenes que no sé imaginarlos. Quizás a Leonor le quede la imagen extraña de cuando todo el mundo llevaba una mascarilla.

60

Me siento en el balcón después de la cena, con la copa de vino en la mano. El rojo del atardecer dura al fondo de la calle, pero los días son ya un poco más cortos. Viene un viento cálido que se vuelve tibio por momentos, según avanza la noche, y baja por O'Donnell hacia la calle de Alcalá, siguiendo la misma línea recta que las flechas del tráfico. No hay luna en el cielo, solo esa estrella sola y débil. Quizás debería comprarme un telescopio, o al menos un catalejo. Podría distinguir las caras de las personas que pasan por la calle, la expresión singular de cada una de ellas, no solo su silueta genérica, lo peculiar de cada uno en el anonimato. La acera de enfrente es un friso animado que no se detiene nunca, salvo a ciertas horas de la madrugada. En la tienda de 24 horas la gente entra y sale o se queda bebiendo en la puerta sin hacer cola y sin guardar ninguna precaución. El viento alborota por igual las copas de las acacias y las faldas y las melenas sueltas de las mujeres que pasan. Para refrescar algo el aire riego las plantas y las baldosas del balcón. He aprendido o estoy aprendiendo a dejarme llevar. No opongo resistencia a lo que se me ha vuelto necesario. Proust decía que cada vez daba menos importancia a la inteligencia. Yo le doy cada vez menos crédito a la voluntad. No elijo un orden para mis tareas ni para mis lecturas. Observo el orden que ha ido formándose, emergiendo, sin que yo me lo propusiera. Las gaviotas de aquella mañana lluviosa de abril no se habían propuesto volar en una escuadra perfecta. En ningún momento del encierro decidí que iba a leer la trilogía del doctor Centeno y luego la cuarta serie de los Episodios de Galdós. Dejaba a un lado lecturas más urgentes, novelas recién publicadas que parecía imprescindible leer, libros de historia que me atraían mucho. Leía un episodio, lo terminaba, empezaba otro, uno más. En otras épocas me sucede lo mismo con las novelas de Simenon. Los episodios son cortos, como las historias de Maigret, unas ciento cincuenta páginas, y se leen muy rápido. La rapidez con la que fueron escritos se traslada a la lectura. Están escritos con una ligereza, con una fertilidad inventiva de personaje y peripecias que contrasta mucho con la gravedad de las novelas mayores, las «novelas españolas contemporáneas», en las que Galdós ponía todo el peso de su ambición literaria. Con la ambición literaria, como con cualquier otra ambición, hay que tener mucho cuidado. Al final de cada episodio vienen el lugar y las fechas de su escritura. La mayor parte están escritos en dos o tres semanas.

61

Galdós escribía los episodios casi tan rápidamente como escribía Simenon sus novelas del comisario Maigret. Para los dos, esas historias tenían algo de recreo de sus empeños mayores. En sus cartas Simenon dice que ha escrito «un Maigret» para relajarse. Muchas veces un escritor, un artista, un músico, es ingrato con la parte de su trabajo que le sale con menos dificultad, la que hace por puro capricho o por ganar un dinero rápido, la que le da más dinero, o más popularidad. Conan Doyle no tenía ningún aprecio por las aventuras de Sherlock Holmes, que brotaban de su pluma como pasatiempos sin esfuerzo. A él lo que le gustaba, lo que le permitía sentir admiración de sí mismo, eran esos novelones indigestos de caballeros medievales en los que ponía un esfuerzo enorme de documentación y de escritura, cuando no aquellos tratados de espiritismo que provocaban vergüenza ajena en sus amigos. La fuerza narrativa, la sutileza de la trama, la observación de los personajes, la poesía de las atmósferas de submundos delictivos: nada de eso habría sido tan admirable si Conan Doyle le hubiera puesto un empeño de gran literatura. Yo puedo leer una tras otra las intrigas de Maigret y las de Sherlock Holmes, igual que puedo escuchar canciones de Cole Porter escritas en un rato en una servilleta, ver capítulos de *Seinfeld*, mirar y leer historias de Harvey Pekar. Pero los Episodios de Galdós nunca hasta ahora los había leído con tanto ahínco, sin pausa, con tanto fervor. Galdós es siempre mejor de lo que uno recordaba. Más variado, más inventivo, más humorístico, más radical en sus convicciones políticas, en su sentido profundo de la libertad personal: la de los hombres, y también la de las mujeres. La cuarta serie es deslumbrante de furia y claridad política, de sabiduría constructiva en el hilado entre lo particular y lo histórico, de riqueza en la invención y la variedad de los personajes. También, y sobre todo, de máxima calidad de estilo. La frase corre desatada, abundante, con comparaciones aventuradas y adjetivos originales y reveladores. La prosa no es menos rica que la de Valle-Inclán, aunque sí menos barroca, menos exhibicionista. Los personajes tienen arrebatos de una elocuencia visionaria, sobre todo cuando denuncian la corrupción y la injusticia de la vida española. Dice uno de ellos, una mujer joven, inteligente y apasionada, Lucila Ansúrez:

«Yo quiero que haya cataclismo, padre, mucho cataclismo; que los injustos caigan y sean pisoteados por los sedientos de justicia; que los que cometieron tropelías sean hechos polvo, y que los buenos se alegren. Justicia quiero, y en habiendo justicia habrá paz».

62

He ido a recoger a Leonor esta mañana y la he traído a casa en el metro. Era la primera vez en su vida. Las escaleras, los torniquetes, las voces grabadas y sus mensajes resonantes la intrigaban y a veces le daban miedo. Iba en mis brazos y lo miraba todo con los ojos muy abiertos, con su expresión inteligente y serena. Le impresiona mucho la llegada del tren, el estruendo que la precede en el túnel, la locomotora que avanza. Lo ve venir sentada junto a mí en un banco del andén. La subo al vuelo a mis brazos y entramos en el vagón, y ella mira con aprensión el espacio vacío que yo cruzo de una zancada, y luego el interior iluminado, las caras pálidas de la gente con sus mascarillas, el tren que oscila de un lado a otro, el reflejo fantasmal de las caras en la ventanilla. Hay demasiados viajeros y es imposible mantener las distancias. La sobresalta el silbido de aviso y la voz metálica que dice los nombres de las estaciones. Subir y bajar escaleras con la niña en brazos es más agotador de lo que yo imaginaba. Le gusta alzar la mano y tocar el techo muy bajo. Con gran asombro ha visto que emergíamos a la calle y a la luz del día al final de un largo itinerario de corredores y escaleras. También ha prestado una atención fascinada al hombrecillo verde intermitente del semáforo, y se ha divertido pasando las manos entre las ramas bajas de las acacias, las hojas diminutas de tacto suave y un verde tierno.

Hoy me ha tocado a mí ponerla a dormir la siesta. Bajo la persiana del dormitorio, hasta que todo está en penumbra. Me tiendo en la cama, y ella se tiende a mi lado, su cara en la almohada, a la altura de la mía. Le canto canciones, nanas de las que cantaba Paco Ibáñez en sus primeros discos: el Lobito bueno, la señorita del abanico, el lagarto y la lagarta; también Duerme negrito, y los Cochinitos. Hace falta mucho repertorio para lograr que se rinda al sueño. Da muchas vueltas en la cama, cambia de postura, se revuelca, disfrutando de la blandura elástica del colchón. Poco a poco se apacigua, y yo voy cantándole más bajo. Se queda dormida en una postura inverosímil. Yo acabo durmiéndome también. En un sueño ligero la oigo respirar a mi lado. Me despierto en seguida y salgo en silencio. Al cabo de dos horas entramos para despertarla. Subimos un poco la persiana. Vuelve muy despacio al estado de vigilia, con visible pereza. Se recrea risueñamente en la somnolencia de la siesta. Yo me pregunto qué imágenes o fragmentos de historias aparecerán ya en sus primeros sueños.

63

El doctor Bouza me regaló la pluma un día que vino con su mujer a casa. Lo invitamos a comer para agasajarlo en su jubilación. A Elvira también le trajo una de sus plumas restauradas. El regalo era más inesperado todavía porque yo ignoraba esa afición suya. También ignoraba que él y su mujer, Carmen, son dos aficionados tremendos a los toros, y que otra de las pasiones del doctor Bouza es la historia militar, particularmente la de los tercios de Flandes. Así que en el curso de una comida, en nuestra casa, «comida de matrimonios», como él mismo la había calificado, descubrí más cosas sobre él que en los más de veinte años que llevaba conociéndolo. A este científico atareado y sobrio, el servidor público que había dedicado su vida entera y todo su talento al bien común, a cambio de un sueldo mezquino, yo lo veía investido del peso de su conocimiento y su experiencia, y de la gravedad de su misión: siempre con la bata blanca flotando a un lado y a otro en sus caminatas por los pasillos del hospital, echado hacia adelante, el flequillo gris sobre la frente, la pajarita de científico educado en América. Ahora, no en su despacho sino en el comedor de nuestra casa, a mediodía, recién jubilado, contento, con la misma pajarita, aunque ahora con un traje claro de lino, el doctor Bouza ya no era el oráculo severo y cordial de la salud y la enfermedad, el que podía predecir la cercanía de la muerte, o la posibilidad de la curación. Se entusiasmaba mostrando con ademanes de prestidigitador los méritos de una estilográfica y las dificultades de su restauración, pero más todavía explayándose sobre las hazañas de los tercios españoles en las guerras de Europa en el siglo XVII, o rememorando las grandes faenas taurinas que él y Carmen, que asentía a su lado, habían tenido la suerte de presenciar en las mejores plazas de España, y también en Lima, en Bogotá, en la Ciudad de México. A veces iba como orador eminente a un congreso científico en aquellas capitales, y él y Carmen se escapaban durante unas horas sin dar explicaciones para asistir a alguna buena corrida.

Me he sentado en el balcón y he llamado a mi madre. Mi hermana dice que cuando habla conmigo se le desatan los recuerdos. Su mundo verbal se vuelve tan vago como su memoria, pero yo sé descifrar de qué historia está acordándose cuando hace una alusión inconexa o pasajera, cuando dice un nombre o está a punto de decirlo y no puede. Los recuerdos de mi madre están inscritos en un idioma perdido y fragmentario que ya no entiende nadie más que yo: es ese núcleo de su vida, cuando ella era muy joven, antes de que mi hermana naciera, cuando tuvo su propia casa, por primera vez en su vida, no un cuarto alquilado, como cuando se casó: su casa pobre en la calle Fuente de las Risas, que era fea y vieja, dice, pero que ella arreglaba con lo que podía, cortinas que cosía ella misma, cenefas de papel calado en las estanterías de la loza —«el vedriao», decían ellas—, un pañito de croché encima de la radio, un jarro de flores en el centro de la mesa, sobre el mantel de hule con el mapa de España. Se acuerda de su vecina de la casa de al lado, que fue como su hermana, la mejor amiga que tuvo nunca. Ni siquiera en su juventud fue una mujer sociable. Ha vivido confinada siempre en el círculo de la familia inmediata, hermanos, cuñadas, tíos, sus primos que emigraron a Barcelona, los que mandaban por Navidad paquetes con regalos, una botella de champán, un kilo de café molido, un salchichón de Vic, regalos alimenticios como de la época del hambre. Se acuerda de que los domingos me vestía «como un hombrecillo achicao», y de que el día de mi comunión sirvieron tazones de chocolate y bollos de aceite. Se acuerda de que su dormitorio tenía unas cortinas rojas, y entonces yo recuerdo como un sueño o una visión de luz rojiza o rosada filtrándose mientras estoy acostado en la cama de mis padres, porque me he puesto enfermo: es roja o granate la colcha, y el tapizado del sillón bajo en el que se sienta para descalzarse mi padre, y esa especie de brocha de cordones que es la tapadera de un bote de perfume, sobre el tocador con espejo de marco torneado ante el que mi madre no se sienta nunca. El rosa atenuado tiñe el aire y las paredes blancas del dormitorio. «Tú te ponías malo y te gustaba tomarte la leche muy caliente. Yo tenía que poner una servilleta alrededor del vaso para que pudieras cogerlo.»

Ahora sí es claro y preciso el recuerdo. Lo es más porque está fijado como una imagen sobre papel fotográfico. Ella está viendo ese dormitorio, los muebles formales que compraban con tanto esfuerzo los pobres para no usarlos nunca, la mesa de comedor a la que nunca se sentaban, las sillas de respaldo alto, el aparador enorme en el que guardaban una mantelería intacta al cabo de los años, una vajilla de porcelana en la que nunca se sirvió ninguna comida, un juego de café igual de intacto que el día que se lo regalaron. De niño yo me colaba como un gato por debajo de la mesa y las sillas de aquel comedor fantasma, abría puertas labradas y cajones profundos que olían a cosas antiguas y no usadas. Sobre la mesa, con su brillo y su olor de barniz, había un perro de porcelana, echado, con la lengua fuera, con los ojos brillantes. El niño es un primitivo animista que encuentra una vitalidad mágica en las figuras talladas o pintadas, igual que establece una fraternidad igualitaria con los animales. En el comedor fantasma el perro de porcelana era una presencia viviente. Te acuerdas del perro, le digo a mi madre, y ella, que ha olvidado tantas cosas, me dice con firmeza que sí, con la felicidad de haber encontrado algo indudable, ese perro, con su lengua fuera, el comedor, el juego de café, su casa entera en la calle Fuente de las Risas, más real ahora mismo que la habitación desde la que me habla, igual que es mucho más real ese tiempo tan lejano que el presente confuso y desenfocado de ahora. Sentado en el balcón, en la noche cálida de julio, me doy cuenta de que ahora mismo estoy habitando en la memoria de mi madre, en la casa de la infancia en la que se confunden mi memoria y la suya, en la que solo vivimos ella y yo.

65

No ha cambiado de tono pero sospecho que ahora está internándose por otra región del tiempo. Será como en esos sueños en los que uno se encuentra sin explicación en lugares que le resultan familiares pero que son desconocidos. Ahora no es la madre joven en esa casa pobre que es únicamente suya sino alguien a quien tardo unos instantes en identificar. Es la niña que un día tiene fiebre y piojos y decide sonámbulamente no acostarse en la cama que le ofrece su pariente adinerada, la señora que oculta una dureza cruel de corazón debajo de una especie de obsequiosa blandura. Yo no quería ponerme mala en esa casa, dice, y yo sé de inmediato a qué casa se refiere. Es la casa grande y hostil de sus parientes prósperos, la casa con la huerta feraz, las cuadras bien surtidas de cerdos lustrosos, las tinajas grandes llenas de aceite, las cámaras que rebosan de trigo, maíz, cebada, los techos de los que cuelgan embutidos reventones, los sobrados en los que se alinean orzas de lomo en manteca y jamones sepultados en sal gorda, las habitaciones sombrías con brillos de dorados, con fotografías de muertos. Ellos se hartaban de comer y a mí me dejaban las sobras, dice mi madre, y yo sé exactamente lo que dirá a continuación: que para ella dejaban el pescado que ya olía y la carne medio podrida, los garbanzos endurecidos y sin carne ni tocino. «Con nosotros vas a estar más a gusto que con tus padres», aseguraba su parienta, con su bondad embustera, su papada floja, su boca colgante. Mi madre pone voz de falsete al imitar su habla, con un rencor inextinguible, al cabo de ochenta años: «Antonia, hija mía, con nosotros vas a estar más atendida, y ya no serás una carga para tu pobre madre, ya verás que no te va a faltar nada». La pusieron a dormir en un cuarto con un jergón y sin ventana en el que pululaban los ratones. La hacían levantarse antes del amanecer para hacer las camas y fregar arrodillada toda la casa. No tenía dónde lavarse y el pelo tan bonito y rizado se le llenó de piojos. Y por las mañanas, lo que más asco le daba, le da todavía, es que tenía que vaciar los bacines de barro que había en el dormitorio de los señores de la casa: los bacines en los que orinaban durante la noche y en los que también cagaban, si les daba por ahí, y los tapaban con lo que fuera, una toalla o unos pantalones doblados. Cada mañana, cuando los dos ya se habían levantado, ella tenía que entrar en el dormitorio pestilente, con olor a cuerpos viejos y a ropa sudada, y recoger los orines y la mierda, y tirarlo todo al agujero inmundo del retrete al fondo del corral, y sacar cubos de agua del pozo, y subirlos con sus brazos de niña por las escaleras para hacer la limpieza, para avanzar de rodillas frotando las baldosas con un trapo empapado, enjuagarlo en el agua, seguir fregando con la cabeza abatida sobre el suelo y los huesos doloridos, las rodillas que ya iban a seguir atormentándola toda la vida, la columna vertebral que se le torció por cargar grandes pesos siendo todavía una niña. Y él se me arrimaba cuando me veía sola, dice, el viejo venía donde yo estaba y me palpaba el pecho, le decía al oído que estaba desarrollándose muy pronto, la buscaba por las habitaciones mientras ella limpiaba, mientras se daba prisa para que no le alcanzaran aquellos pasos que oía acercarse, los pasos y el olor, el olor masculino y a cuadra. Un día tuvo que acostarse porque le dio mucha fiebre. Se había enfriado lavando con agua fría en la pila del corral, las manos de niña ateridas por el frío y rojas por la aspereza del jabón. Ella no dice fiebre, sino calentura. Y mareada por la fiebre, como sonámbula, se levantó de la cama y sin decir nada a nadie atravesó la casa temiendo que el viejo apareciera con sus manos codiciosas. Salió a la claridad de la calle. Cruzó el barrio sin saber a dónde la llevaban sus pasos. Llamó a una puerta y su madre le abrió, y ella se juró que aunque su padre la matara a palos no volvería nunca a aquella otra casa, no diría nunca por qué se había ido.

66

14 de abril. *Desde ayer por la tarde hay una dulzura tibia en el aire, una perfección tan delicada que lo sumerge a uno en una casi felicidad agradecida. Los árboles jóvenes del barrio, que siempre parecen algo desmedrados, ahora tienen en las hojas un brillo fresco de savia: los arces en los márgenes de la plaza de Felipe II, los robles que parecían enfermizos y frágiles en la acera estrecha de Jorge Juan, hasta las acacias de nuestra calle, que van a ser las últimas en brotar, con sus troncos ennegrecidos por el humo del tráfico. En cada alcorque, al pie de cada árbol, ha crecido un modesto jardín botánico, con una variedad de especies como la de* *las aceras y los empedrados de Lisboa, o como en las calles en las que yo jugaba de niño, observando bichos en la hierba, hormigas, mariquitas, curianas, escarabajos. Eso es lo que miro ahora, cuando salgo a la calle, la feracidad de la hierba, de esas simientes esparcidas por el viento que aprovechan cada grieta en las losas de las aceras, ahora que tan poca gente las pisa, en las rejillas de los respiraderos del metro, hasta en el mismo asfalto, en huecos mínimos donde ha bastado un poco de tierra para que se afirmen las raíces. Me recreo identificando por las aceras especies de plantas silvestres que mi padre me enseñó a distinguir cuando era niño: las malvas, las ortigas tan peligrosas, la corregüela, la juncia, los cerrajones que yo arrancaba en los márgenes de las acequias para alimentar a los conejos. En estos días la belleza del mundo natural tiene un efecto tan hondo como la belleza de la música: es inexplicable y milagrosa, porque surge en medio del desastre; da consuelo y al mismo tiempo tristeza, porque existe al margen del dolor humano, con una indiferencia que puede ser hiriente para quien sufre, y para quien mantiene los ojos abiertos al sufrimiento de otros. En el periódico vienen hoy historias de trabajadores de la construcción y camareros que no tenían contrato y cobraban en efectivo y a diario. Ahora no tienen nada. Están encerrados con sus familias en espacios mínimos. Algunos han empezado a pasar hambre.*

En esta contemplación estética que ni un parado, ni un enfermo, ni un sanitario pueden permitirse, hay también una raíz política, una confirmación de que el mundo no puede seguir basando su prosperidad, poca o mucha, en un sistema económico que destruye la naturaleza y envenena el aire. Yo quiero que pare esto, que acaben los muertos, que los enfermos se curen y la gente pueda volver a ganarse la vida —pero también quiero que haya silencio y sosiego en

*las ciudades, y que la vida conserve algo de esta fraterni-
dad que nos exalta a todos cuando salimos al balcón cada
tarde a las ocho.*

67

Hoy, 9 de julio, mi padre habría cumplido noventa
y dos años. Con frecuencia hago cálculos comparando
su edad y la mía. Cuando mi padre tenía la que yo tengo ahora, ¿cuántos años tenía yo? ¿Cómo lo veía yo entonces? Mi padre nació en 1928. A los ocho años dejó la
escuela para trabajar en la huerta porque a su padre se
lo llevaron a la guerra. Cumplió sesenta y cuatro años
en 1992. Entonces yo lo veía mayor de lo que me veo a mí
mismo ahora. El año 88 o el 89, cuando yo aún vivía en
Granada, instalé un contestador automático. Mi madre había venido a pasar unos días con nosotros. Mi padre no
había podido acompañarla, por atender su puesto en el
mercado. Unos días después de que mi madre se fuera, al
poner en marcha el contestador para escuchar los mensajes, me sorprendió oír la voz grabada de mi padre, que
hablaba con ella. Mi padre la había llamado y ella, sin
darse cuenta, había pulsado el mando de la grabación. En
la voz de mi padre había un tono de insinuación y dulzura que yo no le había oído nunca. Le decía cosas píca-
ras a ella. Le decía que la echaba de menos, le contaba las
cosas que pensaba hacer con ella cuando estuvieran juntos. Era procaz y apasionado. A ella se le notaba entre ha-
lagada e incómoda. «Pero Paco, qué cosas me dices.» Yo
no había visto nunca a mis padres dándose muestras de
cariño, y menos de deseo, decirse palabras dulces. Los adultos no hacían esas cosas entonces. La austeridad de sus vi-

das era equivalente a la de sus gestos y sus palabras. Lo que hicieran o dijeran en privado no se traslucía ante los demás, menos aún delante de los hijos. A los niños se les daban besos, se les apretaba, se les daban regalos, aunque fueran muy modestos. Entre adultos las muestras de afecto eran solo formales. Entre mis padres había reinado con frecuencia el silencio. Tenían enconos secretos, quejas o rencores que no estaban adiestrados para traducir en palabras. Mi madre recuerda amargamente que él podía pasarse semanas sin hablarle, sin darle ninguna explicación del silencio.

Y ahora yo le escuchaba esa voz casi susurrada, inverosímil en él, con inflexiones de broma y deseo, cuánto te echo de menos, por qué tardas tanto en volver. Pero la incomodidad que la voz me producía, el pudor puritano de los hijos hacia la sexualidad de los padres, la condescendencia de los jóvenes hacia quienes ven como viejos, me indujo a la burla: llamé a mi mujer y le puse la grabación, y los dos nos reímos, de la procacidad pintoresca de dos abuelos, y también se rio mi hermana cuando se lo conté, y su marido cuando se lo contó ella. Y ahora hago uno de esos cálculos en los que me distraigo cada vez más, y caigo en la cuenta de que cuando se grabó aquella conversación mi padre era varios años más joven de lo que yo soy ahora, y mi madre tenía la misma edad que Elvira. ¿Merecemos nosotros la condescendencia burlona que les dediqué yo hace treinta y tantos años a mis padres? No imaginamos que alguien más joven pueda negarnos nuestro derecho al deseo: que alguien por detrás de nosotros vea ridículos nuestros gestos de ternura, que no imagine posible en nosotros la plenitud sexual.

68

También él hacía sus cálculos comparativos, sumas y restas de años vividos. Tenía la práctica de las cuentas rápidas hechas con una tiza o con un cabo de lápiz en su puesto del mercado. «Si vivo tanto como mi papa me quedan todavía diez años»; «Si muero a la edad de mi mama me quedan quince». Murió antes que cualquiera de los dos. Le faltaban unos meses para cumplir setenta y seis años. Uno debería irse como se fue él, todavía fuerte, lúcido, activo, sociable, con ganas de vivir, disfrutando de la comida y del vino, de los paseos largos que daba, levantándose al amanecer dondequiera que estuviese para visitar el mercado, haciéndose amigo de los vendedores. Si me acuerdo hoy de su cumpleaños es porque sus nietos establecieron la costumbre de felicitarlo. Me acuerdo más de los cumpleaños de mi padre ahora que está muerto que cuando vivía. A él lo que le hacía feliz era el día de su santo, el día grande de la feria de Úbeda, el último, el de la buena corrida de toros. Los cumpleaños lo entristecían porque atestiguaban el paso del tiempo y el acercarse de la muerte, o el de la decrepitud de la vejez, que le daba más miedo. Me cuesta imaginarlo con los noventa y dos años que habría cumplido hoy. Me fijo en los ancianos de boca abierta y cabeza caída a los que empujan en sillas de ruedas emigrantes latinos. Pienso en los que morían solos y aterrados en las residencias, en el espantoso mes de abril, los que agonizaban con tubos incrustados en las bocas abiertas, rodeados de desconocidos que les parecerían fantasmas o invasores de otro mundo, envueltos en uniformes de plástico, con mascarillas, con gafas protectoras.

Cómo habría sido él a esta edad, qué grado de deterioro habría sufrido. El padre de mi amigo Antonio Madrid, que había sido un hombre conversador y cordial, pasó los últimos años de su vida devastado por el alzhéimer. Antonio me dijo que yo tenía mucha suerte porque podía recordar a mi padre tal como había sido. Los recuerdos del suyo se le borraron por culpa de la enfermedad que lo convirtió en un desconocido intratable. Es verdad que mi padre permanece intacto en mi memoria; mejor aún: en los sueños en los que viene a visitarme de vez en cuando, y en los que veo, con una claridad inaccesible para los recuerdos conscientes, su pelo blanco y su cara morena, su gran sonrisa, la risa que le llenaba los ojos de lágrimas cuando se ponía muy contento. Así lo recuerdan Elvira y nuestros hijos, que le dieron, ella y ellos, el amor incondicional que merecía, y tal vez no recibió en el grado necesario, sin reserva y sin condescendencia, de sus propios hijos, mi hermana y yo, y menos aún de su mujer. Él era expansivo y tosco; ella es retraída, muy vulnerable, de una sensibilidad extrema, enfermiza en su capacidad de ser herida. Ahora ella lo ha ido borrando de su pasado. De los agravios que le hizo conserva una memoria infalible.

Si muero a la edad de mi padre me quedan once años de vida.

69

15 de abril. *A las cinco de la tarde el cielo es tan oscuro como si anocheciera. Salgo al balcón y el viento húmedo está inundado de olor a savia. Parece que de un momento a otro va a estallar una tormenta. Hay un retumbar de truenos en la lejanía. El viento agita las copas de los árboles con una ondulación de plantas submarinas y levanta y vuelve los paraguas que van empezando a abrirse. El viento está salpicado de go-*

tas de agua, como si viniera del mar. Por la acera de enfrente
pasa una pareja de enfermeras o médicas, con uniformes de
un blanco reluciente, gorros blancos, mascarillas blancas:
desde lejos los uniformes dan una impresión de ascetismo religioso, y las enfermeras o doctoras parece entonces que pertenecieran a una secta musulmana muy estricta. Entre las dos
llevan una gran bolsa roja. El blanco de los uniformes y el rojo
de la bolsa dan un fogonazo alegre de color a la calle tan gris.
El aire limpio me ha despejado después de la siesta y la lectura de Thomas Merton. Y es esa lectura la que aviva mis per-
cepciones sensoriales. Observo con más precisión y gratitud
porque he leído las páginas de Merton sobre sus paseos por el
bosque que rodeaba su monasterio. La embriaguez de la naturaleza él la convierte en experiencia religiosa. Que Merton
crea y yo no crea en Dios no hace diferente nuestra emoción
por las cosas, por el puro hecho de su existencia. Huelo la savia en el aire y veo el verde de las hojas que están brotando
en las ramas oscuras de las acacias. Y también disfruto del
color azul de los autobuses que pasan casi vacíos, y el amarillo fuerte de las ambulancias, las luces giratorias en los coches de la policía. Es una belleza universal, indiscriminada,
común. La cercanía de la tormenta le da a todo un aire de
inminencia que luego no llega a cumplirse. Los truenos se
alejan y se extinguen, el cielo se aclara. Hace un rato anoche-
cía y ahora ha vuelto una media tarde soleada.

70

Una noche, al rato de apagar la luz, en ese momento
en que el camino del sueño era tan posible como el del
insomnio, en el silencio raro y absoluto que era más profundo en la oscuridad, oí una voz ronca que gritaba en

la calle. Sonaba como si maldijera, o como si predicara, pero no se podían distinguir las palabras. Me acordé de los predicadores dementes que van de noche por las aceras de Nueva York recitando versículos del Apocalipsis. Me quedé dormido, pero era un sueño ligero y desperté al poco rato, oyendo todavía la misma voz, igual de ronca y airada. Elvira respiraba a mi lado en un sueño profundo. Estuve un rato inmóvil en la oscuridad, bien abrigado, con los ojos abiertos. Me di cuenta de que no iba a dormirme. Me levanté a tientas. Busqué las gafas y el libro de Merton de la mesa de noche y salí con sigilo del dormitorio. La voz se oía más fuerte, poderosa, ronca, solitaria. Me asomé a una ventana. Un hombre estaba en la acera, de pie, delante de la tienda de 24 horas, de espaldas a ella, su sombra proyectada por la claridad fría del interior. A esas horas suelen pararse a tomar o a comprar algo policías y barrenderos, conductores de ambulancias, taxistas, gente de trabajos nocturnos. A la luz de la tienda distinguí al mendigo nórdico o alemán al que había visto unos días antes en la puerta del Corte Inglés, con un cartón en el que había escrito el número y el versículo de un salmo. A esa hora de la noche había una humedad helada en el aire, pero él solo llevaba puesto un jersey de cuello alto, que se ceñía a su tórax hercúleo, hinchado cuando tomaba aire para lanzar una imprecación. Muy cerca de él había una pareja de policías, que al principio lo miraban y luego dejaron de hacerle caso. El hombre solo interrumpía su diatriba para beber largos tragos de una botella. Levantaba los brazos, como abarcando la calle entera, la noche silenciosa, la amplitud del mundo. Señalaba con el dedo o agitaba el puño hacia los edificios de enfrente, desde uno de los cuales yo lo estaba mirando. A veces lo que decía cobraba una cadencia como de poema recitado por un vate demente, un profeta batallador y alcoholizado al que no dan refugio en ninguna parte y nadie hace caso. El vozarrón resonaba en toda la calle, con un fondo de sirenas lejanas. Me acosté una o dos horas más tarde y seguía oyéndolo de lejos.

71

En el Retiro la grava de los senderos cruje bajo los neumáticos de la bici. Con la llovizna y la niebla ligera el Retiro es como un parque muy verde de Londres, amplio y a la vez recogido, con sus geometrías francesas de setos y sus zonas de desorden, con una intimidad de jardín en las praderas circundadas por árboles frondosos. He despertado de un sueño para ingresar en otro sueño, este de ojos abiertos. Al salir del Retiro cruzo sin apuro la calle de Alcalá, subo por el carril bici de la calle Serrano. Los pocos coches que hay se paran civilizadamente ante los semáforos en rojo, y no dan esos acelerones de impaciencia y amenaza en cuanto la luz vira al ámbar. Oigo muy cerca a mi espalda los pasos de un corredor que se me ha ido acercando mientras yo estaba detenido en el cruce. Por encima de los castaños y los plátanos de Indias del bulevar de Juan Bravo se ha despejado el cielo. En la limpia amplitud azul vuelan y silban golondrinas veloces. He parado en un kiosco para comprar el periódico. Nada más bajar de la bici me he acordado de ponerme la mascarilla. He visto al pasar que acababan de abrir la pastelería Mallorca de la calle Velázquez y he parado de nuevo para comprar cruasanes recién hechos. Los guardo en la mochila junto a los periódicos, frutos también de la mañana, y cuando subo pedaleando la cuesta pronunciada de don Ramón de la Cruz noto su calor de masa recién cocida en la espalda. A las ocho y media de este domingo raro y fresco de principios de julio el silencio de Madrid es tan profundo como el de los días más severos del confinamiento, aunque sin el peso de aquella claustrofobia, la opresión en el pecho, la sensación de no poder salir nunca de una campana enrarecida de vidrio.

72

He de volver a casa pronto para que no se enfríen los cruasanes, para preparar el desayuno. He guardado la bici en el sótano del edificio. Cuando me bajo de ella siento un golpe de gratitud, como si me despidiera de un caballo, de la yegua que mi padre tenía en la huerta. He subido a casa con una cierta sensación de clandestinidad y cautela porque he usado la escalera de servicio. He entrado por la cocina, moviendo con cuidado la llave en la cerradura. No había ninguna luz encendida, ninguna señal de despertar. Todo estaba como yo lo dejé. Un rasgo de este tiempo es que las cosas más cercanas se alejan rápidamente hacia el pasado. Los recuerdos de ayer mismo, los de hace poco más de una hora, cuando me desperté, se mezclan con episodios muy antiguos de la memoria. Nunca ha sido más dudosa la frontera entre el ahora mismo y el hace mucho tiempo, y entre las regiones del pasado que antes estaban nítidamente separadas entre sí. Cuando avance el día, se despeje el cielo, vuelva el ruido del tráfico y se imponga un calor de mediodía de verano, llevaré conmigo el recuerdo de este Madrid secreto por el que he navegado sin peligro en mi bicicleta silenciosa y ligera, entre las ocho y las nueve de la mañana del domingo.

17 de abril. *Elvira ha entrevistado en la radio a nuestro amigo Manuel Serrano, el arquitecto y piloto que de vez en cuando reaparece en nuestras vidas, siempre por azar y con alguna novedad extravagante. Hace unos años nos lo encontramos en una joyería después de mucho tiempo sin verlo y nos contó de buenas a primeras que se había convertido al judaísmo. Manuel decidió hacerse piloto después de que su primera mujer muriera en un accidente de aviación. Se obsesionó con el accidente y se sumergió tanto en todo lo relacionado con la seguridad aérea que acabó queriendo pilotar aviones. Se fue a Arizona para aprender a volar y para aprender inglés. La simultaneidad de los dos aprendizajes le causó algunos problemas. La primera vez que voló a solas se perdió en el desierto y no encontraba la manera de volver a la base. Consultaba por radio con la torre de control, pero como las instrucciones se las daban en un inglés muy rápido él no las comprendía. Vio la pista de aterrizaje cuando ya se le estaba agotando el combustible. En los primeros años noventa, en una racha de fiebre vanguardista, diseñó una residencia de ancianos incorporando a la fachada un coche empotrado hasta la mitad. Dijo que simbolizaba la colisión final de la vida con la muerte. Viaja siempre con pequeños cuadernos en los que hace bocetos con pluma o con acuarelas de las cosas que ve.*

Elvira lo entrevistó en la radio porque hablando por teléfono Manuel le había dicho como de pasada que acababa de volver de China. Ha pilotado uno de esos aviones que traen material sanitario. Iberia le había suspendido el empleo, pero a continuación pidieron voluntarios para esos vuelos, y Manuel se presentó. Como es muy observador, su relato del viaje ha sido apasionante. Habla de la extrañeza de volar de noche durante muchas horas sin cruzarse con ningún otro avión. Iba con siete tripulantes más en un Airbus para trescientos pasajeros. En una oscuridad absoluta, en el cielo de Mongolia, Manuel vio surgir de golpe en el horizonte una inmensa luna llena. Llegaron al aeropuerto chino y solo un tripulante estaba autorizado a bajar del avión para revisarlo por fuera, mientras lo iban cargando. Terminada la carga, empieza sin dilación el vuelo de regreso, otras quince horas. Dice Manuel que mañana vuela de nuevo, esta vez a Shanghái. En el viaje anterior trajeron un millón de mascarillas. Medio en broma, como suele hablar siempre, Manuel dice que un vuelo de tantas horas es un paraíso para la lectura.

74

Vivíamos en el interior de un experimento: como esas personas que se recluyen durante meses en las profundidades de una cueva para averiguar cómo se mantiene o se pierde el sentido del tiempo a falta de la luz del día. Éramos una mujer y un hombre solos, encerrados en un piso de Madrid, privados de cualquier otra presencia, rodeados por una ciudad invernal sumida en un silencio que solo interrumpían sirenas de alarma, compartiendo todas y cada una de las tareas domésticas, concentrados en la convivencia desde que abrían los ojos hasta que los cerraban por la noche, y también durante el sueño, y en el insomnio, un cuerpo cálido respirando al lado del otro, como en la oscuridad de una madriguera. Éramos los sujetos del experimento y éramos también los científicos encargados de estudiarlo. Cada uno era el objeto inmediato del estudio del otro; cada uno se esforzaba en observarse a sí mismo. Podíamos apartarnos en habitaciones distintas, cada uno en su cuarto habitual de trabajo, en la cercanía y la distancia cotidianas de siempre; y también dedicarnos cada uno por su cuenta a tareas distintas, uno haciendo la cama y aireando el dormitorio, el otro regando las plantas y pasando la aspiradora por el comedor. Me sorprendió la dureza y la monotonía del trabajo, el cansancio de arrastrar la máquina, el dolor en la cintura de tanto inclinarse y alzarse, parecido al de recoger hortalizas o fruta. Mientras uno preparaba el desayuno el otro se concedía la indulgencia de quedarse un rato más en la cama, esperando el olor del café y del pan recién tostado, el ruido del exprimidor, las voces en la radio recién encendida, con su rosario de noticias desoladoras. Uno salía a pasear a la perra, a hacer la compra; el otro notaba el ensanchamiento del espíritu en ese trance valioso de soledad que podía durar poco más de media hora. El experimento estudiaba los efectos de varios días de reclusión; el grado de pesadumbre que se insinuaba en el ánimo a la hora del despertar; la tentación de la pasividad, del secreto desmoronamiento. Cada uno, dondequiera que estuviese en la casa, sabía dónde estaba el otro, lo escuchaba, sabía sin la menor duda qué estaba haciendo. Crujían las pisadas en ciertas zonas del parquet, no en otras, donde era posible pisar en silencio. Se oían las llaves recién depositadas en una bandeja de nácar sobre la mesa de la entrada. La atención de cada uno era el instrumento ultrasensitivo que medía la angustia, el nerviosismo, el desaliento, la alegría, el sosiego del otro; una veleta que respondía al instante a cada variación mínima del estado de ánimo. Las conversaciones en voz baja duraban mucho tiempo, y lo abarcaban todo, y cobraban sin esfuerzo un tono de mutua confesión.

Era el experimento de la resistencia, y también del despojamiento forzoso y sin embargo no desagradable, la privación de la mayor parte de las posibilidades que hasta muy poco antes habían parecido ilimitadas, la absolución de todas las obligaciones, las necesarias y las superfluas, las que fueron ineludibles y ahora desaparecían sin drama. No habría viajes, ni esperas en aeropuertos, ni habitaciones de hotel, ni citas. Era el experimento de tener cada mañana, después del desayuno, el día entero por delante, una pizarra en blanco, una hoja de calendario sin anotaciones, el oro sin impurezas del tiempo, tan despejado como la casa misma en la que íbamos a pasarlo, con sus habitaciones diáfanas, sus ventanas anchas, su gran balcón sobre las amplitudes de Madrid. Si surgiera entre nosotros una sombra o un agravio no habría distracción exterior que la desdibujara. En esa caja del experimento tan desnuda como la tarima de un teatro no había nada ni nadie más que nosotros. Ahora que no había obligaciones que lo entorpecieran, huéspedes o invasores que lo vampirizaran, el día se pasaba más rápido que nunca. Le dije a Elvira: «Desde que tengo el día entero para mí no me queda tiempo para nada». Me sentía culpable de estar libre de los agobios de otros, los médicos y los enfermeros atrapados en el abismo de los hospitales, los cuidadores viendo morir a los ancianos en las residencias, los padres y madres de niños encerrados en casa, nuestro pobre Jorgito, la alegría de sus tres años marchitada por el aislamiento. Rendirse al desánimo, engolfarse en el malestar o en la queja, hasta en la depresión, habría sido una falta de respeto.

76

Mi asiento en el balcón es una silla vieja de jardín. Parece una de esas sillas viudas que la gente deja abandonadas por la noche en las aceras, junto a los contenedores de basura. Como le he puesto un cojín es algo más confortable. Y de cualquier modo, aunque sea incómoda, aunque su pintura blanca tenga desconchones de óxido, de haber pasado mucho tiempo a la intemperie, esta es la silla en la que me siento ahora en el balcón y no otra, del mismo modo que este es el trozo de calle que domino más de cerca, y que es al anochecer y no a otra hora cuando me siento aquí, como un dudoso hacendado, como el granjero o propietario que se acoda en la baranda de su casa de campo y contempla desde ella la extensión de sus posesiones. La hacienda que se extiende ante mí son cuatro macetas de tomates, una de fucsia, dos de geranios, un jazminero, una glicinia que va subiendo por la pared, una gardenia, una camelia, una pequeña de albahaca y otra de perejil. Sobre los tomates, que siguen creciendo pero no echan flores, le pido consejo a mi tío Juan, que a esta hora, cuando lo llamo, todavía está en su huerto, sentado debajo de la higuera, en el anochecer caliente de julio, descansando después de haber trabajado varias horas, doblado sobre la tierra, a sus ochenta y un años, con su cara tersa de hermano menor permanente, el pelo blanco y recio que se parece al de mi padre. El huerto ocupa toda la parte trasera de la casa en la que mi tío Juan vivió cincuenta años con mi tía Catalina. Él viene a trabajar aquí todos los días, pero por la noche se va a dormir al piso donde vive ahora, en uno de los edificios modernos al norte de la ciudad. Hay calefacción central y ascensor, el cuarto de baño es más amplio, la ducha más segura.

En el piso todo es más neutro y parece que le agobia menos la ausencia de su mujer. Pero es en la casa donde se siente más cerca de ella, en la cocina alegre que da al patio y al huerto, casi con los mismos electrodomésticos que tenían cuando se casaron, los mismos azulejos, la hornilla de gas que fue una de las novedades de aquellos años, y en la que Catalina cocinaba sus guisos sabrosos, muchas veces con las cosas que él acababa de traerle del huerto, las patatas recién arrancadas con el olor a tierra, las acelgas fragantes con sus tallos blancos recién cortados, los pimientos y los tomates con los que él haría una ensalada, los huevos rubios y todavía calientes de sus gallinas ponedoras. Todos los viernes del año mi tío Juan encarga en memoria de mi tía Catalina una misa a la que solo asiste él.

77

Una gran parte de la vida de mi tío ha transcurrido en el espacio de unos pocos pasos. Nació en la casa de la esquina de la calle Chirinos a la que yo venía de niño a visitar a mis abuelos paternos. Se enamoró de la hija de los vecinos de la casa de al lado, y a ella se fue a vivir cuando se casaron. En las fotos de la boda que están colgadas todavía en el pequeño comedor que no ha cambiado nada, mi tía Catalina, vestida de blanco, con veintitantos años, es una mujer deslumbrante. Yo me acuerdo de cómo me gustaba. Sentía por ella, hacia los once o doce años, una devoción entregada y secreta. Cuando estaban recién casados me iba a comer con ellos algunos domingos. Me ha quedado en la memoria el resplandor de la belleza de mi tía acentuado por la luz que entraba del huerto y del patio. Tenía una voz grave y risueña. Me gustaba más ir a aquella casa porque en ella había un televisor en el que yo veía las películas de los domingos por la tarde. Vivía con ellos el padre de mi tía Catalina, que era un hombre grande al que le faltaban varios dedos de la mano derecha. Su mujer había muerto de un ataque al corazón. Sus hijas lo cuidaban, mi tía Catalina y su hermana Lola, las dos guapas y morenas, cada una a su manera, hacendosas, joviales. Yo lo había visto muchas veces con un mono azul, con la cara y las manos tiznadas de grasa y de un polvo oscuro. El padre de mi tía trabajaba en la Fundición, que era la única industria que hubo durante mucho tiempo en la ciudad. La Fundición ocupaba una nave enorme de cuyo interior procedían ruidos tremendos de maquinarias, martillazos, choques de vigas de hierro. La sirena de la Fundición era el reloj que marcaba las horas en los barrios al sur de la ciudad.

En su vida tan delimitada, de relaciones tan cercanas, de docilidad familiar, mi tío Juan, al poco tiempo de casarse, tomó una decisión escandalosa. Un día fue de la casa donde ahora se había ido a vivir como hombre casado a la de sus padres, justo el portal de al lado, y les dijo que no volvería a trabajar en la huerta. Su suegro le había buscado un puesto en la Fundición. La huerta no daba fruto suficiente para mantener dos familias. En la Fundición mi tío iba a tener lo que en la huerta de su padre habría sido imposible, un salario fijo todas las semanas, horas extras pagadas, descanso los sábados por la tarde y los domingos. Imagino el esfuerzo que le costaría dar aquel paso: el nudo que tendría en el estómago, el temblor en las piernas, cuando salió de una casa y empujó la puerta de al lado, cuando se sentó en la mesa camilla, delante de sus padres, mi abuelo Antonio y mi abuela Juana, a los que sentía que estaba traicionando, que lo mirarían muy serios cuando él empezara a hablar alzando muy poco la voz, con la dificultad de decir aquellas palabras necesarias y tremendas, que dejaba solo a su padre, justo ahora que ya era viejo, que no volvería a ayudarle en la huerta, que desde el lunes siguiente, un poco antes de que sonara la primera sirena de la mañana, iba a salir de su nueva casa con un mono azul sin estrenar, camino de la Fundición. No puedo imaginar qué le dijo mi abuelo Antonio, tan callado siempre, tan ajeno a cualquier forma de vehemencia o de ira. Sería su madre, mi abuela Juana, la que levantara la voz, acusadora y terminante, la que lo expulsó de su casa, y cerró la puerta tras él, un hijo pródigo que seguía viviendo en la casa de al lado. Durante no sé cuánto tiempo yo no volví a comer ningún domingo en aquella casa con la cocina luminosa junto al patio y el huerto, ni a admirar con secreta sensualidad infantil a mi tía tan joven. Cuando oía hablar de mi tío a los mayores lo imaginaba como esos pecadores o réprobos de las novelas de la radio y de las películas mexicanas, los que rompían con lo más sagrado, los que abandonaban a sus padres sumidos en la enfermedad o la pobreza y se entregaban a vidas de egoísmo insolente, de vicio, arrastrados por mujeres sin escrúpulos. Apostado como un espía en los márgenes que habitábamos los niños alrededor de los adultos, yo los oía denigrar al hijo y hermano desleal y a la mujer que sin duda lo había empujado hacia su traición, pero en secreto me ponía de parte de ellos y habría querido salir en su defensa, burlar la prohibición para ir de nuevo a comer algún domingo a su casa, a oír las gallinas y los gallos en el corral, los pájaros en la gran copa de la higuera y en las jaulas que mi tía colgaba por la cocina.

Pero los sábados por la tarde, y los domingos y los días de fiesta, mi tío Juan no paraba de trabajar. Ellos no concebían un descanso que no fuera forzoso. Habían vivido así desde que eran niños, desde que abandonaron muy temprano la escuela. En las huertas la tarea no se terminaba nunca. Holgaban, como ellos decían, el Viernes Santo y el día del Corpus por la tarde, el de San Miguel, el de San Francisco. Holgaban cuando llovía tanto que no se podía hacer nada en la tierra o cuando caía una nevada. El trabajo era la condición incesante de sus vidas. Cuando se casaban hacían un breve viaje de novios, a Sevilla o a Madrid; mis padres, ni siquiera eso. Solo al final de los años sesenta empezaron a tomarse algunos días de vacaciones. Mi tío Juan hacía horas extras a diario en la Fundición, impaciente por ganar un poco más y por mostrar su valía, por agradecer la confianza de su suegro. El sábado llegaba a casa a comer un poco después de que sonara la sirena de las dos y media, palpando en el bolsillo el sobre mullido con los billetes del salario, que no era muy alto, y menos para un peón, pero que no faltaba nunca, y lo confortaba con su seguridad, después de las incertidumbres y las escaseces de las ganancias que daba la huerta. Por la tarde se ponía una chaqueta negra y una pajarita y empezaba su trabajo de fin de semana como camarero de bodas y banquetes. La noche del domingo volvía tarde a casa después de servir en una cena, se quitaba la chaqueta negra y la pajarita rendido de sueño. Pocas horas después ya se había puesto el mono azul para empezar otra semana de largas jornadas en la Fundición. Y entre unas cosas y otras todavía sacaba tiempo para cultivar el huerto delimitado por los bardales de su casa. Echaba de menos el trabajo de hortelano al aire libre y el trato con las plantas y con los animales. Y el huerto les proveía a él y a mi tía Catalina, y al padre de ella, con una gran parte de los alimentos que necesitaban, su ronda de abundancia según las estaciones: las patatas, los pimientos, las habas, los alcauciles, los tomates, las berenjenas; y además, a principios de verano, las cerezas y las ciruelas, y luego las brevas y los higos de la higuera que poco a poco fue extendiéndose como una bóveda sobre el patio, y ya en septiembre las uvas dulces de la parra, las granadas reventonas con sus granos rojos como piedras preciosas, los membrillos, las portentosas calabazas. En el corral, separado del patio por una valla de alambre, gallinas, conejos, gallos de alta cresta roja y ojos redondos y amarillos, los abastecían de huevos frescos y de carnes variadas para los arroces del domingo. De los banquetes y las bodas mi tío regresaba con bolsas espléndidas de las comidas sobrantes que se repartían entre los camareros. Había que trabajar sin respiro, que estar ahorrando siempre. Tuvieron una hija y la llamaron Juani, y luego un hijo que se llamó Antonio. Al honrar así a los abuelos paternos, según exigía la costumbre, estaban favoreciendo la reconciliación.

79

Sin moverme de mi silla de hierro paso las manos sobre mis plantas de tomates como si acariciara el lomo de un animal dócil. Rozo esa especie de vello ligero que cubre las hojas. Cuando me llevo a la nariz las yemas de los dedos el efecto de felicidad es inmediato. Porque son inaccesibles a la memoria consciente, las impresiones olfativas mantienen una intensidad y una pureza que el tiempo no amortigua. Mi magdalena mojada en una taza de tila es el olor en los dedos de unas hojas de tomate en una noche de verano, a esa hora en que el calor cede y las plantas recién regadas se yerguen, como en un estado de alerta, oscilando apenas en una brisa tenue. Con solo hacer ese gesto, la felicidad infantil y la atmósfera íntegra de aquel tiempo vienen a este balcón suspendido en la noche de calma como un globo aerostático sobre una calle de Madrid. Veo frente a mí los fluorescentes insomnes de la tienda de 24 horas, las figuras con mascarillas que pasan por la acera, el río en línea recta de luces rojas de los coches que se pierde al fondo en el cruce de la calle de Alcalá. Y estoy en la huerta de mi padre, o en su puesto del mercado, donde eran tan poderosos los olores de la hortaliza recién lavada, o en el huerto de mi tío Juan, en su patio, debajo de la higuera, donde le gusta sentarse a esta hora. Durante el confinamiento siguió viniendo al huerto cada día. Atravesaba la ciudad desierta, y alguna vez lo paraba la policía, para preguntarle a dónde iba, si tenía un motivo. En el huerto y en las habitaciones de la casa el silencio era tan profundo que a veces le daba miedo. Ahora que me acuerdo, en un cantero alrededor del patio mi tío tiene sembrada una fila de dondiegos o galanes de noche, que en nuestra tierra se llaman dompedros. Si está en el patio ahora mismo, mi tío olerá las hojas de la higuera y las flores de los dompedros o dondiegos. Con los dedos que han tocado las matas de tomates me gustaría tocar esta noche las hojas anchas y ásperas de la higuera y oler su savia blanca, la leche, le decían, que era muy buena para curar verrugas. Y quiero también oler los dondiegos, que estaban plantados en el pasillo por donde se llegaba al gran espacio abierto del cine de verano. Hasta que no se hacía por completo de noche no podía empezar la película. Mi tía

Catalina era tan guapa como una actriz de cine —una de aquellas actrices españolas o italianas de los años cincuenta que interpretaban tan arrebatadoramente a las mujeres jóvenes del pueblo porque ellas mismas lo eran.

80

19 de abril. *Esta tarde a las siete llovía tanto y estaba tan oscuro que no parecía que pudiera haber aplauso a las ocho. La mañana había empezado con una luz limpia y tamizada, un aviso fiable de la primavera que no llega. Pero poco a poco se fue ensombreciendo, entristeciendo, con una tristeza de ciudad puritana del norte de Europa en una mañana invernal de domingo. Hacia las siete y media cesó el diluvio y empezó a abrirse el cielo, y a las ocho menos diez, cuando la señora de pelo blanco de enfrente ya estaba detrás de su ventana, el sol iluminó del todo la calle mojada. Las otras ventanas empezaron a abrirse, como viñetas de un tebeo, cada una con sus personajes solitarios o en pareja de cada tarde: la otra abuela diminuta con un abrigo verde, la chica joven de pelo corto y teñido, el hombre de barba blanca y su mujer que nos saludan agitando los brazos en cuanto aparecemos. Hacia el oeste el cielo estaba despejado. El asfalto mojado brillaba como una lámina de oro. Por el lado del este permanecía un nublado violáceo. Justo a las ocho, como un golpe de simbolismo delicado y un poco efectista, un arco iris se formó de un lado a otro por encima de los tejados de la calle O'Donnell, al mismo tiempo que empezaba el aplauso y el cielo se llenaba de vencejos. Así que esta tarde, además de a las enfermeras de la Maternidad, a los policías, a las ambulancias, a los autobuses, también parecía que estábamos aplaudiendo al sol tan oportunamente* *regresado, al arco iris que se hacía visible en el momento justo, a los vencejos.*

81

Durante unos días, a la caída de la tarde, me he sentado en un balcón frente al mar. Está más o menos a la misma altura que mi balcón de Madrid. A la misma distancia que la acera del otro lado de la calle O'Donnell ahora está el mar. Por delante del hotel hay un modesto paseo marítimo, limitado por un muro bajo, y por una línea de bloques de piedra y de hormigón contra los que rompen las olas, levantando a veces llamaradas de espuma que ascienden como géiseres, más blancas de noche al recortarse en la negrura del mar. Los primeros días, aún aturdido por el viaje y el cambio de escenario después de tantos meses de sedentarismo riguroso, el espectáculo del mar delante de mis ojos ha sido menos real que el recuerdo del otro balcón sobre mi calle de Madrid. Estoy y no estoy. Al principio los dos estamos un poco perdidos. Me da en la cara la brisa húmeda y oigo el choque sordo y continuo de las olas contra el muro de rocas, y en lo que pienso, hasta con añoranza, es en mi balcón de Madrid y en mis macetas de tomates, a las que les puse abono antes de irme, con la esperanza de que prosperaran las flores amarillas. Me preocupa que el calor excesivo pueda agostarlas, o que la persona a la que he encargado que vaya a regarlas se olvide de hacerlo. Acodado en la baranda todavía caliente miro desfilar a la gente al atardecer por el paseo marítimo y pienso en la que ahora mismo estará pasando por la acera en O'Donnell. Aquí muchos vuelven a esta hora de la playa, todavía en bañador, con chanclas, con sombrillas plegadas, con la incongruencia obligatoria de las mascarillas, que malogran en parte la sensación de desahogo del verano. Hay gente, pero mucha menos que otros años, en estas fechas de mediados de julio, nos dicen con resignación en el hotel. Los acantilados de color tierra en los dos extremos de la bahía se tiñen de un oro rojizo en la puesta de sol. El último sol acentúa el blanco de las velas de los yates ligeros que vuelven al puerto. El mar tiene un azul puro de cobalto. Los bañistas tardíos que vuelven de la playa se cruzan con parejas que ya se han duchado y arreglado y salen temprano a cenar. Hombros bronceados y desnudos de mujeres, casi ninguna extranjera, vestidos ondeando en la brisa, y un aire a la vez de holganza y de expectativa, la placidez corporal del ejercicio al aire del mar, la ducha y la ropa limpia, la novedad del veraneo, la penumbra listada de las habitaciones donde se oye el romper de las olas; y también la moderada perspectiva del paseo junto a la orilla, y de la cena en una terraza, ahora que el calor cede y que la noche contiene una promesa de frescor.

Parece la vida de antes, pero no lo es, y no solo por las mascarillas. Algo hay apagado, en el paseo marítimo, en las tiendas, en los grupos de gente en las terrazas, en la alarma instintiva que nos provoca verlos tan numerosos y tan juntos.

82

Yo miro aquí igual que en Madrid, observador y no participante, acodado en la baranda para recibir mejor la brisa, un alivio viniendo del aire seco como polvo de ladrillo de mi ciudad. En vez de sirenas de ambulancias llegan graznidos de gaviotas, y ruidos de copas y cubiertos en las terrazas. También, tristemente, el estruendo delictivo de una moto náutica que se basta ella sola para arruinar el sosiego de la bahía en esta hora del final de la tarde. Del azote de los adoradores del motor de explosión no hay escapatoria. Los veleros y las gaviotas se deslizan con el mismo sigilo admirable, aprovechando las corrientes del agua y del aire, que son la una y el otro el medio en que cada uno de los dos, veleros y gaviotas, han ido perfilando sus formas para conseguir un grado máximo de economía y eficiencia. El desalmado de la moto náutica no necesita más que la fuerza brutal del motor y el despilfarro de gasolina: disfrutará ahora mismo de una ebriedad bárbara y masculina de poder, pisando el acelerador para hacer todavía más ruido, perturbar más a las especies marinas, dejar un rastro más venenoso de gasolina quemada. Es un miembro de la misma tribu de delincuentes acústicos que atruenan impunemente a cualquier hora del día o de la noche mis calles de Madrid.

Yo me acojo cada vez más, en mi ética y en mi estética, al sigilo limpio de las bicicletas, de los veleros, de los molinos de viento, de las caminatas o las carreras tranquilas y enérgicas a primera hora de la mañana. Entre la gente del paseo marítimo también circulan ciclistas, con cautela y destreza para no molestar, hombres y mujeres, mujeres jóvenes como posando para un largo friso en bajorrelieve, como el que transcurre sin pausa delante de mi otro balcón, un desfile clásico no de jinetes como el del Partenón sino de ciclistas, también con paños ligeros dibujando los cuerpos al adherirse a ellos y vibrando en el viento de una velocidad a escala humana, no agresora ni destructiva.

83

El sonido profundo y rítmico del mar no cesaba nunca. Cerrábamos el balcón y los postigos y el sonido se volvía más grave pero no perdía su fuerza. Lo seguíamos oyendo de fondo en el sueño. No era el rumor vago del tráfico nocturno que oíamos en nuestro dormitorio de Madrid, ni el silencio sin fisuras que ocupó su lugar durante los días de máximo encierro. Me sentaba en el balcón delante del mar y me quedaba hechizado, sin perder nunca la sensación de irrealidad que habíamos tenido a la llegada, con aquel exceso mediterráneo de la luz, aquella inaudita impresión de calma, de espacio abierto, de tiempo de holganza. En nuestras caras pálidas de recién llegados traíamos toda la carga de la angustia de Madrid. Y la ciudad, su pesadumbre, su energía crispada, seguía dentro de nosotros, y no nos dejaba abandonarnos de verdad al descanso, ni estar plenamente donde estábamos. Había una disociación, un desajuste cognitivo, algo que nos apartaba de otros huéspedes del hotel que habían venido de lugares menos castigados, o que al llevar más tiempo junto al mar se habían recuperado, como el enfermo cuando ya está avanzada la convalecencia.

Estaba acodado en el balcón, mirando al mar y a la gente que pasaba. Cada ola iba alzándose según se aproximaba, creciendo, y al llegar al punto más alto de pronto se abatía con un golpe seco contra el muro de roca, como un puño que alguien levanta y aprieta despacio sobre su cabeza y por fin lo deja caer con un vigor fulminante sobre un adversario al que derriba. El ruido del mar me ensordecía y me aislaba de la habitación a mi espalda, detrás de la cortina que la brisa agitaba. Estaba tan absorto que cuando me sonó el teléfono fue como si lo oyera en un sueño, y tardara en despertar. Era mi tío Juan. Desde que lo llamé el día de su santo disfruta manteniendo el contacto conmigo. Escuchado a la orilla del mar, el acento de mi tío Juan suena todavía más a interior y a secano, al modo en que hablaba la gente campesina cuando yo era niño. La voz y el acento de mi tío Juan me recordaban antes mucho a mi padre. Pero con el paso de los años ya no consigo evocar su voz. En los sueños lo veo con mucha claridad, pero su voz no la oigo.

84

Mi tío Juan tiene un acento muy pronunciado de Úbeda porque ha pasado allí su vida entera, los ochenta y un años que el otro día me dijo que acaba de cumplir. Nació justo al final de la guerra. Su infancia la pasó en los peores años del hambre. «Con siete años Juan Muñoz tenía las manos más ásperas que la lija de tanto trabajar en la huerta», me dice. Es un narrador inagotable que tiene el amaneramiento de estilo de saltar a veces a la tercera persona cuando habla de sí mismo, diciendo su nombre y apellido. Juan Muñoz fue seis meses a una escuela de pobres y dejó de ir porque su padre lo necesitaba en la huerta y porque la maestra le dio una vez un tirón de oreja tan fuerte y se la retorció tanto que llegó a desgarrársele. Volvió a su casa conteniendo con la mano el hilo de sangre. Ya no fue más a la escuela. La gente pasaba entonces tanta necesidad que se alimentaba de algarrobas, de bellotas, de pan negro, de pan de higo. Tiene el acento de Úbeda y el habla de ese barrio de labradores y hortelanos en el que siempre ha vivido, salvo el año y medio que pasó en Madrid, haciendo la mili, feliz como un pájaro, libre temporalmente del castigo de trabajar sin descanso en el campo. Aparte de eso, su único cambio de domicilio consistió en pasar del número 67 de la calle Chirinos al número 65 cuando se casó. Desde allí me llamaba, para contarme que había salido al huerto y que la higuera, con estos calores fuertes de mediados de julio, estaba dando los primeros higos maduros del verano: «Negros y rayados, nene, de los que a ti te gustan, con el pezón tierno y la carne colorá cuando los abres». En su vocabulario campesino el color rojo es colorao, igual que una nube es un nublo, y la palabra *nube* significa tormenta, y las plantas se crían, no se cultivan, y un niño es un nene, y un burro un borrico, y el olivo se llama siempre la oliva, por el mismo principio de feminizar aquello a lo que se debe la subsistencia que hace que la gente marinera diga la mar y no el mar. Ir de una mata a otra recogiendo los tomates, los pimientos, las berenjenas, se dice «andar», y es transitivo: «andar los tomates». Todos estos usos verbales desaparecerán cuando termine de extinguirse la generación de mis tíos, los que todavía quedan, mi tío Juan, mi tío Pedro, mi tío Luis, tan jóvenes en la memoria que no me acostumbro a que sean octogenarios. Cuando me encuentro con ellos veo sus caras jóvenes transparentándose bajo la máscara de sus facciones de viejos, veo las sonrisas, el brillo en los ojos, su austera juventud de supervivientes en una tierra castigada, en la duradera devastación de la guerra, bajo la brutalidad y la codicia de los vencedores. Es la generación de los hermanos menores de mi padre y mi madre.

Los higos en sazón hay que cogerlos con mucho cuidado. Se toman entre los dedos, se desprenden de la rama con
un giro suave, presionando lo justo pero sin apretar, para
que no se dañen. En el pezón recién desprendido queda una
gota blanca de savia. La piel se empieza a desprender hin-
cando la uña debajo del pezón, y si se hace con destreza y el
higo está en su punto justo no se quedarán trozos de pulpa
adheridos ella. La carne es de un rojo cremoso y brillante,
punteado de pepitas, tan jugosa que con el primer mordisco
se deshace en la boca. «Como la higuera está a la sombra por
la tarde los higos no se han puesto blandos. Tú ya sabes que
no es bueno comérselos calientes.» Según avanzaba la conversación yo me aislaba del atardecer junto al mar y del fragor de las olas rompiendo debajo del balcón y estaba en ese
huerto, en casa de mi tío Juan, bajo la sombra de la higuera,
a la hora en que aún quedaba algo de sol en las bardas pero el
aire ya se volvía respirable. Le dije que se me estaba haciendo la boca agua, de tanto oírle hablar de sus higos, lo cual
era verdad, y que se comiera uno a mi salud, pelándolo con
cuidado para que no se deshiciera, comiéndoselo de un solo
bocado. «Yo higos ya no puedo comer», me dijo, no sin tristeza. «Esas pepitas que tienen se me meten por la dentadura postiza y es como si me hincaran clavos en la boca.»

86

20 de abril. *Paso junto a la Maternidad y sale una pareja joven con un recién nacido, en brazos de él, y ella a su
lado lenta y pálida, con la fatiga inmensa de parir. Un poco
más allá otra pareja que también ha salido con su bebé se*

dispone a tomar un taxi. Se les ve a ella y a él aturdidos por las dificultades prácticas a las que se enfrentan por primera vez en sus vidas, agravadas ahora por la obligación de llevar guantes y mascarillas. Ella no acierta a doblar el cochecito. El taxista, que tiene mucha más experiencia, lo pliega fácilmente, y lo guarda junto a la bolsa grande de maternidad en el portamaletas. Pero la mayor dificultad es entrar en el taxi con el bebé en brazos. Se lo pasan del uno al otro. Él se sienta dentro del taxi y ella le tiende al bebé con mucho cuidado, con torpeza, con miedo, no sabiendo manejar sin peligro a una criatura tan valiosa y tan desvalida, con esa carita mínima y roja bajo un gorro de lana que le viene muy grande, envuelta en tocas y mantas. El padre y la madre son igual de jóvenes, los dos transmitiéndose la ansiedad con las miradas por encima de las mascarillas, de no más de veintitantos años, más inermes sin duda porque con el confinamiento no habrá padres ni abuelos que les hagan compañía y les presten ayuda.

87

Al volver del viaje al mar, una tarde ardiente de julio, lo primero que he hecho ha sido examinar mi conato de huerto en el balcón. Todo parece prosperar, hasta cierto punto, pero nada florece. Ahora las matas de tomates miden casi un metro y llegan a la altura de la baranda, pero las pocas flores que insinuaban sus brotes amarillos no han llegado a nada. La parra virgen, que estuvo a punto de morir por un golpe de calor, ha echado nuevos brotes que se extienden por la pared adhiriéndose a ella como patas diminutas de salamanquesas, y hojas de un verde luminoso. La abelia está tupida y frondosa, pero sin rastro de sus flores blancas. El jazminero, que trepa por la pared entrecruzándose con la glicinia, emite mezquinamente uno o dos jazmines muy de tarde en tarde, y solo cuando se han marchitado surge uno nuevo, como una breve mariposa blanca que no vivirá más de un día. En algunas hojas de los tomates, y en las de la albahaca, hay como un polvo blanquecino que deben de ser larvas de un parásito.

Llamo a mi tío Juan para pedirle consejo. Mi tío se acuerda de cuando fumigábamos los tomates con unos fuelles toscos y pesados que expulsaban chorros amarillos de azufre. Me confiesa que a él le está pasando lo mismo con una parte de las matas de tomates que ha plantado este año. «Crecen mucho, pero no les cuaja la flor.» Mi tío dice que será por culpa de la contaminación, o de estas calores tan grandes, como no se habían visto nunca. Para ellos calor es femenino. «Es por la climatología, como dicen ahora.» Mi tío pone cuidado en pronunciar bien esa palabra complicada. Pero a pesar de todo, su huerto de Úbeda está más resguardado que mi balcón de Madrid, y otros tomates sí que le han prosperado. Recoge tantos cada día que ya no sabe qué hacer con ellos. «¿Te acuerdas? Los mejores de todos, los que criaba tu padre en la huerta y no se cansaba de vender en la plaza, los de carne de doncella.» Era, es, una carne rosada, maciza, jugosa, fragante, tan delicada como su propio nombre. En su puesto del mercado de abastos —pero ellos lo llamaban la plaza— mi padre levantaba cada mañana temprano una pirámide de tomates de carne de doncella, cogidos con extremo cuidado uno por uno en la primera claridad del día, con el fresco y el rocío del amanecer. «Yo cojo un tomate —me dice mi tío Juan—, lo lavo en el chorro del grifo, lo parto por la mitad, le echo un chorreón de aceite, le

pongo encima unos granos de sal gorda. Ese es mi manjar.» La palabra le gusta mucho, así que la repite, la paladea, como si paladeara su tomate: «Ese manjar tú no te lo
comes en Madrid».

88

21 de abril. *Entra Elvira muy seria. Acaba de oír en la
radio que ha muerto del coronavirus José Mari Calleja. Era
solo un poco mayor que yo. Había cumplido sesenta y cinco
años. Era un hombre fuerte, tosco, alegre, valiente, que se
enfrentó a cuerpo limpio a los criminales de la ETA, sin
amargura y sin reserva. En medio de todo aquel horror de
sangre y vileza no dejó nunca de disfrutar de la vida, ni
perdió su sentido del humor bullanguero y faltón. Disfrutó
más cuando los asesinos se rindieron, con sus grotescas ca-
puchas cubiertas de boinas, y ya no tuvo que vivir encerrado ni ir siempre por ahí con escolta. Elvira me lo dice y nos
quedamos callados, ella en la puerta de mi cuarto, yo sentado delante del ordenador. A los dos nos cuesta contener
las lágrimas. Tuvimos mucha amistad con él en aquellos
años terribles. Como uno de esos castigos de retorcida crueldad que Jehová infligía a Job, el hijo pequeño de José Mari
tuvo un accidente con la bici y pasó en coma muchos meses. Tardó años en recuperarse del todo. Aquella desgracia
ensombreció más la vida de José Mari, que se sintió culpable por haber sacado a su familia del País Vasco y traerla
a Madrid, a esa urbanización bien protegida en la que el
retrovisor de una furgoneta derribó a su hijo de la bici y le
hizo chocar la cabeza de mala manera contra el asfalto. Ha
pasado dos semanas de tormento en la UCI de un hospital,
rodeado de desconocidos, de gente enmascarada, respiran-*

do con un tubo incrustado en la garganta. Su muerte nos entristece más el día. Nos hace conscientes de la profunda vulnerabilidad que hay por debajo de la calma con que hacemos las cosas. La escala de lo que está sucediendo no somos capaces de concebirla: la muerte de José Mari multiplicada por las de los más de veinte mil muertos contabilizados hasta ahora en España, probablemente muchos más, y todos los que están muriendo innumerablemente en el mundo. Suponemos que esto terminará, de un modo u otro, en semanas o meses, pero no sabemos imaginarlo, ni acabamos de creerlo.

89

Hace unos años, una vez que fuimos a verlo, poco tiempo después de la muerte de Catalina, mi tío Juan eligió con mucho cuidado un puñado de semillas de tomates de carne de doncella, las guardó en un sobre, lo cerró con el gesto antiguo de humedecer el filo engomado con la punta de la lengua y me lo entregó como un regalo valioso. Esas semillas venían de las generaciones de tomates de carne de doncella que mi padre había criado en su huerta, herederas de las que antes criaba en la suya mi abuelo Antonio. Entonces, cuando mi tío me dio las semillas, yo tenía una casa con jardín y podía haberlas sembrado. Tenía un jardín, y tierra suficiente para un huerto. Lo que no tenía era sosiego. Un huerto requiere un alto grado de sedentarismo. Yo no me daba cuenta de lo agitada que era nuestra vida de entonces. Volvimos a Madrid con una cesta de higos y tomates del huerto de mi tío Juan, y el sobre con las semillas. Los tomates los disfrutamos en una sucesión de ensaladas gloriosas. Los higos me los fui comiendo yo solo, porque son una fruta de gente de una cierta edad, y además requieren algo de destreza para pelarlos sin deshacer su carne y mancharse de jugo pegajoso las manos. El sobre con las semillas lo guardé en un cajón, en el desorden de papeles y cosas que se olvidan en el instante mismo en que dejan de verse, y ya solo vuelven a aparecer como reliquias inexplicables en la confusión de una mudanza, y se pierden para siempre. El sobre con las semillas y con la letra laboriosa de mi tío lo he visto alguna vez cuando buscaba otra cosa, y me ha despertado una mezcla de alegría y remordimiento. Es ahora, hoy, en este verano de sedentarismo forzoso y aceptado, cuando me hago el propósito de buscar por los cajones llenos de papeles aquel sobre con semillas de tomate de carne de doncella. Si se consigue que fructifiquen granos de trigo encontrados en las tumbas de faraones, tal vez no sea imposible que pueda revivir en mi balcón de Madrid la casta gloriosa de tomates que era el orgullo de mi padre cuando los apilaba tan cuidadosamente sobre el mostrador de mármol de su puesto en el mercado.

90

23 de abril. *Esta tarde a la hora del aplauso yo estaba paseando a Lolita. Había una brisa tibia y una luz de Tiepolo, sedosa, rosada, de un oro desleído. A Tiepolo, que venía de pintar la luz de Venecia, se le dio bien fijarse en la luz de Madrid. Ha empezado el aplauso cuando yo iba por la calle Fernán González. En esas calles más estrechas y recogidas del barrio el aplauso suena como una lluvia copiosa, no se pierde como en la anchura de O'Donnell. El aplauso lo llena todo, lo envuelve a uno en su sonoridad* *numerosa y cordial. Me he acercado a la Maternidad, para aplaudir a los sanitarios, casi todas mujeres, con sus uniformes de colores tan vivos, sus caras alegres a pesar de las mascarillas. Es la belleza de la vehemencia española, tan limpia en medio de esta calamidad, de tanta inmundicia política. Las sanitarias aplaudían a los policías y a los guardias civiles, que se habían bajado de sus coches con las luces encendidas y se alineaban para aplaudirlas a ellas. Se tomaban fotos las unas a las otras, en una atmósfera festiva, sin rastro del agotamiento y la angustia que están sufriendo desde hace ya cuarenta días. Muchas de ellas tienen contratos de un mes, de una semana. En esas condiciones laborales infames se juegan la vida para salvar las vidas de los otros.*

Desde la calle miro hacia arriba y distingo a Elvira, que hoy está sola aplaudiendo en nuestro balcón. Me gusta verla desde abajo, tan guapa y joven con su pelo suelto, saludando a los vecinos del otro lado de la calle, las abuelas solitarias que no faltan ni una sola tarde. Desde otro balcón viene una voz agresiva de mujer, que grita lo mismo cada tarde, apoyada en una baranda de la que cuelga una bandera de España con un crespón negro: «¡Viva España! ¡Viva el Rey! ¡Fuera Sánchez!».

91

Los sismólogos que vigilan los crujidos y los estremecimientos de la Tierra han advertido que durante los meses del confinamiento el ruido causado por la actividad humana se redujo a la mitad. En sus estaciones dispersas a lo largo y ancho del mundo, los sismólogos miden el impacto de los terremotos, el de las olas contra las orillas y los acantilados, el de los meteoritos que chocan con la corteza terrestre. Pero sus instrumentos de medición son tan sensibles que también captan la vibración del tráfico, la de las multitudes en los conciertos de masas y en los acontecimientos deportivos. El 11 de septiembre de 2001 los sismógrafos registraron la caída de las Torres Gemelas y antes de eso el cimbrearse de sus estructuras cuando los dos aviones chocaron contra ellas.

Entre marzo y mayo de este año vino una gran quietud sobre la corteza de la Tierra. No había explosiones en las minas, ni taladradoras hundiéndose en la roca viva en busca de bolsas de petróleo, ni turbinas de máquinas en factorías inmensas. Una red de 337 estaciones sismográficas distribuidas por el mundo mantiene una vigilancia permanente, tan sensible como las terminaciones nerviosas a flor de piel en un cuerpo humano. El apaciguamiento del ruido incesante empezó a ser advertido en China a finales de enero y se extendió primero por Europa y luego, en marzo y abril, al resto del mundo. El temblor del planeta se redujo a la mitad. Los domingos por la tarde, en las grandes ciudades de Europa, dejó de propagarse el seísmo que los sismógrafos detectaban cada vez que se marcaba un gol en los estadios de fútbol. No temblaba el asfalto de las autopistas ni los pilares gigantes de hormigón ni los puentes de los pasos elevados. Los trenes del metro no hacían vibrar los cimientos de los edificios en Nueva York. El estruendo de la civilización humana se reducía a un murmullo, dice un geofísico en el *New York Times*. Las ballenas se comunicaban con perfecta nitidez entre sí a miles de kilómetros de distancia, en la amplitud de los océanos por los que no circulaban petroleros ni buques montañosos de contenedores. Este silencio ha permitido a los sismólogos escuchar mucho mejor las sacudidas y los temblores naturales del interior del planeta, el fragor de su núcleo de minerales incandescentes.

92

25 de abril. *Suena el teléfono y estoy a punto de no contestar, porque no tengo registrado el número. Pero respondo, y una voz grave de hombre me dice: «Soy el hermano de José Mari Calleja. Bueno, soy uno de sus hermanos». Resulta que eran ocho, y José Mari el menor de todos. Este que habla conmigo me dice que, como era ocho años mayor, su trato con él era casi paternal. Sus padres se separaron cuando José Mari era todavía pequeño. «Le costó mucho crecer. Le llamábamos cuarto de mojama.» Al hombre se le quiebra la voz al contarme esas cosas. A mediados de marzo José Mari tuvo fiebre y problemas de respiración, pero se resistía a ir al médico. Por fin llamó a Sanidad. Le pidieron que se tomara la temperatura, y le hicieron mal que bien una consulta telefónica, pero no la prueba del virus. Le subió la fiebre y el agobio de la respiración y fue a Urgencias. Lo ingresaron de inmediato. No había plaza en la UCI y al principio lo tuvieron aislado en una habitación normal. Mandaba por el móvil de vez en cuando, muy en su estilo, mensajes optimistas, chascarrillos. Pero se puso peor, y las siguientes dos semanas las pasó conectado a un respirador. Un médico llamó a su hermano. Le dijo que si quería despedirse de José Mari tenía que darse prisa. Entró en la habitación envuelto en una bata de seguridad, con mascarilla, pantalla, guantes, calzas. José Mari estaba ya muy sedado, y no respondió a su presencia. Su hermano estuvo un rato hablándole, a su lado, y luego se fue. Nada más salir* *del hospital lo llamaron para decirle que José Mari había muerto. Fue al día siguiente a la entrada del tanatorio y el conductor del coche fúnebre le abrió la puerta de atrás para que viera el ataúd. Le dijo que podía poner encima un ramo de flores. Luego cerró la puerta y se fue con el coche, porque tenía mucho trabajo. Al otro día el hermano recibió la urna con las cenizas. Me da las gracias por lo que escribí en el periódico sobre José Mari. Nos despedimos con una congoja que detiene las palabras en la garganta, con una rara sensación de cercanía, aunque no nos hemos visto nunca, de luto compartido.*

93

El video se ha hecho viral. Ha emergido del muladar de las redes sociales y ya está hasta en el telediario. Por encima de una multitud de gente que baila amontonada, cuerpo contra cuerpo, sin ninguna protección ni distancia, saltando sudorosamente a un ritmo industrial de música electrónica, un bárbaro con el pecho musculoso y desnudo, cubierto de los preceptivos tatuajes, vierte chorros de alcohol de una botella sobre las bocas abiertas y ansiosas que se alzan hacia él. Bebe a morro él también, saltando sobre la tarima, con espasmos o convulsiones, con un brillo de sudor y de alcohol en la cara y en el torso. Después de cada trago escupe el alcohol hacia la gente, en una especie de delirio colectivo y suicida, como en una procesión de alucinados, en una danza medieval de la muerte, en una de esas discotecas de moda que vuelven a abrirse hasta la madrugada.

94

He visto el cielo nocturno inundado de estrellas de un extremo a otro, sobre los tejados de las casas, por encima de las fachadas blancas que alumbraban bombillas pobres en las esquinas, en la oscuridad que empezaba después de la última de ellas, al final de la calle que desembocaba en un terraplén y luego en las laderas de las huertas, y más allá en el valle de los olivos, que iban ascendiendo por las colinas hacia la sierra del otro lado. En el valle y en las estribaciones de la sierra temblaban de noche luces dispersas de casas de campo, y otras agrupadas que señalaban pueblos lejanos, temblando en la oscuridad como velas en un altar al fondo de una iglesia. También se veía el resplandor de los rastrojos que ardían, líneas rectas de fuegos bien pastoreados por quienes los encendían en sus fincas después de la siega. Y por encima de todo, de los tejados, de los campos en sombras, del perfil de estatua derribada del monte Aznaitín, el más alto de la sierra, estaba la pura inmensidad que ya nunca he vuelto a ver, la bóveda del cielo, tan cuajada de estrellas que casi no quedaban espacios vacíos en la negrura. En lo más alto de la bóveda, muy por encima de nuestras cabezas infantiles torcidas hacia arriba, veíamos la Vía Láctea como una deflagración de polvo estelar. Estrellas fugaces atravesaban en línea recta el cielo y se extinguían sin rastro como ascuas de cigarros tirados en la oscuridad. De la mano de mi padre o en sus brazos yo echaba hacia atrás la cabeza queriendo ver de golpe todas las estrellas del cielo y me mareaba mirándolas. Hemos salido de noche de casa de mi abuela Juana, en la calle Chirinos, y volvemos a la nuestra, que está muy cerca, en la Fuente de las Risas. Es una noche muy fría y me han abrigado mucho antes de salir.

El aire limpio y helado es un alivio después del calor excesivo del brasero en la salita de mi abuela. Me dicen que cierre bien la boca para que el frío dañino no me entre en el cuerpo. Mi padre me toma en brazos y mi madre, que me ha abotonado el abrigo y subido el cuello hasta las orejas, me pone la bufanda alrededor de la cara y me la sube para que me tape la boca y la nariz, y me la sujeta atrás con un nudo apretado. Noto el picor de las fibras de lana humedecidas por mi aliento. En la calle oscura no hay nadie. Quedan muy pocas luces encendidas en las casas. De algunas chimeneas ascienden columnas de humo. En el aire del invierno hay siempre un olor a leña quemada de olivo. Sostenido por los brazos fuertes de mi padre, apoyado en su hombro, miro el cielo que se extiende como un océano invertido de tinta china sobre los tejados de la calle, hacia la última esquina iluminada de todas, donde termina de noche el mundo visible. Más allá podría haber un abismo, un mar desconocido. Como en la escuela me están enseñando a contar le pregunto a mi padre cuántas estrellas hay en el cielo. Yo mismo he empezado a contar algunas, pero, por mucha atención que pongo, pierdo en seguida la cuenta. Mi padre me dice que todas las estrellas podrían contarse, aunque es muy difícil, y que quien logre hacerlo morirá al contar la última de todas.

95

26 de abril. *La gran novedad es que al cabo de seis semanas de encierro los niños podrán salir hoy a la calle: durante una hora, con todo tipo de restricciones, pero yo ya estoy impaciente por verlos. Me contó Antonio que Leonor* *a veces lo toma de la mano y quiere llevarlo hacia la puerta de la calle, aunque ella tiene el desahogo del jardín en casa de su abuela paterna. A las diez de la mañana, en la luz gris que hay a esa hora todos los días, he visto por la calle a un hombre con su hijo pequeño, los dos con mascarillas, el niño impulsándose en un patinete. En el silencio del domingo, se oyen esta mañana voces infantiles. Pero la alegría al principio es muy cautelosa, y los niños van junto a su padre o su madre —solo pueden salir con uno de los dos— con una formalidad antigua, como inseguros de estar ateniéndose a las normas.*

Pero el día se aclara, y más gente empieza a salir, y con más desenvoltura. Cuando voy al supermercado, la plaza de Felipe II es como una romería, llena de adultos y de niños, con una densidad alarmante, ahora que está uno tan acostumbrado a los espacios desiertos. Los niños se alejan de los padres y atraviesan la plaza en patinetes o bicis a toda velocidad, aunque nadie levanta la voz. Un policía municipal va de un lado a otro con aspecto de estar desbordado por la agitación que le rodea. Me doy cuenta de hasta qué punto estoy habituado a la ciudad vacía y al silencio. Salir de esta vida extraña será quizás más difícil que haber entrado en ella: que los coches rujan de nuevo, que no haya una excusa universal e indiscutible para no aceptar invitaciones ni para quedarse en casa todo el tiempo que uno quiera.

96

Unas veces mi madre está alerta y presente cuando la llamo por teléfono y otras, en el momento en que escucho su voz, me doy cuenta de que no tiene mucho interés en la conversación, que no ha salido del mundo interior en el que estaba sumergida cuando sonó el teléfono; sumergida en un recuerdo de cuando era niña, o en una diatriba perentoria y amarga con alguien que lleva mucho tiempo muerto —o del todo ausente, perdida, no en el pasado ni en ninguna parte, con la mente en blanco. Mi madre pasa el día en una habitación confortable, diáfana, tranquila, en la planta de arriba de la casa de mi hermana. Instalamos una silla ascensor en la escalera y baja y sube por ella a la hora de la comida. A veces baja para dar un paseo lento y dolorido por el patio, o para ir a la peluquería, que está muy cerca, aunque mi hermana la lleva en silla de ruedas, con un pañuelo de seda al cuello, y los labios pintados, porque no ha perdido la coquetería. Entre la habitación y el dormitorio hay un pasillo corto en el que está el cuarto de baño. Es como si estuviera retirada en una celda muy cómoda a la que no llega ninguna perturbación del mundo exterior. Mi madre sabe que está en el Puerto de Santa María, lejos de su casa de Úbeda, la antigua, la verdadera, pero su idea del espacio geográfico es muy vaga. Yo no sé si tiene una idea clara de los continentes y de los océanos, o de que la Tierra es redonda. En la habitación hay un ventanal que da a patios despejados de casas, a un jardín del que sobresale la copa muy alta y anchurosa de una araucaria. El horizonte de terrazas encaladas de la bahía de Cádiz es tan plano y luminoso como el del mar. Mi madre no está impedida, pero apenas le quedan fuerzas en las piernas para sostener su peso. Cuando está en pie el dolor en las rodillas es intolerable. Pero no le hace falta salir porque aquí lo tiene todo, el cuarto de baño en el que la duchan mi hermana o la muchacha que cuida de ella, el dormitorio, el televisor, la butaca, la mesa con un atril en el que puede mantener los libros abiertos. Sus manos artríticas ya no tienen fuerzas para sostenerlos; sus manos que fueron tan hábiles para la cocina y para la costura, las filigranas del ganchillo, los primores del bordado; las dos manos veloces que recogían al unísono las aceitunas caídas sobre la tierra, y las que lavaban y frotaban la ropa con un jabón áspero en la pila de piedra del corral, a la intemperie en verano y en invierno, bajo un cobertizo de cañas, mucho antes de que llegaran las lavadoras, y también mucho después, cuando ella no tenía dinero para comprar una, o no lo tenía mi padre, o no quería gastarlo en eso, porque era él quien manejaba el dinero en la casa, nunca ella, que solo disponía de lo que él quisiera darle, sin explicaciones, sin disculpas.

97

Ahora hay temporadas en las que su memoria se reduce casi exclusivamente a recuerdos amargos: estampas del pasado a las que vuelve una y otra vez, como fotos guardadas en una caja que siempre son las mismas, ajadas de tanto uso y cuarteadas en los bordes pero inalterables, intocadas por el olvido que va borrando todo lo demás, preservadas en la salmuera de un rencor que el tiempo aviva en vez de atenuar, empapadas en la piedad y la lástima hacia sí misma, la niña sometida y desamparada que fue, en los años peores del siglo, no ya los de la guerra sino los de la postguerra, los años que ellos llaman del hambre. Su propensión al ensimismamiento se acentúa en la calma y en el aire casi de madriguera que tiene para ella esta habitación. Hombres y mujeres que fueron niños al mismo tiempo que ella y tuvieron vidas semejantes han muerto abandonados en camas de residencias y sus cadáveres no los han retirado en varios días. Algunos han gritado mientras agonizaban y nadie ha venido a socorrerlos. Algunos se han arrastrado de la cama y han querido abrir puertas cerradas por fuera con llave y las han golpeado sin que nadie conteste. Ella mira hacia la ventana y ve la araucaria, el cielo de un azul muy limpio sobre la cal de las terrazas, surcado por gaviotas. En la televisión ve programas de cocina o películas antiguas que siguen apasionándola, que vio en el cine hace muchos años. Pasa horas leyendo pero nunca se acuerda de los títulos de los libros que mi hermana elige para ella. Se ha acostumbrado a usar un lector electrónico: pesa menos, y la letra se puede hacer todo lo grande que haga falta. De niña sentía el deseo de leer y escribir y se moría de tristeza por no poder ir a la escuela. Fue con mi padre a una escuela de adultos en los años primeros de la democracia y desde entonces ha sido una lectora constante. De todos los libros el que más le gusta y más veces ha leído es *Don Quijote*. El mundo popular que retrata Cervantes se parece mucho al que ella conoció de niña y de joven, el de las vidas y los trabajos del campo en una tierra que está muy cerca de la Mancha y se parece mucho a ella en los paisajes y en el vocabulario. Mi madre, que no es una mujer risueña, se ha reído a carcajadas cada vez que leía la escena picante y calamitosa del encuentro entre don Quijote y Maritornes en el camaranchón de la venta. Ahora me dice que ha empezado la novela otra vez, pero cuando le pregunto por dónde va o le recuerdo alguno de los personajes que le gustaban más —Sancho, el bachiller Carrasco, Camacho el rico— me doy cuenta de que no acierta a saber de qué le estoy hablando. Intuyo que las palabras que lee como un murmullo de rezo —las entiende mejor diciéndolas en voz alta— se disuelven en su conciencia en el mismo momento en que las ha leído. Nunca se le dio bien retener nombres que no fueran de su familia o de su vecindad inmediata. Ahora está contándome algo en el teléfono y si se distrae un segundo se detiene y ya ha perdido el hilo. Se da cuenta, y quiere remediarlo, y no puede. Dice: «Es que son muchos años». Pero algunas veces brilla todavía algo del idioma cervantino en el que se crio: «Al nacer vinimos al mundo con este sino de tener que morirnos».

98

28 de abril. *Ayer a las siete de la tarde oí un rumor como de lluvia de verano y corrí a asomarme al balcón. El ruido no era de lluvia, sino de las sartenes y cacerolas golpeadas con cucharas que ensordecían la calle con un estrépito continuado de metales. La bronca discordia española desbordaba el espacio de la política y las cañerías hediondas de las redes sociales para extenderse a los balcones. Solo una hora después los balcones de las siete estaban cerrados, con sus banderas de España con crespones y sus pancartas contra el gobierno. Los habituales de cada tarde salimos a aplaudir a las ocho con más fuerza que nunca. Yo me inquieté porque la señora del pelo blanco no aparecía. Pero era que se había asomado a otra ventana de su casa. Somos una rara familia de desconocidos. Nos saludamos de balcón a balcón al salir, y nos despedimos al final del aplauso, y nos preocupamos a distancia los unos por los otros.*

Hoy, a las siete y media, la señora ya está en su ventana, con su bata recia de todos los días. Se la ve expectante por la hora del saludo y el aplauso. Llevará sola todas estas semanas de encierro, y quizás mucho tiempo más. Esta tarde no ha habido cacerolada a las siete. Pero no es que hayan desistido. Estaban reservándose para coincidir, y com-

petir, con el aplauso de las ocho. En cada ventana con una bandera con crespón había alguien golpeando una cacerola, una sartén, una paellera enorme. La unanimidad cordial de todas las tardes ahora es una confusión, una discordancia de metales golpeados y aplausos que no tienen fuerza para prevalecer sobre ellos. De balcón a balcón nos reconocemos y nos distinguimos. Las cacerolas arrecian según se acerca el final del aplauso, y empiezan los gritos. La mujer rubia de la paellera gigante grita «¡Viva España, Viva el Rey, Fuera Sánchez!». Un gordo con barba que ha salido a la acera con su cacerola se la guarda bajo el brazo, pone las manos como una bocina y grita con un vozarrón que llena la calle: «¡Gobierno dimisión!». El vecino de enfrente, el de la barba blanca con aire de activista de los años setenta que siempre nos saluda, resulta que tiene una voz igual de poderosa: «¡No se trata de eso! ¡Esto lo hacemos por los sanitarios!». Pero la bronca española ya ha infectado la tarde.

99

Piensa que alguien ha recogido de un árbol cada manzana y cada pera y melocotón y plátano que tú eliges en el supermercado o en la frutería con solo extender la mano; alguien durante muchas horas al día se ha doblado hacia el suelo para levantar un caja llena y cargarla en un camión; alguien ha permanecido el día entero inclinado sobre la tierra con el sol quemándole la espalda, o respirando un aire tóxico de plaguicidas, para arrancar de la mata los tomates que para ti cobran una existencia milagrosa dentro de un contenedor de plástico. Alguien ha conducido un camión durante toda la noche para llevar la fruta al mercado y no ha podido detenerse a cenar algo o a descansar porque a causa del confinamiento estaban cerrados los restaurantes y las tiendas de las carreteras. Este sistema económico que hace invisibles a las personas sobre las que se asienta también borra las huellas del trabajo humano. Por las calles sin tráfico circulan desde la caída de la noche los ciclistas que reparten comida a domicilio, y que para más seguridad la dejan en el rellano después de haber llamado a la puerta. Ya ni siquiera tienes que molestarte en ir al mercado, en cargar una bolsa, en guardar turno, en cambiar fastidiosamente unas palabras con el vendedor, con alguien. Pulsa tres o cuatro veces en la pantalla del teléfono y aquello que necesitas o deseas te será llevado a tu casa a un precio más que conveniente. Si el repartidor se retrasa o no te cae bien o no te gusta su aspecto, sin correr ningún riesgo puedes castigarlo anónimamente dándole una puntuación baja en la web del servicio. Para que tú pagues un precio tan bajo otras personas tendrán que trabajar jornadas agotadoras por un salario inseguro y miserable; para que sea tan barata la carne procesada de la hamburguesa que te han traído a casa a cualquier hora, los animales habrán vivido y muerto en condiciones infernales. Para engordarlos antes y que no contraigan enfermedades los habrán intoxicado con antibióticos, igual que estará empapado en pesticidas el grano transgénico con que los hayan engordado. Durante el confinamiento aparecían borrosas noticias sobre los focos de infección del coronavirus en mataderos y plantas de procesado de carne. Las únicas personas dispuestas a trabajar en ellas son emigrantes sin papeles que no pueden ganarse la vida de otra manera y por mucho que abusen de ellos no se atreverán a presentar reclamaciones.

Viendo que ni yo ni nadie de mi generación quería trabajar en el campo, a mi padre se le ensombrecía el carácter,
y hacía vaticinios tristes sobre el porvenir. «Todo lo que se
come, todo lo que tenemos, viene de la tierra. Si no queda
nadie que quiera trabajarla, ¿de dónde va a salir la comida para tanta gente como hay en el mundo? Y más que la
comida. ¿De qué están hechos tus zapatos, o tu cinturón?
Del cuero de una vaca. Las vacas comen hierba y forraje,
y dan leche y carne. Alguien tiene que ordeñarlas, y alguien
ha tenido antes que sembrar y segar el forraje. Y además hay
que barrer las cuadras y sacar los meados y el estiércol, que
a ti te dan tanto asco. ¿Eso lo van a hacer las máquinas?
Los marranos los engordamos con higos, pero los higos
hay que recogerlos de la higuera y del suelo, y llevárselos
en un cubo a la cuadra, y a los marranos alguien tiene que
caparlos, y luego matarlos. ¿Quién va a ser matarife cuando todo el mundo tenga un puesto en una oficina o esté en
la universidad? Los lápices que te gustan tanto, las hojas
de los libros, ¿de dónde salen? De la madera de los árboles
que cría la tierra. Si tú no quieres ayudarme porque pre-
fieres irte a estudiar yo tendré que vender la huerta. Pero
como ya casi no queda gente que quiera trabajar en las
huertas lo mismo la pongo en venta y se queda abandonada, y esta tierra tan buena que da tanta hortaliza todo el
año no criará más que broza y jaramagos. ¿Quién va a coger la aceituna, y a cavar las olivas? ¿Quién va a arrancar
los garbanzos, y a sembrar el trigo, y a segarlo cuando llegue su tiempo? ¿Todo lo van a hacer las máquinas? Y si hay
máquinas que hagan todo lo que ahora hace la gente, que
lo dudo, ¿de qué van a vivir los que no tengan más capital
ni más conocimiento que sus manos?»

30 de abril. *Mis muertos queridos comparecen en los sueños para darme aliento en este túnel tan largo, mis muertos tutelares. Me despierto antes de las ocho, despejado, tranquilo, sin rastro de angustia, por primera vez en unos cuantos días. Me acuerdo, con una oleada de emoción, de que he estado soñando con mi abuela Leonor y con mi padre. Mi abuela viene hacia mí, fuerte y alegre, y me da un abrazo y un beso, y yo me aprieto contra ella, como cuando era niño y me abrazaba a sus piernas. Me dice en voz baja, como confiándome un secreto: «Te quiero más que a mis hijos y que a nadie en la vida». Mi padre aparece entonces, muy afable con ella, y viene a darme un beso, con algo de formalidad. Pero yo le doy dos y le digo que no tenemos que ser siempre tan contenidos en nuestras expresiones de cariño. Lo abrazo entonces, y él a mí, los dos con una vehemencia a la que no nos atrevimos nunca cuando él estaba vivo. El dormitorio está a oscuras. Tengo la tentación de abrazarme a Elvira y seguir durmiendo. Pero no quiero que se me olvide el sueño y me levanto a apuntarlo. Miro la calle por la ventana. Mañana es uno de mayo, pero el amanecer nublado parece de invierno.*

102

El misterio de cada persona está expresado en su manera de andar. Yo estoy aquí a salvo en mi balcón a donde no llega el contagio y puedo observar sin que nadie me vea porque nadie que pase por la calle alza los ojos. Los corredores y los ciclistas miran en línea recta lo que tienen delante. Las personas solas que pasan van mirando la pantalla de un móvil. A veces hasta las parejas van cada una sumergida en su pantalla, y las madres o padres que empujan carritos de niño con una sola mano para sostener el móvil en la otra. También hay niños en sus carritos que van mirando pantallas, montadas ortopédicamente a las alturas de esos admirables ojos infantiles que deberían observar de par en par el mundo. Yo me siento y miro. He regado las plantas que prosperan pero no florecen, sin duda por culpa de esa climatología que aflige a mi tío Juan. He inspeccionado en vano los tomates, el jazminero, la gardenia, la camelia, la glicinia. Si la copa de vino se había quedado vacía al terminar nuestra cena sabrosa y frugal hago algo de trampa y la lleno hasta la mitad para salir con ella al balcón, ahora más temprano, porque anochece antes. No hay tregua en la lima del tiempo, ni siquiera en el agosto pastoral de Madrid, en el verano de la pandemia que vuelve cuando apenas parecía que empezaba a irse, traída de nuevo por las multitudes nocturnas que se dedican fervorosamente a contagiarse y a difundir el virus, en la oscuridad convulsa de las discotecas, en los espesos remolinos de cuerpos de las fiestas populares, en los botellones que dejan muladares de botellas y basuras sobre la arena de las playas. Es más prudente quedarse aquí, en el balcón. Cada persona, hombre, mujer, niño, es anónima y desconocida para mí, pero también exactamente singular. Distingo bien la ropa, las cosas que llevan las personas al hombro o en las manos, el calzado. Aprecio bien la silueta, la delgadez o el grosor de las piernas, el pelo, el peinado. Puedo ver si alguien va fumando, aunque no el cigarro ni el humo. De noche veo muy bien el rectángulo de claridad blanca en las pantallas de los móviles, y su reflejo de pintura tenebrista en las caras inclinadas hacia ellas. Veo faldas, vestidos, shorts, espaldas desnudas, piernas que surgen en el gesto enérgico del caminar de la abertura en los vestidos. Aprecio sin muchos detalles la juventud y la belleza. Puedo ver el cansancio, el aburrimiento, la prisa, la arrogancia, la alegría, la impaciencia, la angustia, la profunda desgana que abate los hombros y da a los pies un peso de plomo. Veo cómo el aire echa hacia atrás el pelo largo y liso de una ciclista que pedalea con una armonía reposada. Reconozco la misantropía de un solitario en bermudas y camiseta, sin afeitar, despeinado, con la cara pálida. Ha salido a comprar algo después de muchas horas o días de encierro y la claridad del final de la tarde le hiere los ojos: se ha hecho pantalla con una mano contra el sol del oeste. Ha entrado en la tienda de 24 horas con andar lento y hombros caídos y ha salido unos minutos después con un cartón de tabaco bajo el brazo y una bolsa de plástico en la que llevará algo de comida, galletas o latas de conserva o bollos industriales, la comida de quien no presta atención a los alimentos y al consumirlos sin compañía los engulle de cualquier manera.

103

1 de mayo. *Esta sería una de esas tardes en las que Madrid se ha quedado vacío y en calma porque centenares de miles de coches han salido hacia la playa en el largo fin de semana. Esa quietud que en tiempos normales damos por tan bienvenida ahora es nuestra realidad cotidiana. La tarde es soleada y cálida. El día invernal de ayer parece sucedido hace mucho tiempo. En la plaza de Felipe II hay tantos niños jugando que uno se olvida de lo fea que es. Niños en bici, en monopatín, en patines de ruedas, niños conduciendo motos y coches de juguete, niños corriendo detrás de una pelota, niños en carrito, en brazos, alzados sobre los hombros de sus padres. La plaza entera es un clamor de voces que no llegan a confundirse en una algarabía:*

las voces se distinguen entre sí igual que las siluetas de los niños que juegan y corren. Hay madres jóvenes que ya han salido con vestidos de verano y piernas desnudas, la piel muy blanca después del encierro.

Hoy es más fiesta para nosotros porque Leonor cumple dos años. Le mandamos un video en el que también sale Lolita: Elvira pone una voz aguda y le mueve a Lolita una pata delantera para que salude a Leonor. En las fotos que nos manda Antonio se la ve muy grande, con una sonrisa más abierta, con una mirada de atención y de inteligencia. Hoy, al ver a Lolita en la pantalla, se pone a cuatro patas y empieza a ladrar con bastante soltura. Lleva más de dos meses sin verla pero no se olvida de ella. Es la fraternidad de los niños con los otros mamíferos. Me pregunto si le quedará algún recuerdo de este tiempo. Yo tengo unas cuantas imágenes muy claras que son anteriores a los tres años. En una de ellas me acerco a un caballo de cartón que acaban de regalarme. Mi abuela Leonor hace la broma de fingir que el caballo me muerde, y yo me echo a llorar. Para esta niña, la epidemia será una de esas historias que los padres cuentan tantas veces a sus hijos que acaban formando parte de una memoria no vivida.

Somos fantasmas en los recuerdos de otros; figuras que aparecerán alguna vez en sus sueños mucho después de que hayamos muerto.

104

«Quién labrará la tierra cuando nosotros seamos viejos o hayamos muerto y vosotros andéis por vuestras universidades y vuestras oficinas, cuando todos los de tu generación la hayan abandonado y no se acuerden de ella ni agradezcan todo lo que la tierra les dio; quién la sembrará, quién recogerá los frutos de los que os alimentareis»: la respuesta a aquellas preguntas entristecidas de mi padre está hoy en el periódico, hoy martes, 4 de agosto de 2020. La tierra la trabajaba Eleazar Blandón, un hombre joven, de cuarenta y dos años, que nació en Nicaragua, que llegó a España clandestinamente en enero y solicitó de inmediato asilo político, que murió ayer o anteayer de un golpe de calor o un ataque al corazón en los surcos de una finca en la que recogía melones y sandías, a pleno sol, a cuarenta grados de temperatura. A Eleazar Blandón lo habían amenazado de muerte en Nicaragua. Se había señalado en las protestas contra el régimen despótico de Daniel Ortega, el ex revolucionario sandinista. Eleazar Blandón tenía cuatro hijos y su mujer estaba embarazada. Los esbirros de Ortega lo llamaban por teléfono en mitad de la noche amenazándole con hacer daño a sus hijos. Entrampándose con prestamistas compró un billete de avión para España. Una hermana suya vive en Almería. Le dijeron que en Murcia podía encontrar trabajo en el campo sin necesidad de papeles. En una foto que mandó a su hermana se le ve en primer plano contra un campo de sandías. Tiene el pelo y la barba desgreñados, la cara roja de agotamiento y de calor, mechones de pelo sudoroso apelmazados sobre la frente. Al fondo se ve un campo llano y verde y una hilera de cestas de plástico llenas de sandías. El cielo es de un azul candente. El horizonte lo cierran unos montes áridos. En toda la extensión del campo no hay ni un árbol, ni una sombra. Es un paisaje despiadado de agricultura industrial. Mientras recogían los melones y las sandías, los jornaleros soportaban temperaturas de 44 grados. Trabajaban desde el amanecer a la puesta de sol con media hora para comer que les descontaban del jornal. Algunos días Eleazar

Blandón no podía costearse una botella de agua. El calor y el esfuerzo de trabajar durante tantas horas doblado sobre la tierra le provocaban desmayos. Llamaba a su hermana por teléfono y se echaba a llorar contándole el trato que recibía de los dueños de las fincas y los capataces: «Me llaman burro. Me humillan. Me gritan. Me dicen que soy lento». El sábado uno de agosto cayó fulminado entre las hileras rectas de matas de sandías, por un golpe de calor. Nadie llamó a una ambulancia. Tardaron mucho en venir a recogerlo con una furgoneta. La furgoneta tenía que cargar antes cajas de sandías. Lo metieron de cualquier manera en ella y lo llevaron a la puerta de un centro de salud en la ciudad de Lorca. No avisaron a los sanitarios del servicio de urgencias. Dejaron a Eleazar Blandón tirado delante de la entrada y se fueron.

105

Los tomates del balcón los doy por perdidos. Compré abono y un insecticida ecológico y todo fue en vano. El polvo entre blanco y amarillo esparcido sobre las hojas se ha ido extendiendo, una colonia de parásitos. Algunas hojas y ramas inferiores han empezado a secarse. Conatos de flores siguen apuntando en las ramas más altas, entre los tallos de hojas nuevas, pero no llegan a cuajar. Cada mañana he bajado el toldo para que tuvieran sombra en las horas de calor pero no ha servido de nada. La albahaca que sembré en una maceta cercana ha crecido bastante, pero la misma sustancia blanquecina mancha ahora el verde reluciente de las hojas. Lo único que se mantiene en las matas de tomates es su fragancia. Paso los dedos sobre ellas y cuando los acerco a la nariz todavía tienen el olor de la huerta en verano y la felicidad. Por eso las sigo regando todas las noches, y no las arranco todavía, como las arrancábamos mi padre y yo hacia finales de septiembre, ya exhaustas de dar tanto fruto, abatidas sobre la tierra, los últimos tomates de la temporada ya encogidos y minados por los grillos. Cuando las matas de los tomates estaban secas mi padre y yo las apilábamos y hacíamos con ellas una hoguera. En el aire enfriado al final de la tarde el humo era uno de los olores del otoño. Cuando el fuego las había consumido esparcíamos las cenizas sobre la tierra con las azadas. Mi padre decía que la ceniza de las matas de tomates era un abono excelente.

106

En esta vida social tan restringida que tenemos, hoy han venido a comer nuestra sobrina Patricia y Jorgito, que tiene tres años y medio. No los habíamos visto desde antes del confinamiento. En nuestra familia Jorgito y Leonor son los pioneros de una generación que va llegando muy poco a poco al mundo. Está muy espigado, muy hablador, y tan activo como siempre, dando carreras de potro por toda la casa, tirándole la pelota a Lolita, que no tiene ganas de jugar, y en cuanto puede se pierde por las habitaciones más frescas y tranquilas del fondo. Jorgito es un niño alegre, expansivo, muy sociable, aficionado a cualquier forma de ejercicio o destreza física. Es como un torbellino, pero también es dócil y no tiene rabietas, y su cara no pierde nunca un resplandor de alegría. Le gusta comer de todo. Come pescado, marisco, calamares fritos, almejas, lo que sea. Salta de la silla en la que se ha quedado quieto un momento y echa a correr a toda velocidad por la casa, buscando a Lolita, que se habrá escondido de él en algún rincón inaccesible.

Patricia ha madurado en los últimos años. Ha adquirido una gravedad de mujer joven que sostiene junto a su marido una casa y una familia, que hace su trabajo en una editorial y cuida a su hijo, sin mucho dinero, y sin amargura. Todo eso la ha embellecido. La vimos de niña y de adolescente propensa a los complejos y atribulada por la separación de sus padres: ahora es una mujer hecha y derecha, joven y enérgica y sin rastro de juvenilismo, una mujer adulta que disfruta de su soberanía personal y del amor indudable de su marido y de su hijo. Jorge, su marido, le dio una seguridad que ella no había conocido antes. El amor, la maternidad y el trabajo la han anclado en el mundo. Le han quitado las fantasías de películas y series americanas a las que fue tan sensible en su adolescencia, y eso ha reforzado su sentido de la realidad: la suya propia y la del mundo a su alrededor.

Patricia nos cuenta que Jorgito, tan alegre siempre, sufre cada noche sueños pavorosos. Cuando lleva una o dos horas dormido se yergue en la cama y empieza a gritar, con los ojos muy abiertos pero sin ver nada, viendo solo aquello que lo está amenazando en la pesadilla de la que no puede escapar. Lo abrazan y no consiguen que deje de temblar y de gritar, de agitar los brazos y las piernas como para defenderse de un monstruo. Su corazón está muy acelerado, y su pecho de niño se dilata y se contrae con los espasmos de la respiración. El sudor empapa el pijama y le adhiere su mechón infantil a la frente. Chilla tan fuerte que Patricia y Jorge temen que se despierten los vecinos. Al cabo de un rato, poco a poco, se va apaciguando su sonambulismo, y el niño vuelve a dormir con tranquilidad. Dice Patricia que por las mañanas se despierta con su sonrisa tan dulce y no se acuerda de nada.

107

De la noche a la mañana se ha abierto en el balcón una lujosa flor de hibisco. Como no me acordaba del nombre le he mandado una foto a Lara, que tiene una app para identificar plantas y flores. «*Hibiscus furcellatus*», contesta de inmediato en un mensaje. En unos segundos vuelve a sonar el tilín del WhatsApp: «Conocido como hibisco hawaiano». En los meses del encierro, mientras Miguel dibujaba con una constancia que no había tenido desde niño, Lara ha organizado un vergel en un balcón bastante más pequeño que el mío. Había cataratas de hibiscos desbordando las tapias de los jardines cercanos a la playa de nuestro breve veraneo. Yo he regado fielmente el mío durante meses sin saber lo que era, admirando su tallo esbelto y sus hojas recias de un verde luminoso y oscuro. La flor es un géiser de belleza botánica. Los grandes pétalos se abren como en el vuelo arrebatado de una danza. El pistilo se alza recto y muy sobresaliente, rodeado por diminutos botones rojos, ofreciéndose con una especie de gozoso descaro sexual al insecto que al libar su néctar facilite su fecundación.

Varias veces al día voy a inspeccionar la flor del hibisco. Me siento personalmente responsable de ella. Tengo que hacerle compañía en su gallarda soledad. Su especie ha llegado a mi balcón de Madrid al cabo de un viaje de dos siglos y medio desde que los navegantes la sacaron de su isla en los mares del Sur. En este clima árido introduce un resplandor lujuriante de humedad tropical.

Me fijo en que los pétalos tienen una textura como de papel. Me he informado de que sus enemigos son el pulgón, la cochinilla y la mosca blanca. Su género fue descrito y publicado por Linneo en 1753. Es una planta importante, con un linaje ilustrado, con una historia de islas que fueron como vergeles intactos del Paraíso terrenal, de travesías en buques de vela por los océanos del mundo y marinos aventureros e ilustrados, Bougainville, el capitán Cook. Su belleza es digna del pincel y la acuarela de un artista científico. He vuelto a examinar la flor al anochecer, antes de sentarme en mi silla de jardín. Una brisa todavía caliente estremece los pétalos y las antenas hipersensibles de los estambres. Temo que la brisa derive en un viento que tronche el tallo tan delgado que sostiene la flor, o que desbarate esos pétalos que parecen tan frágiles como flores de papel. Esta flor de hibisco es el primer galardón verdadero que he ganado en estos meses de tanteo en la jardinería. Tengo que defenderla contra el pulgón, contra la cochinilla, contra la funesta mosca blanca. Tengo que protegerla en lo posible del calor babilonio de Madrid, tan distinto de los vapores cálidos de humedad y penumbra selvática de su isla de origen: he de hacer lo posible para salvarla de la contaminación y de la climatología.

108

2 de mayo. *Me he despertado con ilusión e impaciencia antes de las ocho. Hoy es el primer día en que se puede salir a pasear y a hacer deporte: de seis a diez de la mañana, de ocho a diez de la tarde. Me he asomado al balcón y el aire era tibio, y ya había gente por la calle. Me he puesto por pri-*

mera vez en dos meses la ropa de deporte, las zapatillas negras y gastadas. *La calle, desconocida por la presencia de la gente, parecía el escenario de una tranquila utopía, de un espejismo cívico. Ciclistas, caminantes rápidos, corredores, todos bien separados entre sí, cada uno en la línea recta de su itinerario, cada uno a su aire y cumpliendo las normas, que no son las de la autoridad sino las del sentido común. Hay tan pocos coches que prevalece el silencio puro de la primera hora de la mañana. Los corredores y ciclistas ocupan la calzada anchurosa, ahora no tiranizada por el tráfico. El Retiro sigue cerrado, pero la gente tiende a caminar y a correr a lo largo de la verja. El olor a tierra y a vegetación lo invade todo, en la mañana fresca que anuncia un día de calor.*

Yo camino muy rápido, braceando al ritmo natural de mis pasos, zancadas más bien. A la altura de la calle Ibiza empiezo a correr. Lo hago tentativamente, porque llevo demasiado tiempo de sedentarismo. No siento apuro, ni ansiedad. Si me quedo sin aliento o me duelen mucho los músculos puedo volver al paso de la caminata. Pero el cuerpo responde con una energía inesperada. Los minutos pasan sin que me canse de correr. Hasta se me olvida que lo estoy haciendo. Voy por Ibiza, por Sainz de Baranda; luego por Narváez, por las calles más estrechas y despobladas de caminantes y corredores del barrio de Salamanca, en las que dura todavía la penumbra de la primera hora de la mañana. Corro por calles tranquilas, silenciosas, con cantos de pájaros, con el sonido a mi espalda de los pasos aislados de algún otro corredor. Corro cuarenta minutos, sin agotarme, y luego estiro los músculos caminando rápido, ya de vuelta a casa, porque son casi las diez y se acaba el tiempo permitido. Toda la mañana queda iluminada por la alegría de haber madrugado y haber hecho un ejercicio exigente, concentrado y gozoso.

109

A la hora de regar las plantas y de subir el toldo voy de nuevo a inspeccionar mi flor de hibisco. Entonces descubro que se ha cerrado. Por un sofisticado mecanismo biológico la flor del hibisco ha plegado sus cinco pétalos en cuanto ha empezado a caer la noche. Lo único que sobresale son las cinco cabezas rojas de los estambres. Los jazmines sin embargo parece que esta noche se abren más todavía. Como contable de jazmines estoy resignado a la penuria. Esta noche solo cuento cuatro. Pero aun así el perfume es muy intenso, de modo que puedo decir que poseo en mi balcón un conato de patio andaluz, de uno de esos jardines de Granada ocultos tras las tapias muy altas a través de las cuales llega a la calle silenciosa el rumor del agua en las fuentes y un mareo denso de flores de jazmín. Mañana me levantaré temprano para ver cómo se abre mi flor solitaria de hibisco.

110

En mis sueños, con mucha frecuencia, estoy en Nueva York o en Úbeda. En las dos ciudades me encuentro perdido. Sé que estoy en una de ellas, pero casi nunca puedo reconocer un lugar concreto. Nueva York siempre es confuso y abstracto en los sueños. En Nueva York y en Úbeda todos los sueños me suceden de noche. En Úbeda reconozco un solo lugar, la plaza de San Lorenzo, la plaza y la casa de mis padres, en la que sin embargo nunca llego a entrar. O está cerrada y no tengo la llave o viven en ella personas desconocidas para mí. Una noche vi desde la plaza, a través de las ventanas abiertas e iluminadas de la planta baja, a toda mi familia, como en una fiesta, mis abuelos, mis padres, mis tíos, quizás por Nochebuena, o en el santo de mi abuela Leonor. Miraba desde fuera pero no entraba, ni llamaba a la puerta. En otro sueño había vuelto de un viaje e iba a pedir la llave a casa de la vecina a quien se la deja siempre mi madre. Pero esa casa estaba transformada en un lugar público de mucho lujo, un restaurante de moda o un café, y en ella no había nadie a quien pedirle la llave. Esta mañana, justo antes del despertar, he soñado que bajaba con Elvira por la calle del Pozo, que estaba llena de malezas crecidas, como en una ciudad abandonada. Le decía a Elvira: «Mira cómo lo tienen todo. Confunden la conservación con el abandono». Había una puerta al final de la calle que cerraba el acceso a la plaza de San Lorenzo. Yo la empujaba, y entrábamos en ella. Estaba todo a oscuras, y el suelo lleno de paja. Íbamos en busca de un sitio para comer, pero no lo encontrábamos. La casa de mis padres estaba cerrada y a oscuras. Le dije a Elvira, en el sueño: «En mis sueños salen lugares exactamente así».

111

Me levanté pronto para ver si con la luz del día se había abierto la flor del hibisco. Seguía cerrada, casi más estrechamente que anoche, y los pétalos tenían una textura alarmante de tela estrujada. Ya no ha vuelto a abrirse. Lo que había sido una corola tropical y el círculo de los velos fastuosos de una danza ahora no era más que una mortaja. Dicen que Buda, delante de una multitud de discípulos que esperaban sus palabras, lo único que hizo, sin despegar los labios, fue alzar las manos mostrando una flor de loto en todo su esplendor: una enseñanza silenciosa sobre la plenitud y la fugacidad de la belleza. Mi hibisco hawaiano se ha abierto y se ha cerrado para siempre en el curso de un solo día. La flor estaba tan encogida y tan seca que la ha derribado un golpe de viento en esta mañana rara y desapacible de agosto. Pero ahora veo que empieza a formarse un nuevo brote, y voy a inspeccionarlo a cada momento, en esa esquina del balcón que por influjo del hibisco ha adquirido una espesura de botánica tropical en Madrid.

112

3 de mayo. *El técnico que viene a reparar el televisor me cuenta su confinamiento. Todavía es muy raro que entre en la casa un extraño. Como este hombre, Pedro, es muy alto, parece que ocupa una cantidad alarmante de espacio. Lo conozco desde que vino a instalarme la pantalla de cine. De vez en cuando me saca de algún apuro tecnológico. Es rumano, joven, muy despierto, con un español magnífico. Ha estado encerrado en un piso muy pequeño con su mujer y sus tres hijos: una chica de diez años, otra de siete, un bebé de dos meses, que vino al mundo justo cuando todo esto empezaba. Y además han tenido con ellos durante todo este tiempo al hijo de unos vecinos, ella enfermera en el Marañón, él empleado en una funeraria. Teniendo esos trabajos no podían arriesgarse a vivir en casa con el niño, ni tampoco ocuparse de él. Pedro y su mujer lo acogieron sin vacilación, y lo han cuidado a la par de sus tres hijos. Los padres llegaban agotados al final de sus turnos inhumanos. Con el niño que estaba al otro lado del rellano hablaban por Skype. Dice Pedro que a él le contaban cada día cosas terribles, mucho peores que cualquier mala noticia de la televisión: los enfermos acostados en jergones por los pasillos, los cadáveres que* *no paraban de llegar a la funeraria. Dice Pedro que él o ella empezaban a contar algo y rompían a llorar. Me lo cuenta ahora a mí serio y tranquilo, muy alto en el salón, con las piernas separadas, mientras maneja el mando a distancia para configurar los canales del televisor. Él admira a sus dos vecinos y yo lo admiro a él y a su mujer por haberse hecho cargo de su hijo, teniendo ellos ya los tres suyos, el agobio de la cercanía excesiva, las clases y las tareas escolares por videoconferencia, el llanto del bebé recién nacido.*

113

En la conciencia de mi madre el presente es una niebla neutra en la que surge a cualquier hora del día o de la noche el desfile de los muertos. Los muertos son más numerosos que los vivos y le hacen más compañía. Hablan con su mismo vocabulario, su mismo acento. No son tan indescifrables ni tienen tanta prisa como los vivos, ni ponen cara de incomprensión o de alarma cuando ella recuerda en voz alta algo que sucedió hace mucho tiempo, el nombre de alguien que murió cuando ella era joven, o una niña; o cuando ya era vieja pero no tanto como ahora, cuando no sospechaba todo lo viejo que uno puede llegar a ser. La conciencia de mi madre es una pantalla en una sala de cine en la que no hay más espectador que ella misma, en la que puede concentrarse a su gusto sin que la incomode nadie, sin que nadie venga a exigirle o a reprocharle nada; nadie, ni marido ni hijos ni padres ni hermanos ni vecinos intrusos. Está sola, en su cine, el cine de las sábanas blancas, me decía cuando yo era niño, delante de la pantalla, en ese momento excitante en que se apagaban por fin las luces y empezaba la música, cuando salía rugiendo el león de las películas en technicolor, en aquel cine de verano al que fui con ella tantas veces, de su mano, el olor de los dondiegos en el camino de entrada, la bóveda alta del cielo sobre nuestras cabezas, el haz de luz irisada del proyector atravesando la noche hasta llegar a la pantalla. El mundo exterior no le importa y no existe. Tal vez he heredado de ella la capacidad de sumergirme del todo en el tiempo imaginario de una película o de un libro. Los ruidos de la calle le llegan atenuados por los cristales de la ventana. En el cine de su memoria se suceden las imágenes en una sesión continua que no está hecha de películas enteras sino de pasajes como tráilers, fragmentos que se intercalan en un fluir desordenado, que se interrumpen de golpe y se reanudan un poco después, como cuando había un fallo en el proyector y se paraba la película. Hay saltos en el tiempo, espacios en blanco, episodios que se repiten una y otra vez, con la misma exactitud, con el mismo grado de emoción o de amargura. Su padre se inclina sobre ella con el uniforme azul de la Guardia de Asalto, la fila vertical de botones dorados que brillan igual que el correaje y las hebillas. Un hombre envuelto en harapos y encorvado como un mendigo viejo aparece al fondo de la calle. Ella lo mira venir muy despacio y antes de verle la cara amarilla de muerto en vida sabe que es su padre, regresado del campo de concentración donde lo encerraron al final de la guerra. La niña que es mi madre entra en el dormitorio de sus parientes viejos y tiene que hacer ella sola la cama de colchón enorme de lana y recoger entre las dos manos el alto bacín en el que han meado y tal vez cagado durante la noche. Ahora tiene dieciséis o diecisiete años y recibe unas cartas de amor escritas con una bella letra varonil pero sin firma ni remite. No sabe quién se las envía. Deja de recibirlas cuando mi padre la pretende y empieza a salir con ella. Piensa siempre en el otro, el autor de las cartas, el que permanece en su memoria como un misterio de película ahora que tiene noventa años. Ahora vive en Jaén, es una niña de nuevo, durante la guerra, sale corriendo hacia el refugio con uno de sus hermanos en brazos cuando suena la sirena de los bombardeos, espera asomada a la ventana a que vuelva su padre porque trae paquetes de comida y a veces hasta dulces y chocolate pero sobre todo porque le gusta verlo llegar con su uniforme y su gorra de plato ladeada. Su padre es alto y guapo, tiene los ojos azules y gusta mucho a las mujeres. Su padre ha recibido una carta con olor a perfume. La lee mientras su madre está en la cocina y nada más leerla la hace pedazos muy pequeños que tira por la ventana. Va al dormitorio a quitarse el uniforme y entonces su mujer, que ha estado vigilando, le pide a la niña que salga a la calle y recoja los pedazos de la carta, rápido, antes de que él vuelva a aparecer, o que el viento los disperse. Mi madre sale a la calle, siempre asustadiza y obediente. Recoge uno por uno los trozos de la carta. Entra en la casa. Su madre la urge a que los ordene sobre el hule de la mesa de la cocina, rápido, aunque ahora no hay temor de que él aparezca, porque después de cambiarse se ha ido al café. La niña va ordenando poco a poco el rompecabezas de la carta, vigilada por su madre. Cuando está completa, cada palabra bien visible, la madre cae en la cuenta de que no sabe leer, y su hija tampoco. La carta indescifrada acaba en el cubo de la basura, aunque la madre ha olido antes los pedazos, queriendo encontrar algún rastro de perfume.

Ha amanecido un día atlántico, con un cielo de pizarra y una lluvia muy suave, tenue, inaudible, una lluvia que deja lunares de gotas sobre el polvo de los caminos del Retiro y desata todo el olor de la tierra mojándola apenas. Dentro del dormitorio estaba acumulado el calor de la noche, y el de los últimos días. Al abrir el balcón ha entrado de golpe una brisa fresca que despeja la casa y hasta la conciencia. Viene cargada de olores que estremecen la memoria, con la inmediatez y la pureza de un órgano sensorial que se alimenta en exclusiva de reacciones químicas. Está el olor del ozono en el aire, y el de ese polvo mojado pero no empapado que pisaré después cuando esté corriendo por los senderos del Retiro. El Retiro, esta mañana, es un parque de un país más al norte, de un país sosegado y lluvioso en el que la hierba crece con facilidad, los árboles alcanzan envergaduras como de catedrales botánicas y la política no es cainita ni corrupta, y los gobernantes no dicen «preveer» ni «preveyendo» en sus intervenciones públicas. He tenido que vencer la pereza de quedarme en la cama, y también el miedo a que arrecie la lluvia y me deje empapado en medio del parque. Pero he salido a la calle y los pulmones se ensanchaban para recibir bien hondo el aire limpio, y las piernas se movían con más ligereza, saltando sin esfuerzo sobre las suelas elásticas de las zapatillas, sobre la tierra de los senderos y de las avenidas flanqueadas de árboles, todo más desierto esta mañana, este lunes de agosto, en el que mucha gente que habría venido a pasear o correr se ha quedado en casa por miedo a la lluvia.

El polvo mojado y el olor de la tierra actúan como reactivos sobre la memoria. El polvo mojado es el del camino que yo bajaba cada mañana de verano hacia la huerta de mi padre. El olor a una materia vegetal muy seca que acaba de ser mojada es el de los barbechos de las hazas de trigo que fueron segadas en los primeros días del verano, en los que quedaban tallos secos y restos de espigas y de paja sobre la tierra; es el olor de los rastrojos el que viene hacia mí no desde un lugar cercano sino desde una lejanía de medio siglo mientras corro por el Retiro, el olor y la palabra misma, *rastrojos*, áspera como la realidad que nombra, los tallos secos que quedaban después de que se segaran con hoces los campos de cebada o de trigo. Unos años la tierra se dejaba en barbecho, y otros se cavaba a mano y con azadas para preparar una nueva siembra. Las mismas filas de hombres con camisas blancas y sombreros de paja que habían avanzado cortando los tallos con las hoces y atando las gavillas avanzaban ahora alzando las azadas sobre sus cabezas y abatiéndolas para abrir la tierra muy dura con los filos de acero. Las máquinas segadoras o cavadoras tardaron mucho en llegar. Tengo recuerdos que parecen más antiguos que mi propia vida: las cuadrillas de hombres segando o cavando desde el amanecer, los sombreros anchos de paja, las camisas blancas, los pantalones de pana, las abarcas con suelas de goma de neumático, el silbido de las hoces cortando el aire, el ruido del roce de la pana, los golpes secos de las azadas rompiendo la costra dura de la tierra. Segar y cavar eran los trabajos más duros que había; tanto como arrancar garbanzos. Mi padre me contaba que en los años del hambre, que fueron los de su adolescencia, los primeros cuarenta, algunas veces tuvo que dejar la huerta de mi abuelo y ganar un jornal cavando para otros amos. Por trabajar de sol a sol en los largos días del verano el jornal que le pagaban era de once pesetas. Pero el pan entero que llevaba consigo y que era su único alimento en todo el día costaba quince pesetas.

115

4 de mayo. *Los vilanos flotan en el viento cálido, más visibles en el contraluz del final de la tarde. El chino de la esquina de Máiquez ha abierto por primera vez desde hace dos meses. Fue el primer negocio que cerró en todo el barrio, anticipándose con una prudencia inusual al estado de alarma. Ese cierre de una tienda que estaba abierta todos los días hasta medianoche fue el primer signo de lo que se avecinaba. En las copas de los aligustres de la calle Máiquez los gorriones pían con una entrega unánime. Veo venir por la acera a una madre y a un niño que van muy concentrados comiéndose cada uno un helado. Tengo una corazonada que confirmo un momento después, al llegar a la esquina de Felipe II: también está abierta la heladería Alboraya. Es un indicio del cambio de estación tan seguro y tan alentador como el vuelo de los vilanos en el aire templado y la duración de la luz solar en las fachadas de los edificios.*

Es muy difícil asimilar lo que estamos viviendo. No digo comprender, sino algo más primario y más hondo, percibir en su plenitud lo que ve uno y lo que vive y siente a lo largo del día, los cambios bruscos y los más sutiles, el oro puro de experiencia que puede extraerse de la confusión, el miedo, la repetición de los días, la pesadumbre sin respiro de la bronca y la farsa política. Aún falta mucho para que termine este tiempo y ya lo estamos recordando, incluso intuyendo las cosas que vamos a añorar, los trances de irresponsable felicidad que también hemos conocido. A media tarde me viene una congoja súbita sin aviso y sin explicación, una opresión en el pecho que se ha acentuado durante el paseo con Lolita. La señora del pelo blanco ya está apostada en su ventana. Sin que me diera cuenta han llegado las ocho. La fachada entera del edificio de enfrente está llena de sol. Dentro de poco llegará una tarde que será la primera en la que no salgamos a aplaudir. Con tanto sol y tanta gente que se echa a esta hora a la calle para tomar el aire y hacer ejercicio nuestro aplauso obstinado parece cada día más irrelevante.

116

El ruido de las motosierras no ha cesado desde primera hora de la mañana, acompañado por otro todavía más invasor, el de esos émbolos o mecanismos de trituración que llevan algunos camiones de basura. Una brigada municipal implacable avanza desde el fondo de la calle podando a rajatabla y sin ningún miramiento las acacias japonesas de la acera, justo ahora que están en plena floración. Son las acacias que permanecieron negras y desnudas casi hasta el final del confinamiento, porque la primavera inhóspita retrasó mucho la llegada de las hojas. Son árboles espléndidos, de copas anchas y altas, que llegan a los pisos terceros de los edificios y dan a la calle una sombra muy tupida. Habían empezado a florecer justo en estos días, en el calor de finales de julio y principios de agosto, racimos numerosos de flores amarillentas que en esta atmósfera de horno se mustian muy pronto y dejan sobre la acera una alfombra de pétalos. Pero ha llegado la brigada vandálica justo en la época en la que más daño puede hacer la poda a los árboles, cuando están más colmados de savia. Con sus cascos de seguridad, sus uniformes de amarillo reflectante, sus sierras mecánicas, sus tijeras muy largas para alcanzar las ramas, los operarios se lanzan contra las acacias inermes, una por una, y van dejando a su paso sobre la acera montañas de ramas cortadas que luego una pala como de excavadora carga en los camiones, donde son trituradas con un estrépito de masticación aterradora. España es un país arboricida, más cruel todavía con los árboles que con los animales. En una cesta colgada de una grúa los podadores cortan las ramas que sobresalen lateralmente y atacan sin compasión las cimas de las copas. No es una poda: es una tala, una mutilación, una masacre. El olor a madera fresca llena la calle. Los operarios tienden alrededor de cada árbol cintas de plástico como las que aseguran el perímetro de la escena de un crimen. Ramas enteras caen de golpe con un gran estrépito de desgarramiento. En el suelo los otros operarios proceden a la tarea del descuartizamiento usando esas sierras que atruenan la calle y excitan tanto a los aficionados a las películas de asesinos en serie. Hay acacias que por algún motivo salen mejor paradas, y otras que sufren un ensañamiento que las deja tan desfiguradas como si pertenecieran a otra especie: lo que fue un árbol de copa suntuosa que acogía a los pájaros y extendía su sombra sobre la acera refrescando el aire y embelleciendo la perspectiva de la calle ahora es un largo tronco desnudo y torcido del que sobresalen muñones terribles. Al mismo tiempo que se extendía por la calle el ruido del arboricidio municipal se dilataba en el aire el olor de la madera fresca recién cortada, las hojas fragantes, la savia. He leído que los árboles se transmiten señales de alarma ante los peligros que los acechan a través de descargas químicas que comunican las raíces entre sí. Así se habrá extendido el terror entre las acacias de nuestro lado de la calle, que están todavía intactas, con

sus hojas menudas y sus racimos de flores blancas moviéndose oceánicamente en el viento.

117

Me acuerdo de los álamos que había en la plaza de San
Lorenzo, tan altos que llegaban al balcón de mi cuarto en el
último piso. Me acuerdo de las calles por las que íbamos
a la escuela, sombreadas por dobles filas de moreras ingen-
tes, a las que acudíamos los niños en busca de las hojas con
las que alimentábamos a los gusanos de seda, y también
de las moras que nos llenaban la boca de un dulzor suculento. En todas las salidas de Úbeda y en las carreteras que
las prolongaban había hileras de olmos severos y solemnes como columnas de templos, aliviando siempre con su
sombra la fatiga de la gente que volvía del campo bajo el
sol. Cuando llegué a Granada, en octubre de 1974, estaban
terminando la tala de los castaños enormes en el bulevar
central de la avenida de Calvo Sotelo, que fue sacrificado
entero al tráfico. Los álamos de la plaza de San Lorenzo los
talaron hacia esa misma época y desde entonces la plaza es
un horno sin respiro en los mediodías y las tardes de verano. Taladas las moreras, esas calles sobre las que se habían
extendido sus copas protectoras quedaron sometidas a un
calor de desierto, convertidas en aparcamientos de coches
con las chapas candentes bajo el sol. Una tarde de verano,
recién llegado de uno de mis primeros viajes, subí por la
calle Nueva hacia lo que llamaban la Fuente del León, de
donde arrancaba la carretera de Baeza, y de golpe el esplendor verde de los olmos había sido abolido, como por
una guadaña que los hubiera talado a todos, y lo que había
sido un paseo de penumbra rumorosa se había convertido

en un descampado horizontal de asfalto, tan árido como los cerros del horizonte. Nadie reparó en lo que estaba sucediendo. Nadie protestó. En Granada unas pocas mujeres valerosas se ataban a los árboles de Calvo Sotelo queriendo salvarlos de la tala y todo el mundo se burlaba de ellas, viejas locas y cursis, hostiles al progreso.

118

En esta somnolencia relativa de agosto parece que el desastre vuelve y que todo el mundo lo ve crecer y acercarse de nuevo y nadie hace nada por remediarlo. El crecimiento diario de los contagios ha vuelto a ser exponencial. La curva se alza en todos los gráficos que publica el periódico. Es como estar en una playa mirando el horizonte del mar y ver que se va alzando como a cámara lenta en la lejanía la cresta de un tsunami, y ver que se acerca, y que se hace más alta, y gritar que viene, y nadie hace caso, y ni siquiera la voz de alarma puede salir de la garganta, como en esos sueños en los que uno quiere gritar y no puede. Dentro de dos semanas empieza septiembre y la gente volverá masivamente a las ciudades y a los trabajos, y será preciso abrir las escuelas. Pero los responsables políticos o han desaparecido o están de vacaciones o distraídos en sus intrigas y disputas y no hay ninguna autoridad que hable claro y tajante de lo que está pasando y de lo que habrá que hacer con urgencia en apenas quince días. El Ministerio de Educación no dice nada sobre los preparativos para la apertura de las escuelas: los profesores nuevos que ya deberían estar contratados, porque tendrán que ocuparse de aulas con menos alumnos, el personal de limpieza y sanitario que hará falta para mantener seguras las clases.

Nada. Mi hermana me dice que a su colegio no han llegado directivas ni medios. Parece que los que mandan están mudos, hechizados, indiferentes a la aproximación del desastre que ellos mismos agravan una vez más con su pasividad y su incompetencia. En febrero y marzo tuvieron la disculpa de que lo que ocurría era tan inusitado que no había manera humana de preverlo. No era verdad, pero hasta cierto punto es comprensible que nada estuviera preparado, a pesar de los avisos que ya entonces pudieron oírse y no se oyeron. Es la incapacidad humana de cobrar conciencia plena de lo que nos desborda. Es la inercia suicida de una ficción de normalidad a la que todo el mundo quiere aferrarse incluso cuando se está desmoronando. Yo mismo no vi y no quise ver. Yo me obstiné en no aceptar la gravedad de lo que estaba pasando. La alarma de Elvira me parecía excesiva. Estrechábamos manos, dábamos abrazos, íbamos a reuniones y comidas, asistíamos a conciertos. El 9 de marzo, unos días antes de la declaración del estado de alarma, yo fui al estreno del concierto de trompa de mi amigo Benet Casablancas. Cuando nos vimos Benet me dio uno de sus abrazos atropellados y fraternales. Abracé también esa tarde a otro amigo músico, Ángel Gil-Ordóñez, más cálidamente aún porque él acababa de llegar de Washington y llevábamos más de un año sin vernos. Nos llamó la atención que la sala no estuviera llena. Lo atribuimos distraídamente al miedo al contagio, a la cautela excesiva, la psicosis, decían. A día siguiente me reuní con un club de lectores ciegos. Al menos treinta personas muy juntas en el comedor de un restaurante, en un sótano poco ventilado en el que hacía calor: hombres y mujeres, lectores pasionales, elocuentes, de extrema agudeza, algunos acompañados de sus perros guías, todos cordiales y tocones, buscando a través de las manos el conocimiento que no les daban los ojos. El espacio era muy reducido y todos nos acercábamos mucho los unos a los otros. Los bastones, las sillas, los perros debajo de las mesas, complicaban el espacio y favorecían más el contacto físico. Cualquier cautela habría sido una grosería. Una mujer ciega me dijo: «Déjame que te toque para que sepa lo alto que eres».

119

Pudimos y debimos saber, pero no lo hicimos. El poder acrecienta el grado de responsabilidad: pudieron y debieron saber y actuar mucho antes los que mandaban, pero en casi ningún país lo hicieron, y esa casi universal incompetencia es una prueba de la inevitabilidad humana del error. Pero esa disculpa ya no existe; tampoco la de haber actuado inevitablemente a ciegas ante una situación que nadie ha vivido nunca. El conocimiento verdadero es limitado, lento y difícil de conseguir, sujeto al error y a la incertidumbre. Ahora ya sabemos, pero es como si no importara, como si la experiencia tan duramente adquirida hubiera sido en vano. Lo aprendido a costa de tanto sacrificio y dolor se borra sin huella. Las imprevisiones y los desacuerdos que acentuaron la calamidad no se han corregido. La soberbia y la pura estupidez política que malograban en cada momento la unidad de acción y la solidaridad se han exagerado en lugar de remediarse. La epidemia ha sacado a la luz todas las debilidades de nuestro país, pero por una especie de fatalismo suicida a cada momento se sabotea cualquier esfuerzo para identificarlas y para buscar maneras posibles de corregirlas. La clase política, en su mayor parte, se revela cada vez más como una turba parásita que no se ocupa de arreglar los problemas verdaderos que existen, sino de hacerlos tan graves que ya no tengan remedio. Las noticias sanitarias vuelven a ser espeluznantes, pero las noticias políticas son desoladoras, porque lo sumen a uno en la amargura de lo que parece que no tiene remedio, lo que no puede ser de otra manera, lo que arruina cualquier esperanza racional de mejora, cualquier posibilidad de concordia civil. Este y no otro es el país que tenemos. Es el país en el que un médico o una enfermera se han jugado la vida para salvar a un enfermo y lo han acompañado con dulzura y piedad para que no muriera solo: y es también el país en el que treinta descerebrados se juntan sin ningún tipo de precaución en una comida familiar que se convierte en un núcleo de contagios innumerables y letales, y en el que centenares de personas más o menos jóvenes se congregan en el ritual alcohólico del botellón, y dejan al marcharse un páramo de botellas, bolsas de plástico y vómitos, se contagian con perfecta frivolidad el virus entre sí, lo transmiten a otros que son mayores y más vulnerables, y así contribuyen a la escalada de la pandemia, al regreso de la enfermedad, la muerte, la ruina económica.

120

5 de mayo. *Leonor cumplió dos años hace unos días. Mi madre cumple hoy noventa. Mi hermana nos manda fotos, en el patio de su casa en el Puerto. A mi madre le brilla el pelo blanco al sol. Tiene una sonrisa feliz y un poco desconcertada, porque ya es muy frágil su conciencia del tiempo. Habrá algo de inverosimilitud en decirse a sí mis-*

ma que tiene noventa años. A mí me parece irreal la idea de que tengo sesenta y cuatro, como si hubiera una discordancia entre esa edad y quien yo soy. Mi edad interior se quedó detenida en los cuarenta y tantos. A los pobres abuelos de la generación de mi madre es a los que está matando sobre todo la pandemia. Eran los últimos que tenían memoria de la guerra, de la miseria, del hambre, del trabajo sin recompensa, del valor de lo que se fue conquistando muy despacio y con mucha dificultad desde mediados y finales de los años sesenta. La guerra civil y la postguerra les robaron la infancia. En su última vejez les ha caído la sorpresa macabra de ser ellos los más castigados: los que antes de morir ya eran invisibles en las habitaciones de las residencias de ancianos. Dice mi madre, con incredulidad, delante de la cámara del teléfono, complaciente y más bien perdida: «Entonces, ¿cuántos años decís que tengo?».

121

En este fin de semana silencioso y desierto de la Virgen de agosto me he quedado solo. Estoy haciendo un retiro budista de silencio sin salir de mi casa. Elvira se fue ayer a Ademuz con César y Puchi, y vuelve el lunes por la mañana. Desde finales de febrero no nos habíamos separado durante más de unas horas. Hoy mi única conversación del día ha sido con ella. El resto del tiempo he estado en silencio. He escuchado las noticias en la radio mientras comía frugalmente, pero las he quitado nada más empezar los insufribles deportes. Una ventaja del confinamiento era que no había retransmisiones deportivas. He fregado los platos y he recogido la cocina escuchando la sonata para piano número 12 de Beethoven. Estas sonatas, el estuche de la grabación completa de Daniel Barenboim, son mi compañía musical casi exclusiva desde hace dos meses. Sin habérmelo propuesto no escucho casi nada más. Muchas de ellas me las voy sabiendo de memoria, pero siguen estando llenas de descubrimientos, de pequeñas y grandes sorpresas. Es un mundo cerrado y de reglas formales rigurosas en el que caben variaciones innumerables. Vivo en las sonatas para piano de Beethoven igual que vivo en el interior de mi casa, y en los Episodios de Galdós, en los diarios de Thomas Merton, en el balcón donde me siento todas las noches, rodeado por mis plantas, y en este barrio en el que no tengo que alejarme más de quince o veinte minutos a pie para encontrar todo lo que necesito: el pan, la fruta, el pescado, la carne, los libros, los periódicos, el ejercicio físico, los paraísos botánicos. Me aventuro a regiones más apartadas de la ciudad las mañanas que salgo en bicicleta, sábados y domingos, cuando las calles están despejadas y no hace calor, y no existe la amenaza de los coches.

122

Las mañanas laborables voy a correr por el Retiro. Repito siempre el mismo itinerario. Doy una vuelta completa al parque, en la dirección de las agujas del reloj, siguiendo los senderos por el interior de la verja. En mis carreras matinales hay una insistencia semejante a la de mi escucha de las sonatas de Beethoven: una necesidad, un hábito, una compulsión que sin embargo no tiene nada de obsesiva, porque en ella caben todo tipo de sustanciosas variaciones, en su apariencia de monotonía. Cambia la luz cada mañana, la temperatura, el olor del aire, el de la tierra y los árboles. Reconozco ciertos árboles familiares como a las personas con las que uno se cruza cada día. Me encuentro con otros corredores y con gente perezosa que pasea al perro y otras veces, si salgo temprano, durante largos trechos no me cruzo con nadie. Suelo ver casi todos los días a una pareja de ciegos, hombre y mujer, que pasean del brazo, los dos tanteando con los bastones, sumergidos en una conversación que no parece decaer nunca, pero que no llega a distraerlos de la placidez del paseo, del deleite con que alzan las caras para recibir en ellas el sol. Tras la verja de los jardines de Cecilio Rodríguez veo la extraña fraternidad de los gatos y los pavos reales. Los pavos reales emiten una especie de largos maullidos con un timbre de trompeta o de grito infantil. En las copas de algunos árboles hierven colonias de cotorras invasoras. Yo llevo la compañía acústica de mis pasos sobre la tierra y del ritmo acompasado o agitado de mi respiración. Por las zonas más interiores y deshabitadas del parque corro a veces a lo largo de avenidas rectas de árboles que cierran sus copas a mucha altura sobre mi cabeza, envolviéndome en una penumbra de catedral gótica. Casi todos los corredores con los que me cruzo o que me dejan atrás llevan auriculares, algunos de ellos cascos voluminosos que deben de aislarlos en un lujo de sonoridad estereofónica. Lo que yo escucho es la simplicidad máxima del sonido de mis pasos y mi respiración. No necesito nada más: la camiseta, las zapatillas gastadas y eficaces que llevo usando varios años, el pantalón de deporte, el cuerpo alerta y en ayunas. Correr es un ejercicio que exige y permite un grado máximo de concentración, de ensimismamiento, de olvido de uno mismo. Cuando llegue a casa beberé un gran vaso de agua. El día entero se extenderá delante de mí. Las oxitocinas segregadas por el ejercicio tendrán un efecto más saludable sobre mi cuerpo y mi espíritu que los antidepresivos que ya no quiero volver a tomar.

123

Mi hermana y su marido llevan a mi madre a pasar unos días en su casa de Úbeda, que ahora está casi siempre cerrada. Una mujer va a limpiar de vez en cuando y a regar las plantas del patio, el corral antiguo donde ya no está el aljibe, ni las jaulas de los conejos y los pollos, ni la pila de lavar tallada en piedra bajo un cobertizo, ni la caseta del retrete, ni la parra tupida que daba una sombra fragante en las mañanas de verano. De lo que fue el corral solo queda el pozo, tapado con una plancha metálica, con su polea herrumbrosa, con la soga que era tan áspera al tacto de las manos, cuando tirábamos de ella para sacar un cubo de agua. Mi tío Pedro va a revisarlo todo unos días antes de que llegue mi madre. Para él también será extraño moverse a solas de un lado para otro en esta casa en la que fue niño y joven, en la que ya no hay nadie y nada cambia, como un lugar hechizado. Llamo a mi madre la noche antes de su viaje y le noto en la voz que está muy nerviosa, confusa, llena de ansiedad y de miedo. La idea de que mañana tendrá que viajar la altera. Tiene muchas ganas de ver de nuevo su casa querida; le remuerde la conciencia llevar tantos meses lejos de ella: como si estuviera siendo desleal no solo a la casa sino también a los muertos cuya memoria ha quedado en ella. Pero se sabe débil, y muy torpe, sin fuerzas en los brazos ni en las piernas, ni en las manos siquiera. Cualquier cambio la asusta, cualquier novedad. Quiere estar en su casa verdadera pero tiene mucho miedo de la fatiga del viaje, varias horas por carretera en una mañana de agosto, desde la bahía de Cádiz hasta los paisajes ásperos de nuestra tierra interior; y además con la dificultad de subir al coche y la de salir luego de él, alzarse del asiento en el que se había hundido, en el que su cuerpo entero se entumece después de tanta inmovilidad. Ahora que se acerca el viaje, lo que quiere es quedarse donde está, su aposento seguro en casa de su hija, su sillón con un buen cojín en la espalda y un taburete en el que apoyar las piernas siempre doloridas, un pequeño televisor frente al que se duerme viendo programas de cocina, la ventana con la vista de terrazas blancas y ese árbol inmenso con un nombre que ella nunca aprenderá, araucaria. Hablo con ella y le noto en la voz esa mezcla de pesadumbre y de ausencia que la vuelve remota, extraviada no se sabe dónde, entre el recuerdo y la desmemoria y el puro vacío de la mente en blanco, la pantalla en blanco en la sala de cine donde el proyector se ha interrumpido y hay un silencio desconcertado en los pocos espectadores que veían la película. Es de esas veces en que responde como al azar a lo que se le pregunta, y en las que es evidente que no tiene ganas de seguir hablando por teléfono. Le pregunto si está nerviosa y me dice que no y luego que sí. Le cuento alguna cosa sobre nosotros, o sobre sus nietos, o su bisnieta Leonor, que suele alegrarla tanto, y me contesta con agrado pero con la mente en otra parte, en el trastorno de su viaje de mañana.

124

Mi madre se acuerda de una muñeca de cartón que le regaló la señora del cortijo en el que su padre era mulero, y su madre lavandera, antes de la guerra, cuando ella tenía cinco o seis años. Cada mañana las criadas que limpiaban el dormitorio de los señores tiraban por el balcón la ropa usada y las sábanas, y al pie del muro mi abuela y las otras lavanderas la recogían en grandes cestas. Cuando parecía que un pollo o una gallina en el corral se ponían malos, mi abuela iba a decírselo a la señora, que le decía siempre, con una afectación de dolorida generosidad que mi madre imita todavía, igual que mi abuela la imitaba antes: «Pues nada, Leonor, si el pollo está malito se lo comen ustedes, y así no se desperdicia». La maña que inventaron fue dar un golpe a un pollo en la cabeza, con una piedra o una tabla, y llevarlo a la señora para que viera que andaba como mareado o enfermo. «Vaya, otro pollo que se ha puesto malito. Cómanselo ustedes, Leonor, que seguro que les sienta bien.» Con el pollo de andares temblones mi abuela hacía un gran arroz caldoso para el domingo, y la señora se sentía generosa regalando a sus servidores una carne tal vez enferma que a ella le daba escrúpulo probar. La muñeca de cartón había pertenecido a la hija de la señora, que se había cansado de ella. Era la primera muñeca que tenía mi madre. Se pasó el día jugando con ella, toda una larga tarde de verano, en el patio empedrado del cortijo. Su madre la llamó para que le ayudara con la cena. Dejó la muñeca sentada a una mesa del patio, en la que había jugado a que le daba la comida. Había pensado dormir con la muñeca, pero atareada con su madre se olvidó de salir a recogerla. Cayó en la cama muerta de sueño y no oyó que estallaba una tormenta. A la mañana siguiente salió a buscar la muñeca y la encontró convertida en una masa de cartón deshecha por la lluvia.

En otro recuerdo ya no está en el cortijo, sino en la casa en la que vivió durante la guerra, en una calle estrecha a espaldas del palacio que tenía en Úbeda la familia de la señora. Iba a coser por las mañanas, o a hacer recados para su madre, y siempre pasaba junto a una ventana abierta, en la que había una muñeca sobre una cómoda. La ventana estaba a la altura de la calle. Con solo extender la mano ella podría coger la muñeca. Se acercaba cada día. La tentación le secaba la boca. Le daba temblores en las manos. Imaginaba la vergüenza de que la descubrieran en el momento del robo. Pero más miedo todavía le daba que su madre se enterara, que se lo dijera a su padre, que su padre se acercara a ella con la correa en la mano. Esta historia no me la había contado nunca. Ha guardado el secreto durante más de ochenta años. Las personas muy viejas se vuelven impúdicas. Se ríen a carcajadas diciendo cosas picantes o descaradas que no se habían atrevido a decir nunca antes. Su voz en el teléfono se vuelve más despierta, más joven. Un día alargó la mano y cogió la muñeca de la ventana. Todo lo tenía pensado. La guardó en un cesto de ropa. No echó a correr. Nadie fue tras ella. Llegó a su casa impaciente por ver bien la muñeca, por jugar con ella. Pero temía que su madre la sorprendiera. También temía que su madre, que era muy inquisitiva, registrara sus cosas y encontrara la muñeca. La guardó muy hondo en un baúl, debajo de ropa antigua. No se atrevió a sacarla nunca. Dice ahora: «Tú no sabes lo bonita que era».

125

Cada pocos días vuelvo al Botánico. Lo eché mucho de menos durante el confinamiento. Fui una de las cuatro o cinco personas que estaban esperando en la cola la primera mañana que lo abrieron. Atravieso el Retiro como una flecha en la bici y luego bajo conteniendo la velocidad por la cuesta empinada que termina ante la verja, a la sombra de uno de esos cedros y magnolios enormes que también montan guardia junto a la puerta sur del Prado, donde está la estatua de Murillo. Venir en la bici me predispone más a la contemplación del reino vegetal. En realidad mi propósito es sentimental más que botánico. A lo que vengo sobre todo es a visitar la huerta, a encontrarme con las mismas plantas y árboles que había en la huerta de mi padre, como si visitara a personas queridas de entonces: los granados con sus ramas tan gráciles y sus flores rojas, las higueras, las matas de tomates, las filas de pimientos y de berenjenas, los ciruelos, los melocotoneros, las hojas grandes de las coliflores, con su color gris metálico, las otras hojas enormes y las flores gigantes de las calabazas. La congoja y la felicidad me oprimen el pecho. Vengo a la huerta del Botánico como en un viaje secreto en el tiempo, en una cita con una parte de mí mismo que solo encuentro plenamente aquí.

126

Por el camino me entretengo un rato en la zona de las dalias, que este año están más descuidadas, como casi todo en el jardín, así que tienen un atractivo todavía más impúdico, una belleza excesiva en esas corolas como melenas de mujeres espléndidas arrebatadas por la pasión y estragadas por los placeres y los dramas de la vida: hay una desmesura, una ruina anticipada en esas erupciones de belleza, en el tamaño de esas flores tan pesadas que doblan los tallos que las sostienen, y que se ofrecen con descaro carnal a los abejorros lentos que liban en ellas. También los abejorros parece que sucumben a una orgía devastadora, y se tambalean beodos sobre esas flores muy abiertas, víctimas felices de los azúcares que han ingerido, del polen en el que se han revolcado y llevan adherido a sus cuerpos peludos. Todo es más salvaje porque los setos de arrayán que delimitan los canteros de las dalias no han sido podados, ni se les han escardado las hierbas silvestres. El suelo es una selva de especies que brotaron y crecieron durante el confinamiento y todavía prosperan sin control, con gran contento de las mariposas y los pájaros que se nutren de sus semillas. Entre estas hierbas invasoras, que hasta hace nada se habrían llamado malas hierbas, y exigido pesticidas químicos que envenenaran la tierra y exterminaran a los insectos, reconozco dos especies que son como amigos de la infancia a los que no hubiera visto en mucho tiempo: esos a los que estamos unidos como a nadie más en nuestra vida futura y sin embargo desaparecen de ella al cabo de unos pocos años.

Fue mi padre quien me ayudó a distinguirlas y me enseñó sus nombres: el cerrajón y la corregüela. El cerrajón es alto, de tallo austero, con pequeñas flores amarillas de las que se desprenden vilanos; la corregüela se arrastra por la tierra y se adhiere a ella y a cualquier otra planta o superficie, extendiendo redes de unos filamentos delgados y muy fuertes, de los que brotan unas flores como tulipas blancas o rosadas. Mi padre me daba un saco y me decía que arrancara y guardara en él todos los cerrajones y las corregüelas que pudiera, porque son un alimento nutritivo y sabroso para los conejos. Me enseñaba cómo sujetar la base del tallo con mucha fuerza entre el pulgar y el índice para arrancar la mata de raíz. Los conejos devoraban los tallos, las hojas, las flores, las raíces, moviendo con glotonería sin pausa sus hocicos rosados. Luego toda esa hierba que habían comido perfumaba la carne prieta y oscura que nos gustaba tanto en los guisos de arroz. La corregüela ha invadido plebeyamente los cuadriláteros afrancesados del Botánico, trepa como una red sobre los setos y los troncos caídos. Anónimo tras mi mascarilla, miro a un lado y a otro antes de arrancar una mata de corregüela por el simple gusto de hacerlo, con una efusión sentimental que se apodera de mí sin aviso. Mis dedos reconocen esa trama fuerte como hilo bramante, y aprietan con destreza instintiva la base del tallo para arrancarlo de raíz. En la mano se me queda ese gesto que no había hecho en medio siglo. En las hojas de un libro guardo una flor de corregüela procurando que al aplastarse no pierda su forma. Vuelvo a mirar a mi alrededor y no me ha visto nadie. No sé si arrancar hierbas silvestres contraviene alguna norma del Botánico. Y sigo hacia donde iba, por las veredas sombreadas en las que no me cruzo con nadie, camino de la huerta y del pasado lejano.

127

En la huerta del Botánico hay hasta un espantapájaros, alzado y vigilante sobre un bastidor de cañas, muy convincente, con un pecho hinchado de paja y una cabezota de calabaza con la boca y los ojos horadados en la dura corteza, un sombrero viejo de fieltro con las alas caídas, una chaqueta harapienta, con los brazos tiesos extendidos, y unos dedos secos de brezo saliendo de las mangas. Mi tío Juan dice que los pájaros son muy listos y no se asustan de los espantapájaros. Los pájaros en realidad no se asustan de nada. Cuando las frutas están en sazón nada los detiene para venir a picotearlas: los alimentos carnales y jugosos, las cerezas, los higos, las ciruelas dulcísimas, las uvas. Los pájaros tienen un sexto sentido para saber el momento justo en que un fruto del campo ha alcanzado su sazón. Es una batalla perdida. En mañanas letárgicas de mucho calor, cuando los higos maduraban y empezaban a madurar los pimientos, las berenjenas, los melocotones, los albaricoques, mi padre me hacía entrega de un gran cencerro de vaca y me dejaba de guardia debajo de una higuera o de un granado, con la tarea de salir de vez en cuando de la protección de su sombra y recorrer la huerta agitando el cencerro y dando grandes gritos para que se espantaran los pájaros. El grito era una especie de berrido bronco que había que lanzar con mucha fuerza para que tuviera algo de efecto: se llenaban los pulmones de aire, se apretaba la garganta hasta que el rugido arañara las cuerdas vocales. El cencerro era muy pesado pero había que agitarlo con tanta fuerza como se pudiera, al mismo tiempo que se lanzaba el berrido. El recuerdo cobra la forma de una película: imagino la tierra plana bajo el calor vertical, las acequias, las hileras de matas verdes, en la claridad sin sombras de la mañana de agosto, y el niño con un sombrero de adulto que le cae sobre los hombros, intentando poner la voz recia y ronca que le ha enseñado su padre, agitando el cencerro enorme con una fuerza que se le acaba en seguida, más todavía por su propensión a la pereza. Mi padre andaba trabajando por otras zonas de la huerta, o quizás no había vuelto todavía del mercado. Yo estaba completamente solo, en el silencio del campo. Me distraía con cualquier cosa y me olvidaba de mi labor de vigilancia. En la mañana quieta y calurosa el sonido de las chicharras acentuaba la somnolencia y la galbana. Yo me perdía durante horas en cavilaciones sobre cosas imaginadas o leídas. La huerta de mi padre era mi isla desierta.

128

Contaban el dinero en reales o en duros, no en pesetas. Usaban unidades de medida o de peso anteriores al
sistema métrico: cuerdas, fanegas, arrobas. No citaban
los años por su número, salvo en casos excepcionales: el
año 36, por el comienzo de la guerra; el 45, porque fue
cuando hubo más hambre. «El Año del Hambre.» Si a sus
hijos o sus nietos los veían perezosos, consentidos, con
poca sangre, decían reprobadoramente: «Un 45 tenía que
venir para que aprendierais». Hubo otro año memorable,
que yo viví, en los primeros sesenta, «El año de la cosecha
grande». Fue la mayor cosecha de aceituna que se había
conocido nunca. A cada golpe que daban las varas en las
ramas de los olivos dobladas de fruto caía un chaparrón
de aceitunas reventonas sobre los mantones. Cada tarde se
formaban montañas, cordilleras de aceitunas en los corra-
lones de los molinos de aceite.

La fecha del nacimiento se la sabían por necesida-
des administrativas, no porque celebraran los cumpleaños. La fecha del nacimiento ataba a los varones más que
a las mujeres en sus obligaciones siempre amenazadoras
con el Estado: cuando entraban en quintas, y les tomaban
la altura y el peso y les hacían un examen médico suma-
rio para ir al ejército; cuando tenían que firmar documentos de compra o de venta delante de un notario, mostrando el carnet de identidad, que era una innovación
reciente. Cuando tenían que ir al notario o al registro de
la propiedad se ponían el mismo traje oscuro y la corbata
negra que reservaban para los entierros. Como las mujeres no iban al ejército ni firmaban contratos ni escrituras
de compra su identidad legal era todavía más difusa. De
niñas no las habían inscrito en ninguna escuela, o solo en

algunas de aquellas que llamaban «de perra gorda», que carecían de existencia oficial. Al hacerse adultas no habían firmado ningún contrato. Ni ellas ni sus maridos tenían cuenta en ningún banco. Todas las compras se hacían en efectivo, y la mayor parte de los acuerdos se cerraban de palabra, con un apretón de manos. Los trabajos ocasionales que hacían las mujeres fuera de su casa tampoco dejaban ningún rastro administrativo, ni generaban ningún derecho, ni se deducía de los jornales pagados en mano ninguna cotización. La única huella documental que dejaban las mujeres era la partida de nacimiento y la de defunción y el acta de la boda. Cerca de los setenta años, cuando tuvo que inscribirse en la Seguridad Social, se descubrió que mi abuela Leonor carecía de cualquier documento que la identificara. Fue con mi abuelo a la comisaría a solicitar el DNI. El funcionario encargado la trató con la mezcla de desprecio y condescendencia que era habitual en la burocracia franquista, servil hacia los privilegiados, arrogante con los humildes, según el dictamen intemporal de Sancho Panza. Mi abuela, que tenía muy buen oído y mucha sorna, se recreaba contando su diálogo con aquel funcionario.

—A ver, señora, ¿cómo es que ha tardado usted tanto en solicitar el documento?

—Yo es que no lo veía necesario.

—¿Y qué veía usted necesario, si puede saberse? ¿Una matanza?

—Pues sí, señor. Una matanza la veo yo mucho más necesaria, porque un papel a mí no me sirve para nada, y con una matanza tengo yo un buen apaño para darles de comer todo el invierno a mi marido y a mis hijos.

129

8 de mayo. *Anoche, mientras preparaba una ensalada, puse un disco de James Taylor que me ha descubierto Elvira,* American Standard. *En él están algunas de mis canciones preferidas, las que he escuchado más veces en mi vida. En estos días de tanta fragilidad las escucho con un desbordamiento de emoción que no puedo contener, y a veces se disuelve en lágrimas. Hay canciones que me devuelven los años de Nueva York, el apego que Elvira y yo hemos tenido a esa música desde antes de conocernos:* Moon River, Paper Moon, Teach me Tonight: *canciones sentimentales y al mismo tiempo irónicas, hechas de una mezcla de ilusión romántica y de lucidez sobre los límites de cualquier ensoñación. Hay una de Stephen Sondheim que es una meditación estremecedora sobre la crueldad,* You've Got to Be Carefully Taught. *Pero la que más me trastorna en este disco de James Taylor es* Pennies from Heaven, *una música y una letra de máxima tribulación y desamparo, con su envoltorio de dulzura. Siempre que la escuchamos nos viene el recuerdo de la película tan misteriosa que se llama igual, rara como un sueño y cruel como un retrato de la crudeza sin misericordia del capitalismo. Estábamos cenando en la cocina, charlando como tantas veces, al final del día, con el disco de fondo, y al oír la canción me quedé callado, porque la congoja no me dejaba hablar. Rompí a llorar y le dije a Elvira, le confesé, que había pasado un día muy malo, lleno de angustia y de negrura. Fue el primer momento de verdadero alivio en todo el día. Desde que me levanté, a cada rato notaba en los ojos el escozor de las lágrimas. Hay algo de bochornoso en esta fragilidad, dadas las circunstancias. Yo no voy a recrearme en la mía, pero tampoco puedo escondérmela a mí mismo, aunque procure no exhibirla ante los demás. Elvira vino a sen-*

tarse a mi lado y se apretó contra mí. Nos quedamos callados
un rato, hasta que acabó la canción.

130

He terminado de leer *La de los tristes destinos*, la última
novela de la cuarta serie de los Episodios de Galdós. Puede
que esta serie sea la mejor de las cinco; la de calidad a la vez
más poderosa y más homogénea según va progresando,
como si el fervor mismo de la invención y la escritura la
hicieran ir cada vez más lejos. En ninguna otra serie están
tan bien enlazados, como sin esfuerzo, la trama de ficción
y el relato de los hechos históricos, tan lograda la alea-
ción de las vidas privadas y los acontecimientos públicos,
los personajes reales y los inventados. La verdad narrativa
que hay en cada personaje y en cada peripecia vital se com-
bina sin apariencia de dificultad ni de artificio con la re-
flexión política, con la denuncia abierta de la corrupción,
la arbitrariedad, la sinrazón, el fanatismo, la injusticia. La
variedad de historias y de personajes y escenarios es inagotable. En *Aita Tettauen* hay ramalazos de novela de aventuras en lugares exóticos y de cuentos de *Las mil y una noches*.
En *La vuelta al mundo en la Numancia* parece que Galdós
se lanza a una narración de navegaciones y descubrimientos con un brío como de Julio Verne, a quien se nota mucho que ha leído con entusiasmo. El *crescendo* que lleva
hacia la explosión revolucionaria de 1868 es tan torrencial
como los acontecimientos que narra. La defensa de las libertades públicas es más arrebatadora todavía porque se
corresponde con la de la emancipación personal, la de la
primacía del deseo y la unión libre entre hombres y mujeres al margen de las reglas sociales y de la opinión esta-

blecida. Dice el joven héroe, Santiago Ibero, que ha elegido vivir en libertad con su gran amor, Teresa, que ha sido prostituta: «No podemos ser revolucionarios en lo público y atrasados o ñoños en lo privado». En España triunfa la revolución pero Santiago y Teresa se marchan felices a París, porque saben que a pesar de todos los cambios aquí nunca serán aceptados. Con mucha sabiduría le dice a Santiago el viejo revolucionario que ha sido su mentor:

«Sí, hijo mío, el fanatismo tiene aquí tanta fuerza que aunque parezca vencido pronto se rehace y vuelve a fastidiarnos a todos. Los más liberales creen en el infierno, adoran las imágenes de palo y mandan a sus hijos a los colegios de curas». Y dice triunfalmente Santiago Ibero cuando él y Teresa cruzan en tren la frontera de Francia: «Huimos del pasado; huimos de una vieja respetable y gruñona que se llama doña Moral de los Aspavientos, viuda de don Decálogo Vinagre».

131

La vejez es una retirada lenta; un irse distraídamente de lugares a los que no se va a volver. Un día mi madre cocinó uno de aquellos arroces caldosos que nos alegraban los domingos desde que éramos niños, y ya no hizo ninguno más: ya no tenía destreza en las manos para cortar y pelar cosas, ni tenía fuerzas para sostener la sartén, igual que dejó de tenerlas para dar la vuelta a una de sus tortillas doradas y esponjosas de patatas. Cuando murió mi padre, mi madre siguió viviendo sola en nuestra casa familiar, donde habían vivido sus padres y sus hermanos antes que nosotros. Disfrutaba de vivir sola. Le costaba subir las escaleras hacia los pisos altos de una casa grande y algo destartalada, pero tenía buen ánimo y se recreaba en su soledad, en una quietud que había conocido muy pocas veces en su vida. Se iba por temporadas al Puerto de Santa María, a un apartamento que mi padre había comprado para estar cerca de mi hermana. Pero en seguida tenía nostalgia de su casa antigua y de su ciudad querida, su plaza de San Lorenzo, su barrio ahora casi deshabitado, pero hospitalario para ella, sus vecinas. La retirada empezó dentro de su misma casa. Hubo un día en que ya no pudo subir las escaleras. Le instalamos un dormitorio y un cuarto de baño en la planta baja. A las habitaciones superiores, en las que estaba una parte de los recuerdos de su vida, ya no volvería nunca a subir. Mi hermana la llamaba varias veces al día, para asegurarse de que estaba bien. Un receptor que llevaba al cuello como un medallón la mantenía conectada con el centro de salud. Las enfermeras de servicio la llamaban de vez en cuando y charlaban con ella. Una mañana se cayó y estuvo muchas horas tendida en el suelo, en invierno, tiritando de frío. Se había quitado el collar de alarma para ducharse y se había olvidado de volver a ponérselo. En algún momento llegó a perder la conciencia. Nunca supo cuánto tiempo estuvo tirada en el suelo, incapaz de incorporarse siquiera, derribada bajo el peso de su propio cuerpo, sobre las baldosas heladas. Mi hermana se alarmó de que no contestara a sus llamadas y desde el Puerto de Santa María reclutó la ayuda de la vecina de al lado y de mis tíos. Mi madre ya no podía seguir viviendo en aquella casa, ni en Úbeda. Se retiró al apartamento en el Puerto. Era pequeño, cómodo, sin escaleras, sin frío. Mi hermana estaba cerca siempre, pero a ella le importaba sentirse independiente: y también respetar la intimidad de la familia de su hija. Una mujer venía a ayudarle todas las mañanas. Pero ella siguió cocinando mientras tuvo algo de fuerza en las manos. Luego empezó a distraerse de vez en cuando de lo que tenía en el fuego, y hubo algún percance menor. Ya era más prudente que el desayuno se lo hiciera la mujer que venía a limpiar, y que la comida y la cena se las llevara mi hermana. Tenía un cuarto soleado al que le gustaba retirarse a coser y a leer. En la costura y en la lectura se ensimismaba tanto que las horas pasaban sin que se diera cuenta. Alzaba los ojos y ya estaba atardeciendo, y tenía que encender la luz, aunque aprovechaba siempre al máximo la claridad del día. En otras épocas había dado grandes paseos por los miradores, o por las calles llanas con palmeras del Puerto de Santa María que llevan a la playa de la Puntilla. A la Puntilla había ido muchas veces a bañarse con mi padre. Pero las piernas le dolían mucho, y los paseos empezaron a limitarse a los jardines cercanos a su casa, que estaban protegidos por una valla, de modo que no había peligro de niños jugando al fútbol que pudieran darle un empujón o tirarla al suelo de un pelotazo. Caerse le daba mucho miedo. Un día se mareó o tropezó con algo en el apartamento y se cayó al suelo. Mi hermana abrió la puerta y la vio tendida bocabajo y pensó que estaba muerta. Ya no podía seguir viviendo sola.

132

10 de mayo. *Madrid dilatada, ensanchada, horizontal, limpia de tráfico. Esta mañana de domingo habían cerrado a los coches Menéndez Pelayo y la gente ocupaba ese espacio con una avidez jubilosa, con un tranquilo pluralismo de formas de ejercicio, de ritmos de carreras, de caminatas, de silenciosos pedaleos ciclistas. Yo he salido hoy por*

*primera vez con la bici. Llevaba meses sin montar en ella,
pero ha sido subir al sillín y empezar a pedalear y es como
si la hubiera usado ayer mismo. Es liviana y es resistente.
Bajaba por las avenidas sin coches y el silencio y la amplitud del espacio daban vértigo: bajaba por la calle de Alcalá
hacia Cibeles, y por el camino iba encontrándome con muchos más ciclistas, una fraternidad alegre y enérgica que
se acentúa según vamos siendo más y subimos por la Gran
Vía, contemplando la perspectiva privilegiada que tiene
uno yendo por el centro de la calle, no expulsado a los márgenes por la insolencia y la masa ruidosa del tráfico. Esta
mañana, a las nueve, en el frescor del aire limpio, en las
avenidas del centro liberadas de coches, Madrid era un paraíso ciclista, la promesa de otro porvenir, de una ciudad
ensoñada y posible, Copenhague o Berlín, Nueva York en
esos días en los que se establecía un ruta ancha y segura que
atravesaba los cinco barrios, cuando se podían cruzar los
puentes y contemplar desde su altura el paisaje de la bahía
del Hudson y los bosques de los rascacielos pedaleando tranquilamente en medio de una multitud ciclista que avanzaba al unísono, un largo y ancho río por encima de los ríos
de la ciudad. He leído que el ayuntamiento tiene proyec-
tado ampliar mucho el número de calles peatonales y de
carriles bici. Pero son tan brutos los que mandan, y tan fa-
náticos de los coches, que yo no tengo mucha esperanza.*

133

Cuando la llamo por teléfono mi madre está sentada
en el corral de su casa, en Úbeda, al fresco del anochecer,
con el olor cercano de los jazmines en el aire, cansada todavía, recuperándose del viaje, las más de cuatro horas en

coche desde el Puerto, apaciguada, contenta de saber que todo sigue en su sitio, la penumbra en los portales, las macetas con sus plantas lozanas contra el muro encalado, sus cuadros, sus fotografías, la limpieza reciente que casi borra el olor a cerrado. Las habitaciones altas que tanto le gustaría recorrer son inaccesibles para ella, pero mi hermana ha subido una por una a todas y ha grabado un video en el teléfono para que mi madre pueda verlas, abriendo postigos y cortinas que llevaban meses cerrados, para que haya luz en las imágenes, moviendo la cámara despacio, a lo largo de un pasillo, al empujar una puerta, abriendo cajones en los que se guardan cosas olvidadas, armarios en los que siguen colgados trajes antiguos de mi padre, vestidos de ella. Mi hermana sube al último piso, donde está la habitación en la que yo dormí y estudié y escribí muchos años, y abre de par en par el balcón al que yo me asomaba, que da sobre los grandes corrales de las casas próximas y sobre toda la amplitud del valle del Guadalquivir y de la sierra. Ha subido a «todo lo alto», como decíamos siempre, con la intención práctica de grabar ese video para mi madre, pero ella también se ha ido dejando hipnotizar por la lejanía del tiempo, por la conciencia de todo lo que ella y todos nosotros, vivos y muertos, hemos vivido en esta casa, en la que durante la mayor parte del tiempo ya no habita nadie, en la que ahora le parece que casi puede percibir las voces y los pasos de los muertos, la galería de fantasmas a la que también ella y yo pertenecemos, lo que fuimos aquí cuando éramos niños y cuando empezábamos a dejar de serlo, a lo largo de tantos años, la vida entera que ahora ella ve en perspectiva, el arco completo contenido en el espacio de la casa, desde el ayer brumoso de los primeros recuerdos infantiles al ahora mismo, este momento, cuando apaga la cámara y baja la escalera, en la que reconoce una resonancia que no existe en ninguna otra parte, como si la casa fuera el espacio exacto y cóncavo de su memoria.

134

11 de mayo. *Se mantiene absurdamente cerrado el Retiro, pero empiezan a abrir parques más pequeños. Yo he ido a correr esta mañana al de Eva Perón. Había muchos operarios trabajando, entregados casi militarmente a corregir la espléndida proliferación vegetal de los últimos dos meses, a segar la hierba vigorosa y muy crecida, a rastrillar y barrer los senderos inundados de hojas y del plumón blanco polvoriento de los vilanos. De nuevo el ruido de los cortacéspedes y de las sierras mecánicas, el olor a gasolina mezclado al de la savia y la madera cortada. Había un hombre sentado en el filo de un banco, con las piernas abiertas, los codos en las rodillas, la cara oculta entre las manos. He pasado varias veces cerca de él, en el itinerario de la carrera, y no se ha movido, en ningún momento ha levantado la cabeza ni descubierto su cara.*

Es la resaca de la pandemia. Ahora que vuelve poco a poco una parte de la antigua normalidad se irá distinguiendo a los que han quedado marcados irreversiblemente por ella. En el supermercado del Corte Inglés un hombre de unos cuarenta años se queda parado, como si cayera en la cuenta de algo, con un cesto de compra lleno de cosas en la mano. Entonces, sin desmoronarse, recto, rígido, cae despacio hacia atrás, sin doblar las rodillas, sin hacer aspavientos para recuperar el equilibrio. Ha caído como una ficha de dominó, como una puerta sin goznes. Cae hacia atrás y la nuca golpea justo contra el filo de un expositor,

una barra metálica en la que la cabeza rebota con un rui-
do seco, con tanta fuerza que parece que se ha desnucado.
El contenido de la cesta rueda y se rompe y se esparce por el
suelo. Unos dependientes van hacia él. Yo me fijo en que al
hombre se le han caído las gafas. Las recojo del suelo, y se
las quiero dar a alguien, a los dependientes atareados en
atenderlo, al guardia de seguridad que se ha acercado. Se
las doy a un sanitario que acaba de aparecer. El hombre
está tieso en el suelo y no tiene nada de color en la cara. El
sanitario da instrucciones para que lo tiendan de costado.
Un rato después veo que lo han puesto en una silla de rue-
das, y que tiene abiertos los ojos, aunque conserva un color
amarillo de calavera en la cara. Le han puesto las gafas.
Mira a su alrededor sin saber dónde está, sin enterarse de
nada.

135

La noche del entierro de mi padre, cuando se quedó sola después de los últimos pésames y las despedidas,
a mi madre le pareció que oía sus pasos en el piso de
arriba. Era como cuando ella se quedaba a ver una película en la tele y él subía a acostarse sin esperarla. Madru-
gaba mucho y le entraba muy pronto el sueño. Estaba
sola en la casa, por primera vez en su vida. La pena se le
había convertido en una cosa abstracta, con la formalidad de los entierros y los duelos, con sus expresiones
repetidas. «A ver quién iba a decirlo.» «Ninguno estamos
libre.» «Parece mentira, si estuve con él esa misma mañana.» «Por lo menos no ha sufrido.» Hasta las lágrimas
le venían a los ojos de una manera formularia, urgidas
no por la pena sino por las circunstancias. En un mo-

mento dado las lágrimas fluían a sus ojos tan automáticamente como las palabras de pésame que le decían en voz baja los que se le acercaban. Sin duda estaba impaciente por quedarse sola. Fingía mansedumbre y resignación cuando alguien, uno de nosotros, se ofrecía a pasar la noche con ella, o le decía que esa primera noche se fuera a casa de uno de sus hermanos. Por educación, por formalidad o cautela, no dejaba traslucir lo que deseaba. Lo que estaba impaciente por conseguir era quedarse sola por fin en la casa, después de la fatiga del velatorio, del entierro, de la gente que no paraba de acercarse con cara de pésame: estar ella sola, en silencio, sin apuro, sin nadie a quien cuidar ni a quien obedecer ni a quien prestar atención o servicio, alguien que con su sola presencia la forzara a ella a adaptarse a una voluntad ajena. La solicitud obstinada de quienes se empeñaban en mostrarle cuánto la compadecían le provocaba una irritación íntima, una hostilidad tan fuerte que no lograba del todo disimularla bajo el aire de mansa aflicción que las circunstancias exigían de ella. No quería que la consolaran, ni que la comprendieran, ni que la compadecieran, ni que se preocuparan por ella. Lo único que quería de los demás era que la dejaran sola. Ni siquiera se sentía culpable del fastidio acumulado que le provocaban las muestras de cariño de sus hijos y sus nietos. Quería estar sola. Se le iba la tarde y la noche después del entierro en esperar que la dejaran un rato tranquila, igual que se le había ido la vida entera. Parecía que ya se iban a ir y no se iban. Se ofrecían a prepararle una tila, un vaso de leche caliente con Cola Cao, a cambiarle las sábanas de la cama, a subirle al dormitorio una estufa para que no pasara frío en esa primera noche en la que se acostaría sola. Le aconsejaban tranquilizantes, pastillas para dormir. Ella asentía superficialmente y negaba con determinación. Seguía sentada en el sofá, con su ropa de luto, las manos sobre el regazo, los ojos enrojecidos por la falta de sueño y por las lágrimas, con un gesto inmemorial y también impersonal de duelo. Era así como se habían sentado con la mirada baja y las manos cruzadas las mujeres en los velatorios desde que ella era niña, ladeando la cabeza, con un pañuelo entre los dedos, suspirando de una cierta manera, no porque estuvieran fingiendo sino porque ese era el modo en el que se mostraba el dolor, el aspecto que se presentaba a los demás, cada actitud articulada por pequeños gestos muy precisos.

136

Le parecía mentira que todos se hubieran ido de verdad, nos hubiéramos ido, ya casi a medianoche, que se hubieran cerrado las puertas de los coches en la plazuela y se hubieran disipado las voces, los motores se hubieran alejado, los últimos pasos resonando sobre los adoquines de la calle del Pozo. Se quedó de pie, en el portal, junto a la puerta cerrada, hasta asegurarse de que ya no quedaba nadie cerca, ninguno de los que la sofocaban con su empeño en consolarla y cuidarla y hacerse cargo de ella ahora que se había quedado sin un marido que la protegiera. Entonces ajustó el cerrojo, y echó la llave con tres vueltas. Esos sonidos rotundos le daban una sensación de fortaleza tranquila, exaltada, secreta. La casa entera le pertenecía ahora únicamente a ella. Las cosas irradiaban una quietud tan límpida como si se reflejaran en un estanque inmóvil. Recogió sin prisa lo poco que quedaba en la cocina. Quizás hasta tuvo la tentación de sentarse tranquilamente ante el televisor y ver una película. Cualquier decisión que tomara no tenía que compartirla con nadie. No tenía ninguna urgencia por irse a dormir. Era como desperdiciar una parte valiosa del tiempo que se dilataba ante ella. Pero no es probable que se hubiera atrevido a faltar así a una de las costumbres del luto, al respeto que merecen los muertos. Poner la televisión habría sido como elegir una blusa de colores.

Entonces oyó los pasos de mi padre en el piso de arriba. Era un sonido tan fijado en su memoria que tardó un momento en darse cuenta de que no podía estar oyéndolos de verdad; o que si era verdad que los escuchaba serían los pasos de un muerto. Mi padre andaba así, cuando subía a acostarse y ella se quedaba abajo viendo algo en la tele, con pasos lentos, más ahora que estaba haciéndose viejo, con tanto sueño que ya iba medio dormido, de un lado a otro, entre el dormitorio y el cuarto de baño. No sintió miedo, ni tuvo muchas dudas de que fuera él quien pisaba las baldosas en el piso de arriba. A veces, en los últimos tiempos, cuando ya estaba arriba mi padre se asomaba al hueco de la escalera para pedirle a ella que subiera a acostarse. Con la edad había adquirido hábitos de afecto y hasta de ternura que a ella la habrían halagado más si no los sospechara impostados, no por simulación sino por tontería, por debilidad sentimental de viejo.

137

Todo esto lo estoy imaginando. Lo que no imagino, sino que ella me lo ha contado, es que esa primera noche, y algunas más, en los primeros tiempos, después de su muerte, tuvo la seguridad de que mi padre, o su fantasma o su sombra, rondaba por las habitaciones de la casa en las que ella no estaba. Ellos no decían que los muertos se aparecen, sino que se presentan. Pero mi padre no se le presentaba, porque ella no llegaba a verlo. Solo lo oía, moviéndose despacio por la casa, y siempre cuando ella se había quedado sola al marcharse una visita, cuando echaba el cerrojo y daba las tres vueltas a la llave y se encontraba en la plenitud de su soledad, en la soberanía de su casa y de su tiempo, por primera vez en su vida, a los setenta y tres años. Mi padre no era el primer muerto que se presentaba en aquella casa tan grande. A mi abuela Leonor, cuando yo era niño, la había oído contar sin dramatismo ni misterio, con la naturalidad que ponía siempre en sus narraciones, que su padre se le estuvo presentando después de muerto. Alzaba los ojos cuando estaba acostada y lo veía a los pies de la cama, erguido, detrás de los barrotes de hierro con borlas de latón dorado. No se asustaba de él porque su padre había sido un hombre bondadoso y callado que la quería mucho. Ella le preguntaba, Papa, ¿qué quieres decirme?, y él la miraba en silencio como la había mirado cuando era ya muy viejo, como disculpándose por su decrepitud, por el trabajo que le daba a su hija, tan agobiada ya por su marido y sus hijos, por la pobreza, por la dificultad de la vida. Su padre la miraba pidiéndole algo sin poder decírselo y disculpándose por aparecer así, después de muerto, importuno, a los pies de la cama, a veces de noche pero también a plena luz del día. Entonces mi abuela comprendió que su padre se le presentaba porque ella, por falta de dinero, no había podido encargarle misas, de modo que él se había quedado en el Purgatorio, o al menos sin el sosiego de ingresar del todo en la otra vida, de ausentarse de este mundo. Mi abuela, sobreponiéndose a su orgullo, le pidió el dinero a su cuñada Juana, la hermana de mi abuelo Manuel, la mujer del sordo opulento, el tío Luis. Con ese dinero pudo encargar unas pocas misas, y su padre no volvió a presentársele, ya apaciguado en su ultratumba. Entonces ella echó de menos sus apariciones, y le dio pena haber perdido para siempre a su padre. A mi madre también le gustaba repetir esa historia, porque había querido mucho a aquel abuelo materno. Se acordaría de ella cuando le parecía oír los pasos de mi padre muerto, graves y lentos en el piso de arriba. Me contó que se asomó al hueco de la escalera y alzó la voz en el silencio de la casa cerrada. Tentativamente, respetuosamente, le dijo: «Paco, ¿eres tú? ¿Estás ahí? ¿Quieres decirme algo?».

138

13 de mayo. *Elvira me despierta al amanecer de una pesadilla. Estábamos en la casa de mis padres en Úbeda y yo iba de una habitación a otra queriendo descansar o ducharme después de un viaje, pero todas estaban ocupadas por desconocidos, huéspedes insolentes como de Airbnb que lo tenían todo desordenado y sucio, y no permitían ni un resquicio de intimidad. La niña Leonor estaba abandonada entre aquella gente, sola en una habitación, en una cama deshecha, mirando hechizada la pantalla de un móvil. Veía por fin a mi hija Elena y me acercaba a ella para pedirle ayuda, para explicarle lo que pasaba. Quería llamar su atención, pero ella no me veía, en medio de aquel barullo, las cosas tiradas por los suelos, maletas abiertas, basura. Yo abría la boca pero no podía formar las palabras, y era de la desesperación de no poder pedir ayuda a mi hija de lo que me salvó Elvira al sacudirme para que me despertara. Durante todo el día no he estado menos perdido de lo que estaba en ese mal sueño.*

139

En la radio, a la hora del desayuno, las novedades de la pandemia que vuelve. De nuevo vamos por delante de todos, de Europa entera, de medio mundo. Tenemos más contagios que ningún otro país europeo, más sanitarios abatidos por la enfermedad. Tuvimos el confinamiento más estricto de Europa. Los histriones de la política lo desmontaron a toda prisa, para que vinieran los turistas, pero como se han disparado los contagios los turistas no han venido, y ahora tenemos también el mayor número de personas sin trabajo y estamos sufriendo el peor derrumbe económico en todo el continente. Estamos alcanzando con mucha diferencia el número más alto de contagios por cada cien mil habitantes. Es como un pertinaz infortunio, una desgracia que se ceba en nosotros con más saña que en ningún otro país. Nuestra ruina es mayor porque nuestra prosperidad tan fantasiosa se sostenía sobre las bases más frágiles, sobre cosas tan volubles como el turismo de masas, la fiesta nocturna, la bulla en los bares. Tenemos o teníamos más bares por habitante que ningún otro país del mundo. La educación se ha ido privatizando y deteriorando durante décadas. La investigación científica, que por fin empezaba a afianzarse hacia principios de siglo, fue cercenada sin piedad con el pretexto de la crisis de 2008. España no ha dejado de ser nunca un país hostil al conocimiento. Cualquier forma de conocimiento serio, de estudio, de rigor intelectual en el aprendizaje, ha sido desacreditada como una antigualla digna de sarcasmo. En España la ignorancia y la mala educación son méritos que exhiben con orgullo analfabeto las estrellas de los programas de la televisión, incluida la pública. Ha habido, en todos los ámbitos del país, públicos y privados, una indulgencia general hacia la chapuza, el más o menos, lo hecho de cualquier modo, lo que no vale la pena hacer bien porque nadie va a fijarse y dará lo mismo.

Todo el país queda empobrecido y degradado por este abandono: la investigación científica sin recursos, los profesores extenuados y desmoralizados, los sanitarios al límite de sus capacidades. Pero a quienes más perjudica la entronización de la ignorancia es a quienes más necesitan de los servicios públicos y de la enseñanza pública para vivir con un poco de dignidad, para despertar y fortalecer sus capacidades y a través de ellas remediar en lo posible la injusticia de su postergación social. Los hijos de los ricos ya cuentan con el seguro de sus privilegios. El dinero les dará acceso a las mejores escuelas posibles (que para más vergüenza están subvencionadas con fondos públicos), en las que recibirán no tanto la formación sino las credenciales adecuadas para mantenerse en las posiciones de dominio que les corresponden desde su nacimiento, a través de sus redes de contactos valiosas y exclusivas. A eso lo llaman ellos meritocracia. Podrán aprovechar sus facultades en las condiciones más favorables, y si no las tienen aprenderán a simularlas, y acumular así más privilegio y más dinero, o podrán vivir del brillo de sus nombres y de la inercia de su posición. Habrán ido a las mejores escuelas de negocios bautizadas con nombres en inglés aunque estén en Madrid, a las mejores facultades de Derecho. Ingresarán por oposición en los cuerpos superiores más herméticos de la administración del Estado. Si no hacen ni el esfuerzo de aprender un inglés excelente aprenderán a fingir con toda soltura que lo hablan.

Son otros los que necesitan una educación verdadera: son los hijos de los pobres, los de los inmigrantes, los de los trabajadores, los de las madres que han de criarlos solas, los que necesitan la disciplina intelectual y el conocimiento básico y fidedigno del mundo y de la condición humana que solo da una buena escuela pública; son ellos los que sin una escuela inspiradora y exigente puede que nunca descubran las capacidades latentes que les permitirán tener vidas mejores y contribuir productivamente al bien de todos. Los hijos de los ricos pueden permitirse la haraganería, el capricho, la falta de hábitos de estudio, la inconstancia, el desarreglo de la vida. Para los hijos de la inmensa mayoría la escuela pública es su mejor esperanza, casi la única, de progreso social, de desarrollo pleno de la inteligencia y el espíritu. Otra vergüenza en la que destacamos sobre la media de nuestros conciudadanos europeos es la desigualdad social. No sería tan grande si no fuéramos también campeones de Europa en las tasas de abandono escolar. Eso es lo que tenemos. Este derrumbe que ahora parece súbito llevaba muchos años sucediendo a cámara lenta. Sentado en el balcón a la caída de la noche veo pasar a los jóvenes repartidores de comida a domicilio sobre sus bicicletas o sus motos, llevando la joroba amarilla, verde o roja de las mochilas climatizadas, según la plataforma para la que trabajan y que los explota. En la acera de la calle Goya, esquina con Alcalá, los veo congregarse con la mirada inquieta y los móviles en la mano, a la puerta de los restaurantes de comida rápida en los que recogen sus pedidos. Comida basura, comida chatarra, como dicen en Perú, trabajo basura y chatarra. Un país desarrollado, del primer mundo, de la Unión Europea, no tiene otra oportunidad que ofrecer a estos muchachos en la plenitud de sus inteligencias y de sus energías. Se juegan la vida pedaleando tan rápido como pueden en medio del tráfico cruel de Madrid. No tienen contrato la mayoría de ellos, ni seguro, ni sueldo base, ni derechos sociales. Un algoritmo determina los pedidos que les van a corresponder y el pago miserable que recibirán por entregarlos. Son más los que pasan bajo mi balcón según va siendo más de noche. Veo llegar a uno con la mochila amarilla delante del portal contiguo a la tienda de 24 horas. Frena la bici y salta de ella todavía en movimiento. Saca una cadena y la ata rápidamente a un árbol. Consulta el teléfono, comprueba el número del edificio. Saca una bolsa de papel de la mochila, con la M amarilla de McDonald's. Teclea en el teléfono. Se acerca al portal y mira la fila de los contestadores de los pisos. Toca pero parece que nadie le responde. Ahora hace una llamada. Es muy joven y delgado. La visera de la gorra y la mascarilla le tapan casi por completo la cara. Mientras habla o espera respuesta se mueve como un corredor que salta ante un semáforo en rojo para no perder el ritmo. Por fin se abre la puerta y el repartidor entra. Vuelve a aparecer al cabo de unos cinco minutos. Yendo hacia la bici mira la pantalla del móvil. Habrá recibido una mierda de propina o no habrá recibido nada. Si al cliente le da la gana de quejarse por algo, porque no ha llegado tan rápido como él hubiera querido, porque huele a sudor, la calificación que reciba este muchacho se rebajará automáticamente, y de manera también automática le llegarán menos pedidos o le serán asignados itinerarios más difíciles, o turnos menos beneficiosos. Así los veo, jóvenes y llenos de vitalidad y posibilidades, acampados junto a sus bicis, sus mochilas, sus cascos, en esa acera de Goya, los ojos fijos en las pantallas de los móviles, entreteniéndose con algo hasta que por la ventanilla del restaurante les entreguen un pedido, esperando a que aparezcan en la pantalla los datos del próximo cliente.

141

Los nombres que ellos daban a las calles muchas veces no eran los mismos que estaban escritos en los azulejos de las esquinas. Los nombres escritos eran de personajes oficiales: ellos les daban otros mucho más simples que probablemente eran más antiguos. La calle que desemboca en la plaza de San Lorenzo se llama Condestable Dávalos. Para ellos fue siempre la calle del Pozo. La comarca campesina alrededor de la ciudad —la que ellos conocían bien y en la que estaban las fincas y las huertas que trabajaban; la que era abarcable a pie, o a caballo, o en carro— estaba dividida en parajes o regiones con nombres que ellos conocían de memoria, aunque no estuvieran escritos en ninguna otra parte, ni marcados en ningún mapa: el Sotillo, Huertañarda, la Atalaya, Cuestazapata. Era una topografía rigurosa, compartida por todos, casi exclusivamente oral, salvo cuando se consignaba en las escrituras de compraventa. La huerta de mi padre estaba en una zona llamada la Higueruela. Al paraje donde mi abuelo Antonio tenía un olivar, al que era muy penoso ir porque estaba muy lejos y había que pasar cuestas y barrancos, le llamaban la Dehesilla. Por debajo de los mapas oficiales había otro mapa invisible que cualquiera de ellos preservaba en la memoria y manejaba en la conversación: un espacio concreto, hecho de lugares precisos que todo el mundo conocía, recorría con sus pasos, marcaba con su trabajo. Desde el mirador de la muralla en ruinas, junto a la fuente de la Salobreja, que dominaba las laderas de las huertas, los cerros cercanos, las ondulaciones del valle del Guadalquivir, mi padre o mi tío Juan o mi abuelo Manuel podían distinguir en la distancia cada una de esas comarcas menores que dividían el paisaje, decir sus nombres y también muchas veces hasta los de sus dueños, los actuales y los del pasado, y también saber si eran de secano o de regadío, si eran buenas para la viña, o para el olivar, o los cereales, y en ocasiones hasta recordar historias sucedidas en algún lugar preciso, de las cuales a veces derivaba su nombre. Eran los restos de una cultura oral que había perdurado en los márgenes de la escritura, igual que perduraban todavía tradiciones comunales no abolidas por la primacía de la propiedad privada. Cuando habían terminado sus tareas las cuadrillas de segadores o vendimiadores, o las de aceituneros en invierno, llegaban los rebuscadores, o los espigadores, que podían entrar libremente en las fincas y recoger todo el fruto que hubiera quedado: espigas o aceitunas sobre la tierra, racimos tal vez dañados en las vides. En un haza de cereal que lindaba con la huerta de mi padre nosotros llevábamos a pastar a nuestra yegua, y la dejábamos todo el día trabada por las patas delanteras: la yegua se alimentaba de restos de grano y de paja y tallos secos, y a cambio fertilizaba la tierra con su estiércol.

142

14 de mayo. *Por primera vez en más de dos meses voy a una librería; por primera vez tomo un taxi, y me alejo de mi barrio. Me fijo en que hoy han abierto por primera vez las floristerías. Es una mañana inhóspita, de nuevo inver-*

nal, a mediados de mayo, con una llovizna fría y una hu-
medad en el aire que dejan el cuerpo destemplado y qui-
tan cualquier disfrute al paseo. Como he salido con una
cazadora ligera siento el desconsuelo del frío, y el miedo
al catarro, o a la gripe, en estas circunstancias. A mediodía,
la calle Jorge Juan, que solía ser una pasarela de coches de
lujo y gente a la moda recorriendo las tiendas y ocupan-
do las terrazas de los restaurantes, parece más desierta aún
a causa de la lluvia. La lluvia y las calles sin gente dan una
sensación desoladora de atemporalidad: como si el encierro
llevara durando desde siempre y fuera a durar para siem-
pre. Para entrar en la librería Pasajes me pongo los guantes
de goma y la mascarilla. Tengo que esperar en la puerta
a que salga otro cliente. Se pueden pedir libros, pero no cu-
riosear por las estanterías. La grisura de la calle ha inva-
dido el interior. Hablo con Charo, la librera de vocación
contemplativa y solitaria. Me dice que nunca había disfru-
tado tanto del silencio. Compro un estudio histórico sobre
el Nuevo Testamento y Stalingrado, *de Vasili Grossman.*
Comprar libros en una librería es un acto de militancia. En
la calle Génova y en toda la inmensidad de la espantosa
plaza de Colón no hay casi nadie. Hay coches, pero no gen-
te en las aceras. Por primera vez en no sé cuánto tiempo
oigo el bocinazo irritado de un conductor que mete prisa
al que lleva delante en un semáforo. Mientras escribo esto
siento la misma angustia que cuando hacía lo que estoy
contando, y que ya estaba dentro de mí cuando abrí los ojos
por la mañana. El día estaba feo y hostil, y los libros pesaban
en la mochila, así que tomé un taxi. El conductor llevaba
también mascarilla y guantes, y una mampara de plásti-
co lo separaba de los asientos de atrás. Notaba una gran
claustrofobia, en el espacio tan estrecho, en el que se veía
tan mal como se respiraba, porque por culpa de la masca-

rilla se me empañaban las gafas. Era como estar dentro de
un capullo translúcido de gusano de seda, hecho de varias
capas sofocantes: mis gafas, el cristal también empañado
de la ventanilla, la mampara de plástico.

143

Se reconocían entre sí y se llamaban por sus nombres propios, pero no por sus apellidos. El apellido, como el sistema métrico decimal o el calendario numérico, formaba parte de una esfera administrativa superpuesta a la vida real, y solo parcialmente conectada con ella. Muchas veces, del apellido de alguien a quien habían conocido desde la niñez solo se enteraban al verlo escrito en una de las esquelas mortuorias que se pegaban por las calles y en la puerta de la casa del difunto. En la esquela, con su borde negro de luto, debajo del nombre y de los dos apellidos, y en el mismo tamaño, venía su apodo. La mayor parte de los apodos eran heredados. Todo el mundo los usaba con naturalidad, y salvo que fueran infamantes sus poseedores los exhibían con orgullo. A mi padre le gustaba mucho llamarse Paco Cachorro. Cuando yo era muy pequeño me llamaba su cachorro, su cachorrillo. Si yo decía en el mercado o en una huerta que era el hijo de Francisco Muñoz nadie sabría quién era. Para que me identificaran de inmediato, cuando iba a un mandado de parte de mi padre, tenía que decir que era el chiquillo de Paco Cachorro.

Cachorros eran también los hermanos y los primos y sobrinos de mi abuelo paterno. Todos se habían criado en el mundo de las huertas. Todos tenían puestos de hortalizas o de frutas en el mercado de abastos. Mi tío Juan,

Juan Cachorro, sigue contando algo que yo oía de niño, que un abuelo o bisabuelo, «en aquellos tiempos antiguos», había encontrado en su huerta a un cachorro de lobo sin madre, tiritando, mojado de lluvia. Lo llevó a la casilla de la huerta, y lo hizo entrar en calor delante del fuego, meciéndolo en sus brazos, porque gemía como un niño, envolviéndolo con una manta vieja. Lo alimentó con la leche recién ordeñada de una vaca. Crio al cachorro junto a sus hijos, sus perros, los demás animales de la huerta. Como todas las narraciones orales, esta tenía variantes diversas: en una de ellas, el cachorro se hacía lobo adulto y se iba de la huerta, de regreso a la sierra y a la vida salvaje que dictaba su instinto; en otras, se hacía manso y leal como un perro, agradecido siempre como un hijo al hortelano que lo había salvado cuando no era más que una cría vulnerable, y lo había acogido en su familia, unido como un hermano a los otros hijos.

144

La luna ha vuelto a aparecer en el cielo de la calle. Salgo a regar las plantas del balcón una de estas noches de finales de agosto que han vuelto a ser cálidas y de pronto la veo apenas como el dibujo tenue de una hoz contra el azul marino sin estrellas. Es como una rendija curva por la que se filtra un poco de luz blanca, inclinada hacia un lado, colgada a cierta altura sobre las terrazas de enfrente. Lo ilimitado del universo, la negrura sin fondo de las galaxias y los agujeros negros, la inmensidad de estrellas que no pueden contarse, se reduce tranquilizadoramente desde mi balcón a dimensiones vecinales. El cielo es la transparencia nocturna contra la que se perfilan las terrazas del otro lado de la calle. La luna es la luminaria de las noches de verano en este vecindario de Madrid. No está y de pronto está. Se manifiesta por sorpresa a una cierta hora de la noche, al fondo de una calle. Salgo pronto a bajar el toldo y a regar las plantas, porque ha hecho mucho calor y no quiero esperar a que se haga de noche. Y en ese momento la luna en cuarto creciente es una oblea translúcida en el cielo azul pálido, en plena claridad diurna, a las ocho de la tarde. Parece que puede desvanecerse, deshacerse como una nube ligera en el viento. Flota muy alto como un globo escapado en un día de fiesta. La luna, como ciertas personas, tiene el don de desaparecer cuando se la busca y de aparecer de pronto cuando no se pensaba en ella. Algunas noches yo he rondado por las calles del barrio buscando en vano la luna llena. Y de repente, pensando en otra cosa, la he visto como la cara redonda de un ídolo olmeca ocupando todo el fondo de una calle, como asomándose con curiosidad a una maqueta de Madrid por la que se mueven figurillas humanas y coches diminutos.

145

La desolación de las voces de la radio continúa después de la cena en las imágenes y las voces del telediario. Ya no hay tregua nunca. Las cifras de contagiados y de muertos siguen ascendiendo de nuevo cada vez más rápido. La ola que se alzaba como a cámara lenta en el horizonte del mar ya ha roto en la orilla. Oigo las voces de fondo cuando salgo al balcón y me siento en mi silla de jardín, bebiendo muy espaciadamente de mi copa de vino. Y entonces alzo la mirada hacia los edificios de enfrente y allí está la luna, su oblea blanca partida por la mitad y muy bien recortada contra el cielo ahora oscuro. Desde que la vi esta tarde el arco de su trayectoria ha abarcado la distancia entre dos edificios contiguos. Tan pronto y ya ha empezado su descenso. La veo posada de costado justo sobre la terraza de la esquina de Fernán González, como un globo chino de papel iluminado por dentro. Si subiera a esa terraza y extendiera los brazos podría tocar esta luna de Madrid con las manos.

146

Una exposición sobre la fotografía y la ciudad en el último siglo, en CaixaForum. Hay que hacer cola, aunque los visitantes sean escasos. Hay que frotarse las manos con gel hidroalcohólico a la entrada, y ponerse delante de la cámara de un aparato que mide la temperatura. El desánimo inevitable distrae de la contemplación. En las fotos tomadas en barrios populares se ven muchos niños, pero solo hasta los años sesenta, como muy tarde. Cartier-Bresson retrata algarabías de niños jugando en la calle, en Sevilla y en Madrid. Hay una multitud de niños que ocupa entero un descampado en Barcelona, en los años cincuenta; y luego están los niños desastrados y joviales a los que retrataba Helen Levitt en las aceras sucias de Harlem. Son niños que juegan a la pelota, o que se atarean festivamente en la gran variedad de juegos infantiles de competición y destreza; niñas saltando a la comba, jugando al corro, o a la rayuela, con sus cuadrantes complicados de tiza. En las fotos de Helen Levitt, las aceras y hasta las fachadas están marcadas por las líneas y las figuras que dibujan los niños en sus juegos. Robert Doisneau retrata a un grupo de niños en París, tan expansivos como una bandada de pájaros. Fotos así podían haberse tomado en los lugares donde yo jugué de niño: en la calle Fuente de las Risas, en la plaza de San Lorenzo, en las calles cercanas a la Fundición a donde íbamos a coger moras dulces y hojas de morera para los gusanos de seda. Volvíamos de la escuela y nos faltaba tiempo para dejar la cartera, coger al paso un bocadillo o un hoyo sabroso de pan y aceite y lanzarnos a la calle. Los días sin clase jugábamos de la mañana al anochecer, infatigablemente, en parejas, en grupos, en pandillas enteras, cambiando de juego a cada rato, según nos cansábamos o nos aburríamos. Jugábamos nada más salir a la puerta de la escuela, en el camino de vuelta a casa. No había parques infantiles pero cualquier sitio podía convertirse en el escenario de un juego: la tierra desnuda del juego de las canicas, la tierra húmeda después de la lluvia en la que jugábamos a lanzar y clavar una lezna, el barro maleable que llamábamos gachuleta. Podía pasar un carro, alguien montado en un burro, un rebaño de ovejas, de cabras, de vacas. A las vacas les cantábamos a coro una canción para que no nos embistieran, un conjuro más bien:

> *Vao, vao*
> *tírate a lo negro y a lo colorao*
> *a lo blanco no*
> *que está salao.*

En las fotos de Helen Levitt los niños de Harlem se hacen máscaras de Halloween con cajas de cartón en las que han horadado unos ojos y una boca. En Semana Santa nosotros organizábamos procesiones tocando tambores que eran latas grandes de conservas puestas del revés, y atadas a la cintura con una cuerda, y nos poníamos cucuruchos hechos con hojas de periódico. Cuando se hacía de noche nos congregábamos en algún escalón bajo la bombilla de una esquina, y nos contábamos películas y cuentos de aparecidos, de vampiros, de tísicos. Vivíamos tan al margen de los adultos como de un poder colonial al que estuviéramos sometidos pero que no interfería en nuestro modo de vida y nuestros rituales y no se esforzaba en imponer su idioma ni se interesaba por el nuestro. Las niñas tenían sus propios juegos y cuentos y también sus canciones que cantaban en el corro, mucho más numerosas y variadas que las nuestras, romances transmitidos desde hacía siglos, el más reciente el de la reina muerta María de las Mercedes, la esposa de Alfonso XII, que perduraba en una cándida posteridad en las voces infantiles de las plazas, igual que el romance de Marianita Pineda aún lo escuchó García Lorca en Granada.

Dónde vas, Alfonso XII
dónde vas, triste de ti.
Voy en busca de Mercedes
que ayer tarde no la vi.

Todo eso desapareció. Las canciones se perdieron igual que los cantos de especies extinguidas de pájaros. Y no lentamente, sino de la noche a la mañana, en unos pocos años, juegos y canciones que se habían transmitido de generación en generación durante no se sabe cuántos siglos: al menos desde la época de esos niños que juegan en los cuadros de Bruegel. La mía fue tal vez la última generación que tuvo una niñez muy parecida a la de sus antepasados. Nadie sospechó que esos mundos infantiles inalterables estaban acabándose. En las fotos de las ciudades de los años setenta los niños ya han desaparecido de las calles. La transmisión libre y oral de los juegos, sus reglas, su vocabulario, sus pobres herramientas, sus canciones, de pronto quedó abolida. Los niños desaparecen de las calles y de las fotos de las ciudades como desaparecen las especies de un ecosistema arrasado, como estaban desapareciendo del campo en esos mismos años especies innumerables de pájaros. A los pájaros los eliminan los plaguicidas tóxicos y las máquinas y los procedimientos destructivos de la agricultura industrial. A los niños los expulsaron de las calles los coches que de la noche a la mañana las habían invadido; las plazas anchurosas y los descampados en los que jugaban se convirtieron en aparcamientos o en torres de viviendas. Los coches los expulsaron de las calles al mismo tiempo que la televisión los hipnotizaba en la inmovilidad del cuarto de estar. A los cines de verano en los pueblos, o a los de reestreno en los barrios de las ciudades, los niños podían ir en bandadas festivas y ruidosas; en la casa estaban solos, recluidos con hermanos y padres, en una atmósfera pesada de sedentarismo y consanguineidad de la que no había ya escapatoria. Mi generación, como las anteriores, dejó los juegos de la calle al comenzar el tránsito hacia la mocedad, hacia la vida adulta, que entonces empezaba tan pronto: pero ya no hubo otra generación que viniera a ocupar las calles que nosotros habíamos abandonado.

147

15 de mayo. *Como es viernes de fiesta, San Isidro, el silencio ha vuelto a ser tan puro como en los días más rigurosos del encierro. Yo creo que este silencio lo vamos a recordar el resto de nuestras vidas. Volverá el ruido abrumador y constante y nos acostumbraremos o nos resignaremos a él, pero este silencio seguirá estando dentro de nosotros.*

Esta mañana toda la amplitud de Menéndez Pelayo estaba ocupada por caminantes, corredores y ciclistas. Una barrera vigilada por policías impedía el tráfico. Todo el mundo andaba rápido y nadie iba a ninguna parte. Y esta tarde también estaba despejada la calle Goya, hacia el oeste, hacia donde se pierde la vista, en dirección a la Castellana. El espacio tan diáfano, las figuras de niños a lo lejos, el gran cielo con nubarrones de lluvia y claros muy azules, formaba una perspectiva de pintura holandesa: niños con patines, con patinetes, con bicis, custodiados por madres y padres, por abuelos, en una avenida muy ancha, como esos canales helados sobre los que juegan los niños y se pasea la gente endomingada en los cuadros del siglo XVII, en los inviernos de la Pequeña Edad de Hielo. En el centro de la calle Goya, en lo que ha sido siempre un Niágara de tráfico, hay niños que dan sus primeros pasos y montan triciclos. La luz es muy limpia, el aire tan templado como el roce de una piel. En el delicado atardecer los colores vivos y cambiantes de los semáforos tienen una utilidad exclusivamente estética. La histérica presidenta regional acusa al gobierno de castigar a Madrid porque no permite todavía el regreso a la plena actividad. Pero está claro que darse prisa ahora, después de tanto sacrificio, sería una insensatez: yo agradezco esta vuelta gradual y cautelosa, por ahora muy medida. Quiero fijarme bien para no olvidar nada.

148

Miro pasar el friso móvil de la gente por la acera del otro lado de la calle. Es una película que no se detiene nunca, un bajorrelieve asirio o egipcio de la vida diaria vista de perfil, la vida a cada minuto, a cada hora del día y de la noche. A esta distancia, desde mi tercer piso, se establece un equilibrio peculiar entre lo individual y lo genérico. Me doy cuenta de que las figuras que pasan se parecen mucho a las que recorto en el periódico y pego después en el cuaderno: gente caminando. Distingo la edad, la ropa, la estatura, los andares de la persona, el calzado, el pelo, las cosas que llevan en las manos. Veo lo que las personas tienen en común, las unas con las otras, según la edad, la actitud, el paso. He leído que el gobierno chino aplica una tecnología de reconocimiento muy sofisticada que no se basa en los rasgos faciales sino en la manera de caminar de las personas. En medio de una multitud tus pasos te delatan con más precisión que tu cara o tus huellas digitales.

149

Las personas que van juntas unifican instintivamente su paso. Si lo llevan desacordado dan una impresión de barullo, brazos y piernas surgiendo en desorden en la caminata de perfil, de desarreglo mutuo o encono secreto, más visible si van en pareja, una discordia que ya los aleja entre sí aunque no haya empezado a manifestarse. Hay parejas que arrastran el tedio tan visiblemente como los kilos del sobrepeso, cada uno extenuado y aburrido de cargar con la presencia del otro. Hay parejas que caminan juntas y a la vez separadas por un muro invisible y coronado de púas y esquirlas de vidrio, cada uno sumergido en el pozo de su ensimismamiento rencoroso, en la hostilidad mutua, en la claridad pálida de la pantalla del teléfono. Hay parejas muy unidas que se mueven con pasos largos y también demorados, sincronizadas en la amplitud del braceo y en el modo en que los pies se apoyan en el suelo y luego se levantan, el talón primero y luego la planta y la puntera, con una especie de delectación inconsciente en cada uno de los movimientos, como en esa forma de meditación budista que se hace caminando y en la cual hay que prestar atención a cómo va posándose y luego separándose del suelo cada una de las partes del pie, coordinadas con la respiración: son parejas que se mueven a la vez en la acera y en el curso de sus vidas, en una danza común que se ha ido perfeccionando con el ejercicio constante a lo largo de los años, como parejas de bailarines profesionales que llevan toda la vida actuando juntos y pueden predecir cada uno en cada instante los movimientos del otro, y anticiparse y responder a ellos. Esas parejas no parecen tener prisa, aunque tampoco se abandonan a una lentitud en la que pudiera intuirse un principio de aburrimiento o negligencia. No tienen prisa porque aun en medio de la calle y entre la gente habitan un tiempo que solo les pertenece a ellos, un espacio compartido que es la habitación inviolable y portátil de su valiosa intimidad. Hay en los movimientos de esa pareja un aire de complacencia sexual, como de que les dure todavía el rastro de dulzura de un polvo reciente. El hábito de estar juntos los ha acompasado en sus movimientos corporales: los ha unido de una manera más profunda de lo que ellos imaginan. La conciencia, el estado de ánimo, son engañosos y están sometidos a todo tipo de perturbaciones exteriores, incluso atmosféricas. Donde se manifiesta la fortaleza del amor es en el modo instintivo en que los cuerpos se relacionan entre sí y se envían señales que no hace ninguna falta que perciba la conciencia.

150

Ya nos habíamos acostado cuando empezamos a oír un clamor lejano que gradualmente iba acercándose. Venía amortiguado por los cristales dobles y por la persiana bajada en la ventana del dormitorio. Era el clamor de una multitud, acompañado por un ritmo machacón y profundo, como de una fiesta de otros tiempos en la noche del viernes, como en la época en que vivíamos en Chueca y no nos dejaban dormir la música de baile y la bronca del botellón bajo nuestros balcones, cuando salíamos a la calle las mañanas de los sábados y los domingos, y a veces también de los viernes, y la encontrábamos convertida en un muladar, con un olor a vómito y a meadas que revolvía el estómago. Desde que nos fuimos de allí nos hemos habituado a noches más tranquilas. Durante el confinamiento nos despertábamos a veces en la oscuridad, en mitad de la noche, sobrecogidos de tanto silencio.

Este clamor que llega es inusual porque hay toque de queda desde medianoche.

Nos levantamos de la cama y salimos al balcón, espabilándonos del todo en el fresco de las dos de la madrugada. El estruendo de una fiesta enorme resuena en toda la anchura de la calle, así que es difícil localizar su origen. Había ventanas iluminadas en los edificios de enfrente, pero el ruido no venía de ninguna de ellas. En la acera del 24 horas había la mezcla de juerguistas y ruinas humanas que se va espesando según avanzan las noches del fin de semana. Los juerguistas compran alcohol y bolsas de hielo en la tienda y beben usando como barras de bar y mesas de terraza las tapas de los contenedores de basura. Las ruinas humanas rondan como zombis, pidiendo dinero, escarbando en las papeleras, recogiendo colillas, apurando botellas o latas que los bebedores han dejado cívicamente tiradas por el suelo. Esta noche los juerguistas, las ruinas humanas, los peones de limpieza, miran en dirección al clamor creciente de esa fiesta invisible, sin acertar a saber de dónde viene.

151

Me visto y bajo a la calle. La música suena cada vez más alta, con un ritmo aplastante de bajos, y la gente corea y grita más fuerte, gritos de hombres y mujeres, como en una gradual histeria colectiva. La fiesta era en nuestra misma manzana, en el edificio de al lado, en un tercer piso en la esquina de Máiquez. Cruzo al otro lado de la calle para verlo todo mejor. Gente que pasa se detiene en la esquina igual que yo, alzando los ojos hacia la terraza iluminada y la fila de ventanas en las que se distingue el hormigueo de una multitud muy apretada, saltando y gritando, coreando canciones, atronando el edificio y la calle entera, con una vehemencia irresponsable y suicida, una jovialidad macabra como de danza medieval de la muerte, como de procesión de carnaval en tiempos de la Peste Negra. Hay algo de juerga delirante, de desafío idiota, de guateque destructivo y banal. Son ya las tres de la madrugada. Llamo muchas veces a la policía municipal sin obtener más respuesta que un mensaje grabado en el que se me informa de que todas las líneas están ocupadas. Me canso de esperar, cuelgo, llamo de nuevo. En la puerta del 24 horas un pobre hombre muy flaco y con el pelo largo y sucio, que suele rondar por aquí, está parado, tambaleándose, sin apartarse de la entrada, sin dar un paso hacia el interior. En su aturdimiento a veces da pasos de baile siguiendo la música de la fiesta que inunda la calle entera. Un empleado de la tienda lo echa hacia afuera de un empujón. El indigente oscila con la cabeza caída sobre el pecho pero mantiene el equilibrio. En la acera algunos juerguistas, sin mascarillas ni distancia, con las bebidas en las manos, bailan siguiendo el ritmo de los altavoces de la fiesta. Ha llegado un coche de policía municipal. Se detiene en la esquina de Máiquez y salen de él dos policías. Como tengo el teléfono en la mano me preguntan si soy yo quien ha llamado. Les digo que llevo mucho rato intentándolo pero que nadie me ha respondido todavía. Han recibido varias llamadas de vecinos de este edificio. Tenemos que hablar muy alto para poder oírnos bajo el clamor de la fiesta sobre nuestras cabezas, que se vuelve más escandalosa a cada momento. Han visto el coche de policía desde la terraza. Se asoman a ella gritando y lanzando chorros de bebidas. Sube el volumen de los gritos y de la música y empieza un abucheo. Los policías pulsan llamadores de los pisos y nadie les responde. Probablemente con este escándalo nadie los oye. Cuando los veo que entran por fin en el portal del edificio me voy a mi casa. Me asomo al balcón y el coche de policía continúa junto a la acera con las luces giratorias encendidas. Ya se ha hecho el silencio. El indigente sigue parado y tambaleándose junto a la puerta del 24 horas. Ahora tiene en la mano una lata doble de cerveza. Apoya el codo en un contenedor de basura como si estuviera en la barra de un bar. De un camión del servicio de limpieza se bajan de un salto dos operarios con sus uniformes reflectantes. El indigente ha dejado su lata de cerveza sobre un contenedor y se ha apartado unos pasos para orinar contra un árbol. Vuelve la cabeza y ve que uno de los operarios lleva hacia el camión el contenedor sobre el que él ha dejado su cerveza y lo engancha en el mecanismo de recogida del camión. El indigente se queda en la acera, oscilando, manteniendo con dificultad el equilibrio, viendo alejarse el camión en el que ha desaparecido su cerveza.

152

17 de mayo. *Elvira sale cada tarde a dar un paseo a la hora autorizada. A mí me gusta asomarme al balcón y mirar a la gente que pasa, en general menos deportiva y más desahogada que la del turno de salidas de la mañana. Es como una visión de otra época: calles sin tráfico, gente que va de paseo, sin un destino concreto, que se cruza y a veces se saluda, incluso se para un rato a charlar, todo el mundo con la mascarilla, guardando la debida distancia. Era así como paseábamos por Úbeda hasta el final de mi adolescencia. No teníamos dinero, así que poco podíamos hacer los amigos, aparte de pasear. Me acuerdo del rumor festivo de la multitud en movimiento, los domingos después de misa, por la calle Mesones y la calle Nueva, de la plaza del general Orduña al hospital de Santiago, y vuelta. Este raro presente alumbra para mí zonas perdidas del pasado. Esta mañana, a las nueve, iba por Madrid en la bici y era consciente de estar fundando un recuerdo mágico, como cuando iba en Nueva York a la caída de la tarde por la orilla del Hudson, pedaleando con mi mochila a la espalda, con el sol a mi izquierda, volviendo de la universidad. El agua del río vibraba en las corrientes y relucía con un azul cobalto teñido de oro por la puesta de sol. El sol iba declinando en el horizonte de New Jersey, un gran disco dorado y luego rojizo, sumergiéndose en la neblina del río. Las sombras de los ciclistas y de los cami-*

nantes eran tan alargadas como siluetas de Giacometti. Yo
pensaba: «Toda mi vida voy a acordarme de esto». Esta ma-
ñana he subido sin mucho esfuerzo hasta la plaza de Cas-
tilla, me he deslizado sin peso Castellana abajo, entre ríos
ordenados de corredores y de ciclistas, y luego me he ido
perdiendo por las calles laterales, con árboles jóvenes, sin
gente casi, sin otros ciclistas, yo solo en la quietud del domin-
go, la belleza de la ciudad entera e intacta para mí, el rumor
de los neumáticos junto al piar de los pájaros en las copas de
un verde deslumbrante de las acacias. No habrá otras maña-
nas como estas. Luego vuelvo a casa, con sigilo, para no des-
pertar a Elvira, aunque tiene un oído tan fino y un sueño tan
ligero que casi nunca lo consigo. Preparo el desayuno, y en el
cuerpo me dura la ligereza de cuando volaba en la bici como
en un planeador. En el interior de la casa hay el mismo silen-
cio que he respirado como el aire limpio de la calle.

153

Ha venido mi amigo jardinero Eduardo Barba a revi-
sar las macetas que plantó en el balcón la semana pasada
y a regular el riego automático. Gracias a Eduardo el balcón donde murieron tan tristemente a principios de agosto mis plantas de tomates ahora es un modesto vergel.
Dijo que venía para un rato, pero se ha quedado toda la
mañana. Traía sus tijeras ergonómicas de jardinero —me
explica con mucho detenimiento cómo su forma y su mecanismo se ajustan a la mano— y ha estado dando pequeños toques aquí y allá, como un pintor que añade o corri-
ge detalles mínimos a una obra que dio por terminada,
pero a la que no deja de volver. Corta tallos secos, hojas
que se han quedado mustias, puntas de ramas de las que

se ha caído una flor marchita. Limpia y alisa la tierra de una maceta, después de mezclarla con abono. La tersura del aire en esta mañana soleada de septiembre facilita su tarea. Me señala la huella de una mordedura en una hoja del jazminero: dice que se ha alimentado de ella una abeja solitaria. En la maceta de albahaca descubre el rastro de una cierta oruga y me dice su nombre en latín. A continuación me indica una avispa que vuela bajo entre las plantas. Es una avispa cazadora: protege el jardín comiéndose las orugas y otros insectos. Eduardo se alegra cuando le digo que ayer vi una lagartija. La vida animal y la vida botánica prosperan en el edén a escala de mi balcón. En el rosal que plantó Eduardo y en el que ya se han abierto unas rosas diminutas vemos que liba con deleite un abejorro. Eduardo se mueve entre las plantas con sus tijeras en la mano como un bailarín y como un director de orquesta. En el bolsillo le abulta el mazo con las llaves de todas las casas a las que va a regar y cuidar plantas mientras sus dueños están de vacaciones. Ha plantado y cuidado jardines en toda Europa, en Australia, en Carolina del Norte. Practica un nomadismo internacional y sentimental de la jardinería. Algunas de las plantas que ha traído a mi balcón las ha cosechado en desmontes o márgenes de caminos, en el barranco del Abogado y en el Sacromonte de Granada. Las extrae de la tierra con extrema delicadeza y las guarda en un sobre. En su conversación aparecen los nombres de exnovias a las que ayudó a plantar jardines por medio mundo. De vez en cuando saca el teléfono y se lo acerca a la boca para decir bien alto y claro un nombre de planta en latín. La planta aparece en la pantalla y Eduardo te lo enseña como si te estuviera ofreciendo delicadamente una flor virtual. En sus gestos, en las expresiones de su cara, en la elasticidad de su cuerpo liviano, hay algo de mimo con la cara pintada de blanco. Mañana se va a Lisboa con un amigo suyo que trabaja de jardinero en la Alhambra. De la carpetilla azul de gomas en la que lleva archivados papeles y facturas saca una libreta con la lista de jardines y parques que tiene previsto visitar. Le digo alguno más —el Botánico de Belém, que echo tanto de menos, el Jardín de Ajuda— y toma nota con su letra rápida y meticulosa, humedeciendo con la lengua la punta del lápiz mínimo que también guarda en la carpetilla. Se marcha deprisa y sorteando los muebles del salón y del recibidor con la agilidad atolondrada de una mariposa que fuera de un lado a otro entre las plantas de un jardín.

154

Hay una crispación, un nerviosismo de que las cosas no cambien, de que nada avance, nada se resuelva. Lo que esperábamos que terminara no termina. Lo que debería haber comenzado ya no comienza. Empieza septiembre, pero no del todo, o solo en el calendario, porque el calor de agosto no declina. Empieza el curso en las escuelas, pero ese arranque no es un regreso a la normalidad porque todo se está haciendo deprisa y corriendo, de cualquier manera, y sigue siendo tan incierto y anormal como si el curso no hubiera comenzado. No hay manera de pasar página. La página anterior se adhiere a las yemas de los dedos; la página siguiente a la que llegar por fin resulta que era la misma o peor aún, que está en blanco. Mi hermana me cuenta que durante el mes de agosto las autoridades educativas no han mandado ni una sola directriz a las escuelas. La psique humana necesita límites, finales claros, comienzos bien visibles, líneas divisorias, cuadrículas y casillas de calendarios. La conciencia se extravía muy rápido en ausencia de formas; patrones, límites que puedan percibirse con claridad, duraciones y espacios que puedan medirse. La indeterminación y la disponibilidad ilimitada llevan al trastorno psíquico, como bien descubrieron los iluminados de la liberación absoluta en los años sesenta. En cada comienzo hace falta la perspectiva de un final. Alfa y omega. Cruz y raya. De la A a la Z. Una estación del año termina y comienza otra. Una canción pop está dividida en secciones tan rigurosas como las de una sonata clásica. No hay duración ilimitada que no sea una pesadilla. Después de la tempestad viene la calma. *All ends that ends well.* Después de un movimiento rápido en una sinfonía viene otro más lento. Las fases de la luna se suceden con perfecta previsibilidad en el cielo vecinal de mi calle.

155

Pero ahora todas las seguridades, todos los plazos han desaparecido. Septiembre llega y es como si agosto no hubiera terminado. Durante el confinamiento teníamos por delante la perspectiva del final del estado de alarma. Algo terminaría, y empezaría algo nuevo, regresaría la vida antigua interrumpida, la nueva normalidad que era uno de tantos calcos tramposos del inglés, *the new normal.* La curva de contagios que había ascendido tan alto cayó luego y pareció que eso indicaba un punto final. Pero ahora esa silueta de montaña ha dado lugar de nuevo a una línea ascendente que no se sabe dónde acabará. Y además hay tal confusión en las cifras —confusión causada por la incompetencia, pero también por la marrullería y la trampa, y el embuste político— que en realidad no se sabe cuál sería el dibujo verdadero de esa línea si reflejara la realidad. Antes todas las medidas eran temporales. Ahora parece que las mascarillas vamos a llevarlas siempre. Las mascarillas se pegan a la cara y sofocan la respiración porque desde mediodía el calor de septiembre parece de julio. En el calor y la confusión la gente pierde la cabeza. En el metro un vigilante es amenazado y golpeado a la vista de todos por un pasajero al que le reprochó que no llevara puesta la mascarilla. Un conductor atropella a un viajero que acababa de bajarse después de que los dos llegaran a las manos por una discusión. Esta madrugada me despierta un golpe muy fuerte y un gran estrépito de cristales rotos. Cuando salgo a la calle por la mañana hay un gran boquete en la puerta de cristal del edificio de al lado. El portero está intentando taparlo con cinta adhesiva. Me cuenta que esta madrugada alguien lanzó contra la puerta una piedra envuelta en un mensaje de amenaza contra un vecino médico. El portero dice que era una amenaza de muerte. En la puerta, junto al hueco del que irradian las líneas del cristal fracturado, alguien ha pegado un mensaje, a mano, con la misma cinta adhesiva: «Aquí no vive ningún médico. En esta casa no vive ninguna Gloria». El portero me dice que desde las ocho de la mañana está llamando a la policía pero solo le responde una cinta grabada.

156

Salí pronto porque tenía que estar a las nueve en ayunas en el Gregorio Marañón para hacerme unos análisis. No había venido al hospital desde antes de la pandemia. Tiene el mismo aire eficiente y desastrado de siempre. En el vestíbulo hay tres máquinas para solicitar horas de cita, y las tres están averiadas. Sobre la pantalla de una de ellas han pegado, también con cinta aislante, un letrero escrito a mano: «No funciona». Hay una cola delante de los ascensores, porque solo dos personas pueden subir al mismo tiempo. En la sexta planta está esperándome la enfermera que me ha sacado sangre otras veces, Cristina. Tendrá cincuenta y tantos años. Es atenta y cordial. No hace ningún daño cuando clava la aguja en el brazo. Le pido que me cuente cómo pasó el confinamiento. Me dice que entraba al hospital cada mañana a las siete y media y que hasta las ocho de la tarde no paraba, algunos días ni para comer. El trabajo no era terrible porque lo único que ella hacía sin descanso era tomar pruebas de sangre para las PCR. Para evitar el peligro del contagio, su compañero dejó de vivir en la casa con ella. Algunas noches, cuando Cristina salía del hospital, ya estaba cerrado el supermercado, y tenía que cenar cualquier cosa que encontrara en la nevera. Me dice que tiene mucho miedo de lo que pueda venir ahora: la crecida de los contagios, la llegada de la gripe anual. Y lo que la descorazona y la saca de quicio es la irresponsabilidad de la gente: los juerguistas del botellón, los cretinos negacionistas que se manifiestan sin mascarilla. «Esa gente no puede ni imaginarse lo que nosotros hemos visto aquí, cuando teníamos a los enfermos en colchonetas por los pasillos, cuando nos faltaban hasta las mascarillas y los guantes y nuestros compañeros se contagiaban y no sabíamos si también ellos iban a morirse, o si nosotros mismos estábamos ya contagiados.» Saca con mucha suavidad la punta de la aguja y me pone una gasa pequeña en la herida mínima, y la sujeta con un esparadrapo. Ella no pierde ni su destreza compasiva ni su actitud de fortaleza tranquila, sonriéndome solo con los ojos cuando me despide, la cara cubierta por la mascarilla.

17 de mayo. *Todavía me pican las palmas de las manos y tengo doloridos los brazos. Es que acaba de terminar el aplauso de las ocho, que ha sido el último, según una consigna sensata difundida estos días: había que terminar por todo lo alto, a conciencia, con un gran aplauso de homenaje a los sanitarios, sin dejarlo morir poco a poco, ahogado por las cacerolas de las nueve, que cada noche son más escandalosas. Hemos salido casi tantas personas como los primeros días. La acera de enfrente estaba llena de sol, y los habituales nos hemos saludado al principio y luego nos hemos despedido con especial vehemencia. Nos hemos hecho compañía durante más de dos meses, un tiempo tan largo que ahora, en el recuerdo, se vuelve irreal. Cuando empezamos era de noche y nos veíamos los unos a los otros como siluetas recortadas en la luz de las ventanas. Luego vinieron los días fantasmales en que la calle desierta tenía la misma perpetua grisura invernal que el cielo encapotado. Solo pasaba algún autobús, ambulancias, coches de policía. Ellos pitaban y nosotros aplaudíamos. Hoy han vuelto a salir en masa los sanitarios a la puerta de la Maternidad. Los colores variados de los uniformes eran más alegres porque el sol de la tarde les daba de lleno. Poco a poco se ha ido asentando una división que no existía al principio. En los balcones donde hay banderas, y donde a las banderas les han añadido crespones negros, la gente que ahora sale a golpear cacerolas a las nueve dejó de salir para el aplauso de las ocho.*

Es el maleficio político español. Lo veo más claro porque estoy terminando de leer la tercera serie de los Episodios. El esperpento como fiesta verbal y mirada crítica lo inventó Galdós, no Valle-Inclán.

Leonor no quiere ir a la guardería. Tampoco le gustaba que la llevaran antes del confinamiento, pero entonces era más pequeña y pasaba unas horas de la mañana como flotando entre los otros niños. Nos veía llegar a buscarla y nos miraba seria a través del cristal en la puerta del aula. Cumplió dos años mientras aún duraba el encierro. Estaba con sus padres en Granada, en casa de su abuela paterna. Apenas notaría el encierro porque la casa tiene un jardín espacioso. También porque ella es una niña que prefiere los espacios cerrados. La plaza que hay delante de su casa en Madrid dispone de una zona de juegos para niños muy pequeños pero ella no se siente atraída por ahora hacia los toboganes y los columpios. Cinco meses es una eternidad para una niña de dos años. Dejó de ir a la guardería a principios de marzo y ahora que ha vuelto en septiembre se encuentra en ella como en un lugar hostil, rodeada de desconocidos.

A Leonor no le gustan los desconocidos: menos aún si son niños de su edad. Ella prefiere a los adultos de su familia. Donde se encuentra de verdad a gusto es en las casas donde ellos viven. Le gusta lo que ya conoce; lo que no va a depararle inquietud ni sorpresa. Le gusta venir a nuestra casa, encontrarse con nuestra perra, ir de un lado a otro por las habitaciones en las que están repartidos sus muñecos, los objetos familiares con los que le gusta jugar. En la biblioteca hay un baúl lleno de muñecos y juguetes que Leonor llama el baúl de los tesoros, con su dominio precoz del lenguaje. Un día Elvira lo llamó «el baúl de los recuerdos» y Leonor la corrigió de inmediato: «de los tesoros». Aquí encuentra su carrito de la compra lleno de frutas y alimentos de plástico de colores muy vivos, y en un rincón de nuestro dormitorio, una estantería en la que Elvira guarda unos perros de peluche, una muñeca china, una caja de cristal con todo tipo de collares de bisutería que a Leonor le gusta sacar uno por uno y derramar por el suelo. Leonor va metódicamente por la casa examinándolo todo, como comprobando uno por uno los objetos de un inventario. En una estantería baja hay una fila de teteras y a ella le gusta ir levantando una por una las tapas y volviendo a ponerlas en su sitio con mucho cuidado. A la entrada de la biblioteca hay un ratón Mickey de bronce casi tan alto como ella. En el recibidor hay una santa de madera policromada brasileña posada sobre una peana, con los brazos articulados y unas manos rígidas de madera que a Leonor le gusta tocar, no sin cierta inquietud. La santa es varios palmos más alta que ella. El espacio de las habitaciones y del pasillo se dilata en la mirada y en la conciencia infantil de Leonor. Todo será mucho más grande cuando lo recuerde. Los lugares de la infancia tienen una amplitud misteriosa, una majestad de templos y criptas que perdura a lo largo de la vida en los sueños.

159

Durante el encierro en Granada Leonor decía que ella era Lolita: Lolita-niña, distinta de la otra Lolita-perruna, y de una tercera de peluche a la que llama Lolita-muñeca. Se convertía en perra a voluntad, como los chamanes se convierten en animales totémicos. Sus padres la conectaban con nosotros por Skype y Leonor se ponía a cuatro patas delante de la pantalla y nos saludaba con ladridos. Lolita oía los ladridos en el portátil y levantaba la cola, y se le erizaban las orejas. Estaba reconociendo a un semejante. El día que Leonor volvió a nuestra casa después de cinco meses, nada más entrar se tiró al suelo enfrente de Lolita, que estaba tumbada y movía la cola. Lolita le lamía la cara y Leonor, tan recelosa otras veces del contacto físico, reía a carcajadas y ponía su nariz a la altura del hocico de la perra. Cuando nuestro sobrino Jorgito está con su gata Sally acostado en la cama, con la luz apagada, dice su madre que lo oye contarle cosas en voz baja. A veces se enfada con ella, como con un amigo, y entonces no la llama Sally, sino «esa gata», como para herirla con su frialdad.

160

Leonor juega confortablemente con sus muñecos sentada en el sofá de la biblioteca. Todo lo que necesita lo tiene al alcance de las manos. Los muñecos van saliendo del baúl de los tesoros como personajes en una función de títeres que no termina, y en la que Leonor dirige las peripecias, inventa nombres, canta canciones, improvisa diálogos poniendo una voz distinta para cada personaje, alguna más aguda, otra más grave. Le gusta el mundo de la biblioteca, el sofá y el baúl porque aquí ella misma lo controla todo. No vienen ruidos bruscos de la calle, ni hay el menor peligro de que aparezcan desconocidos, de que sucedan cambios bruscos, novedades chocantes. Los adultos somos presencias tutelares, sombras serviciales, atentas a secundarla en sus juegos, a darle de comer, a cambiarle el pañal, a repetir a petición suya sus canciones preferidas, a que no corra ningún peligro. Incluso en algún momento hemos de modificar la letra de una canción siguiendo sus indicaciones. Ya no podemos cantar, por ejemplo, que el señor don Gato estaba «sentadito en su tejado»: Leonor no quiere que se caiga del tejado y se mate. Ahora el señor don

Gato está «sentadito en su alfombra», con una comodidad muy parecida a la que Leonor prefiere para sí misma. Los adultos somos gigantes familiares y dóciles. A nosotros nos puede hablar con soltura en el idioma ya nada embrionario con el que se dirige a sus muñecos, y en el que ellos mismos hablan con las voces que Leonor les asigna. Sabemos en qué lugar de la mesa de la cocina le gusta sentarse para comer y le ponemos delante su plato, su vaso con dibujos, su cuchara y su tenedor. Sabe que seremos firmes con ella si tiene una rabieta, así que no se esfuerza demasiado en ellas, pero no vamos a desconcertarla, ni a exponerla a una situación confusa, y por lo tanto inquietante. El catálogo de nuestras canciones, nuestros juegos, nuestras tareas, va a ser tan predecible y tranquilizador para ella como el de las figuras con las que va encontrándose en sus vagabundeos en los mismos lugares de la casa: la santa de madera, el Mickey de bronce, la muñeca china, la madre jaguar de barro con dos crías que compramos en México en una tienda de artesanía de Chiapas, el maniquí antiguo con el camisón de novia de la madre de Elvira que está en nuestro dormitorio.

La guardería es la intemperie. A Leonor la despiertan pronto para llevarla a ella. Como se duerme tarde por las noches sus despertares son difíciles. Le ponen un mandil y la hacen salir al fresco y al ruido de la mañana. Su maestra le da la bienvenida con una sonrisa esforzada, porque la sabe impermeable a sus efusiones. Los otros niños alborotan, se empujan, gritan, se tiran por el suelo, la importunan, no muestran ninguna docilidad a sus deseos, ningún miramiento hacia sus costumbres. Leonor, que habla tanto con los adultos y con sus muñecos, se queda callada entre sus iguales, observándolo todo.

18 de mayo. *El confinamiento se suaviza pero la pandemia sigue reclamando su cosecha macabra. Ha muerto Elena Aub, con ochenta y nueve años. Me escribió hace solo unos meses para darme las gracias por un artículo que yo había publicado sobre su padre. Cuando hablaba de él Elena lo llamaba siempre «Max»: con confianza, aunque con algo de distancia, como para no limitarse a su condición de hija. Conmigo pasaba muchas veces de la gratitud a la queja, aunque siempre fue muy afectuosa. Era una de esas mujeres muy mayores que conservan en los ojos el brillo intacto de la belleza que tuvieron, y que no se apagó con la vejez. La mirada de Elena Aub me hacía acordarme de la de Idea Vilariño. En su papel de cartas tenía impreso como encabezamiento un busto de Lenin. Probablemente su ortodoxia comunista y su lealtad al castrismo la distanciaron de su padre, que era un socialista y republicano integral, sin ninguna simpatía autoritaria, con una hondura de convicciones democráticas que muy poca gente, progresista o no, tuvo en su tiempo: Max Aub fue políticamente un raro entre sus contemporáneos, a la manera de Orwell o de Chaves Nogales. Pobre Elena Aub. Llevaba viviendo muchos años en Madrid pero nunca regresó del todo del exilio. Yo estoy contento de haberle ayudado en algo a preservar la memoria de su padre.*

162

El director de un colegio desaparece sin dejar rastro. Lo encuentran malherido al cabo de varios días. Ha intentado suicidarse. Muchas personas están teniendo comportamientos raros o extremos. Entro en Pasajes y la librera que siempre me saluda al verme hoy no levanta los ojos de la mesa de novedades en la que está ordenando libros. No me ha oído entrar, ni me ha visto, aunque no hay nadie más, y estoy a unos pasos de ella. Los ojos ocupan una franja estrecha entre el flequillo largo y la mascarilla negra que casi le llega a las pestañas de abajo. Me ve por fin, cuando se topa conmigo. Estaba tan absorta que tarda en reaccionar. Como los dos llevamos oculta la mayor parte de la cara en el saludo hay una inexpresividad obligatoria. Y además a todos se nos nota el cansancio y ya no hacemos el esfuerzo de vehemencia o de buen ánimo para compensar esta rutina de caras embozadas y gestos detenidos en un conato de saludo. El trámite de preguntar por el veraneo tampoco da mucho de sí. El veraneo de cada uno ha sido de un modo u otro una aventura malograda, una resignación al malestar, y sobre todo un preludio a esto, a este regreso abatido de septiembre, el tráfico de nuevo atascado a primera hora de la mañana por los autobuses escolares, los padres y las madres angustiados, los profesores sumidos en el desconcierto, con el aire de llevar ya encima el primer día todo el desgaste anticipado del curso, que nadie sabe cómo va a ser, en gran parte porque durante el verano no se ha preparado nada. No hay ganas ni para unos minutos de charla en la librería, y menos aún para tomar luego el metro, que irá demasiado lleno ahora que ya es mediodía. Aunque tampoco hay ganas, ni muchas fuerzas, para volver a casa caminando con este calor, y con el aliento sofocado por la mascarilla. Hay una saturación, un enrarecimiento del espíritu, una sensibilidad excesiva a las incomodidades de Madrid, al ruido de las obras y de los coches, algunos de ellos deportivos que atruenan como si sus obtusos conductores estuvieran en uno de esos circuitos delictivos de automovilismo. Hay un deseo, una necesidad urgente de retiro, de pausa, de silencio, de huida.

163

Desde que nació Leonor voy por la calle fijándome en los niños pequeños. Los veo al fondo de sus cochecitos, sus cuerpecillos rojizos bajo las capotas, sus movimientos de mamíferos desvalidos, despojados de pelo, como conejos recién nacidos, gesticulando con pies y manos como para no caerse, a veces como astronautas moviéndose bocarriba en el vacío, las caras diminutas contraídas y las bocas abiertas en llantos feroces que apabullan a sus padres jóvenes, asustados en su incompetencia, porque no saben nada todavía y todo los supera. Me fijo hoy más en los recién nacidos porque es el cumpleaños de mi hija Elena. Fue como ayer mismo y hace treinta y un años. La vi salir morada y oscura de sangre del vientre de su madre. Vi a la niña colgando bocabajo de las manos enguantadas de una enfermera, en el contraluz de una ventana. El porvenir de treinta y un años después era una quimera inaccesible para la imaginación. En ese futuro que entonces estaba en blanco yo voy por Madrid con la cara tapada por una mascarilla quirúrgica en el mediodía del 9 de septiembre de 2020. En el otro futuro de treinta años después de este momento Leonor habrá llegado a la misma edad que tiene ahora mismo su tía Elena. Hasta aquí todo bien. Pero lo que no puedo ni quiero de pronto imaginar para mí es una monstruosa vejez de noventa y cuatro años. Prefiero la tranquilidad de haber desaparecido. Los coetáneos de Leonor pasan a mi lado por la acera en los carritos que empujan sus padres, y que son como sus naves de viajeros en el tiempo, de infiltrados y emisarios del futuro. A algunos el padre o la madre los lleva fajados contra el pecho. En la terraza de una cafetería un bebé de poco más de un año contempla hipnotizado la pantalla de un iPad mientras su madre le va poniendo en la boca cucharadas de papilla. Para Leonor y para todos ellos este tiempo de sus vidas quedará sumergido en la frontera de bruma anterior a la memoria, en el recuerdo prestado de las cosas lejanas que les cuenten sus padres: aquella pandemia que hubo cuando ellos acababan de nacer, en uno de esos mundos raros que solo se conocen por las fotografías y los documentales; gente que va atareada de un lado a otro, vestida de época sin darse cuenta.

164

Un mediodía tan caluroso como este, aunque del mes de junio, yo estaba tomando una cerveza con un amigo mío, Pablo Alcázar, en un bar pequeño de plaza Nueva, en Granada, solo la barra y el anaquel de las botellas, y las puertas de cristal abiertas de par en par. Veía las cosas como desenfocadas, como si estuviera muy lejos de lo que había a mi alrededor, incluso la presencia de mi amigo, acodado en la barra a mi lado. La acera marcaba la línea entre la sombra y la claridad excesiva del sol en la anchura de la plaza. Yo apenas había dormido esa noche. Mi hijo mayor había nacido a las seis de la mañana, después de dos días y dos noches enteras de mucho dolor para su madre primeriza. Lo vi por primera vez en una sala muy grande, inundada de una claridad fluorescente, en la que había varias filas de cunas de recién nacidos. Desde el otro lado de una mampara de cristal una enfermera me señaló una cuna cercana. Era un bebé con la cara roja, con mucho pelo negro. Tenía tanto pelo que se lo habían peinado con raya. «Ese es el suyo», me dijo la enfermera. Me dio la impresión de reconocerlo, entre todos los recién nacidos iguales de aquella sala. Pensaba en él mientras me tomaba una cerveza con aquel amigo, a mediodía. Hablábamos de cosas parecidas a las que habíamos hablado siempre, igual que habíamos estado muchas veces en ese mismo bar, acodados en la misma postura, encarando la plaza, tan familiar para nosotros, el agua saltando en las fuentes de taza, el kiosco de periódicos, las palomas entre la gente, la torre grácil de ladrillo vidriado de la iglesia de Santa Ana. Mi amigo me dijo: «¿En qué estás pensando?». Me di cuenta, como si me despertara, de que llevaba un rato sin escuchar lo que él me decía, sin oír siquiera su voz confundida con el rumor del mediodía. Le dije que ese momento se me había hecho del todo irreal, como soñado, porque formaba parte del tiempo anterior a los recuerdos de mi hijo, ese tiempo raro en el que uno ya está en el mundo pero del que no le quedará huella en la memoria. Aquel presente nuestro, cotidiano, tan concreto, en la barra del bar, era ya un pasado inaccesible, la oscuridad originaria en la vida de mi hijo recién nacido.

165

19 de mayo. *Son los últimos minutos de sosiego en el atardecer antes de que empiece la murga diaria de las cacerolas. La ultraderecha madrileña le está tomando el gusto al motín. Los periódicos derechistas y las redes sociales ac-*

túan como centrifugadoras de inmundicia. *La gente de orden del barrio de Salamanca se ha lanzado al desorden con una jactancia de señoritismo gamberro. Difunden por las redes las direcciones de los miembros del gobierno y van con sus cacerolas, sus sartenes y sus banderas a manifestarse ante sus domicilios. Disfrutan haciendo suyos signos de bronca de la extrema izquierda y de los independentistas catalanes. La insumisión es contra el gobierno al que no reconocen porque no lo ocupan los suyos, y también contra la racionalidad, contra la ciencia, contra el sentido común. Es la misma furia oscurantista de Trump y Bolsonaro. No aceptan la ciencia porque no les sale de los cojones, por decirlo en el lenguaje que les gusta, aceptar nada que esté por encima de sus intereses y sus caprichos. Por eso niegan también el cambio climático y se oponen a las vacunas, y a las restricciones contra la pandemia, y a cualquier norma que no hayan dictado ellos. No le deseo mal a nadie, pero desearía que Trump contrajera el virus que ahora niega, igual que lo contrajo Boris Johnson, y se le acabaron en seco todas sus frivolidades de señorito gamberro de Eton y Oxford. En una foto de los manifestantes de la calle Núñez de Balboa, a quince minutos de aquí, se ve a un sujeto que lleva una leyenda sobre la visera de la gorra: «Make Spain Great Again».*

166

La memoria de mi madre es sobre todo el catálogo de las afrentas que ha recibido a lo largo de su vida. Su conciencia es un cine y un teatro de sombras y un tribunal donde ella es juez, testigo de cargo, fiscal y jurado, y donde las condenas son inapelables. Hoy se acuerda del desdén hiriente con que la trató siempre su suegra, desde el mismo día en que ella y mi padre se casaron. Su suegra venía a visitarla a la casa de la calle Fuente de las Risas, arrogante, menuda, murmuradora, metijona, y por el camino hablaba con las vecinas: «Voy a casa de mi nuera para ayudarle a matar un conejo, porque a mi hijo le gusta mucho con arroz, pero la pobre no se atreve a matarlo ella sola». Era verdad que a mi madre le daba miedo matar a un animal, un pollo o un conejo, miedo y lástima, y desagrado hacia la sangre. Se ponía nerviosa, y no sujetaba bien al animal debajo del brazo, de modo que a veces se le escapaba al ver el cuchillo, y ya no tenía manera de atraparlo. Mi padre volvería pronto de la huerta o del mercado y vendría con hambre, y estaría esperando su plato de arroz caldoso con pollo, o sus tajadas de conejo frito. Así que fue él quien le decía a su madre: «Ven mañana y le ayudas a Antonia a matar al animal». Y mi abuela, hacia media mañana, aparecía en lo alto de la Fuente de las Risas, con un andar arrogante para su escasa estatura. Si se paraba con alguna vecina se recreaba informándole de lo torpe y miedosa que era su nuera, y de que por eso su hijo le había encargado: «Mama, ve a ayudarle a Antonia, que ella no se atreve a matar ni a una hormiga». Así que un día decidió que no iba a rebajarse nunca más a aceptar la condescendencia de aquella mujer que la miraba siempre como burlándose de ella, de su inexperiencia de recién casada, de su vulnerabilidad de mujer insegura y tímida que se sentía tan desamparada al verse por primera vez en su vida lejos de la casa de sus padres. «Afilé bien el cuchillo —me dice—, y cuando lo tenía bien afilado fui a buscar al conejo en su jaula, y me lo sujeté bien bajo el brazo, con la pena que me daba, que yo le notaba muy fuerte el corazón, y puse debajo el plato para que cayera la sangre.

Y aunque me temblaban las manos lo maté yo sola, y ya no tuvo que venir más la buena señora a decirles a las vecinas que su nuera era tan tonta que no sabía ni matar a un pollo. Tú no sabes cuánto me hizo sufrir. Me miraba como si yo no valiera nada. Y tu padre, tanto carácter como tenía conmigo, tan hombre que se hacía, y con ella era un cordero. A ella la obedecía y a mí no me preguntaba nada.»

167

20 de mayo. *La ciudad va reviviendo un poco más cada día, cautelosamente, y a la gente se la ve de buen ánimo, castigada pero no vencida, con ganas de trabajar y de vivir. Voy a recoger la bici al taller: la han limpiado, han arreglado los cambios, le han puesto un timbre nuevo. Voy paseando en ella por gusto y además voy haciendo tareas prácticas: el kiosco, la frutería, la tienda de vinos. La kiosquera habla con una cliente que le ha preguntado cómo va la cosa: «Que Dios nos ayude, porque lo que es el público», dice, con un deje popular de Madrid. Esta mujer ha abierto su kiosco todos los días, estos dos meses, sin faltar uno, incluso cuando no había nadie por la calle. Es la fuerza de la ciudad, la resistencia modesta y tenaz de los que sostienen el mundo haciendo su trabajo. Todo lo que necesito para la vida cotidiana, la material y la del espíritu, lo tengo a menos de media hora caminando o en bici. Voy luego a mi papelería de la calle Narváez. Es uno de esos comercios a los que se llama bellamente «de toda la vida». El equivalente humano de la biodiversidad son estas tiendas de barrio. El mostrador de madera es tan de otra época como la amabilidad con que lo atienden siempre a uno. Al dueño* *la mascarilla no llega a ocultarle la cara de buena persona. Me dice que lo han pasado mal durante el confinamiento, porque su mujer tuvo el virus, pero no llegó a enfermar seriamente. Le confieso mis dificultades pueriles cuando se me acabó el pegamento y todas las papelerías estaban cerradas, y no podía encontrar una simple barra en ninguna parte. A él le pasó algo parecido, me dice: le gusta mucho dibujar con tinta, pero se le acabó la que tenía, y ya no pudo volver a dibujar durante las últimas semanas del encierro. Con una barra de buen pegamento en la mochila, un paquete de cartulinas y una caja de lápices, voy a la ferretería a comprarme unas tijeras para cortar papel. Es una ferretería resplandeciente, con todo tipo de artículos necesarios, meticulosos, algunos de ellos inimaginables, cada uno de ellos perfectamente en su lugar. Los clientes, todos con mascarillas, todos pálidos, hacemos cola en la acera soleada.*

168

Voy bajando por Génova hacia la plaza de Colón y veo que hay un control de policía en la Castellana. Me doy la vuelta, porque llevo en la mochila una caja con cuchillos que podrían levantar sospechas. En la acera muy ancha, junto a la entrada del metro y del Museo de Cera, veo una figura con un disfraz como de dama del siglo XVII con guardainfante y con una máscara de pájaro, que viene hacia mí dando pasos lentos de baile, en una extraña claridad rojiza y nocturna. Según la figura disfrazada se acerca a mí se va volviendo más amenazadora. Ahora levanta unas enormes alas ortopédicas, hechas de bastidores de madera cubierta de una tela blanca translúcida, deshilachada, como de jirones de algodón. Detrás de ella veo que es un hombre el que va disfrazado, un viejo de expresión siniestra y cara muy pálida o empolvada, con grandes uñas córneas en las manos esqueléticas. Quiero pedirle que no me ataque pero la voz no me sale de la garganta, y las palabras se forman sin sonido en mis labios muy secos. El terror me despierta.

169

Hay un punto de adicción en casi todas las cosas que hago, en los objetos que uso a diario: la pluma, el tintero, las tijeras, la barra de pegamento. Pero ese lenguaje de las adicciones siempre me ha desagradado, aunque sea tan común. No me gusta oír o leer que alguien tiene mono de algo, o que está enganchado a algo, un libro, una serie. Lo que me lleva una y otra vez a ciertas cosas que amo —músicas, lecturas, mi balcón al anochecer, la media copa de vino después de la cena— no es una dependencia, ni una adicción, sino una querencia: una inclinación, un impulso de volver a un lugar en el que uno se siente a gusto y a salvo. En el castellano de mi infancia los animales tenían querencias igual que las personas: la querencia de volver a la cuadra, por ejemplo, o la de ir obstinadamente por un cierto camino y no otro. Un perro tiene querencias misteriosas hacia ciertos rincones de la casa, cierto sillón, el espacio protegido y oscuro debajo de un diván. Yo he tenido a lo largo del encierro la querencia de los Episodios de Galdós, del diario de Thomas Merton, de algunas novelas de Georges Simenon, de las sonatas de Beethoven. Pero esa querencia no era solo un deseo de leer o de escuchar, sino de algo más, algo ambiguo y a la vez tangible, el de habitar en lo que leía o escuchaba, quedarme a vivir, con el mismo apego con que vivo en esta casa, o me instalo en mi balcón y en mi maqueta de jardín. Igual que habito en el espacio físico y emocional de mi vida con Elvira, también habito en el que definen y modelan para mí las palabras familiares de la literatura y las notas y las frases de la música. Son habitaciones abrigadas y secretas y también abiertas. En la habitación en la que trabajo o me distraigo con mis aficiones la puerta no está nunca cerrada. Tampoco me encierro herméticamente en el interior insonorizado del libro ni en el sonoro de la música. El refugio es también balcón y atalaya, azotea, torre vigía como las de Cádiz. Mi cuarto es un panal de laboriosidad rumorosa que yo mismo voy construyendo en torno mío al mismo tiempo que lo habito.

170

Daniel Barenboim dice que el músico que toca una partitura lo que hace es leerla. Ni la partitura se puede tocar bien a la primera ni las palabras escritas revelan toda su riqueza de sentido leyéndolas una sola vez. No hay que pasar por el libro o por la obra musical como el que pasa rápido por una calle camino de una obligación. No se puede estar de paso en un libro que a uno le importa de verdad, ni en una música. Hay que aprender a quedarse. Hay que irse y que volver. En el encierro la ansiedad y la obligación de los viajes quedó en suspenso a la fuerza por primera vez en no se sabe cuánto tiempo. Ya no había que transitar a toda prisa y aturdidamente por aeropuertos y pasillos y habitaciones de hoteles. Y también quedó en suspenso la otra urgencia paralela de atravesar a toda velocidad libros y músicas, conciertos, películas, novedades imprescindibles de las que muy poco después no quedaba ni una huella. Hemos aprendido a quedarnos en un solo lugar, y también en unos cuantos libros; la flecha urgente del tiempo se ha remansado en la secuencia de unos pocos actos repetidos a diario, de unas pocas calles próximas. Habitar los libros no era quedarse confinado en ellos; era tener un refugio contra la intemperie de la adversidad y de las malas noticias y una vía de escape hacia otras vidas, mundos, tiempos. En la literatura hay melodía, armonía y ritmo, igual que en la música. Un escritor que uno ama posee un sonido que es algo más que estilo, voz más bien, un fraseo, tan individual como el que nos permite reconocer a un músico de jazz al cabo de unos compases. Captarlo requiere oído, hábito, adiestramiento, esa paciencia alerta que es uno de los atributos del amor. Esa música se tiene o no se tiene, y no debe confundirse con el virtuosismo. El virtuosismo puede ser deslumbrante y también vacío, y derivar en amaneramiento, en el efectismo de las facultades técnicas, frialdad disfrazada de vehemencia. Pero no es la instantaneidad del deslumbramiento lo que importa, sino el hábito, la querencia, porque solo a lo largo del tiempo se va revelando esa suma de sutilezas menores que forman una voz verdadera. *This little something*, dice Charles Simic. Daniel Barenboim lleva toda la vida tocando las sonatas para piano de Beethoven y en una entrevista dice que durante los meses del encierro se levantaba pronto para ponerse a estudiarlas. Yo las escucho en mi casa, en los auriculares de mi iPhone, paseando a mi perra a medianoche por Madrid. Mi amigo pianista Antonio Galera dice que Barenboim toca muy bien esas sonatas, pero que a veces se toma libertades que él no se permitiría. No estoy en condiciones de juzgar. Barenboim dice que cada obra es una cumbre a la que se puede acceder por diversos caminos.

A mí me gusta imaginármelo cada mañana, delante del piano, con la partitura abierta, habitando esa música que conoce tan bien antes de tocarla. Donde la música sucede con todo rigor es en su imaginación, pero es así como iría cobrando forma en la conciencia de Beethoven, una música que en sus últimos años él no podía físicamente escuchar, y ni siquiera lo necesitaba para darle una plena existencia: en su cabeza y en la partitura, y en un silencio que sería más profundo que el de las calles desiertas por las que yo paseaba con mis auriculares y mi perra, en las medianoches del Madrid fantasma de marzo y abril.

171

Lo que el coronavirus está haciendo a las mentes humanas todavía no podemos saberlo. En Nueva York el conductor de un autobús le pide a un pasajero que se ponga la mascarilla al subir, y el pasajero saca una barra y le da un golpe en la cabeza que lo deja inconsciente. Se despierta en una ambulancia con un ojo hinchado y un sabor a sangre en la boca. Ciento setenta y siete trabajadores del transporte público han sido atacados en la ciudad en los últimos meses por pasajeros a los que han interpelado por negarse a llevar mascarilla. Algunos se les acercan mucho y les escupen en la cara, o empiezan a gritar, expulsando perdigones de saliva, o a repartir puñetazos en el aire. Jóvenes borrachos se revuelven contra los policías que los detienen por beber en público y en multitud sin llevar mascarillas y les escupen al unísono, orinan sobre ellos, les echan chorros de alcohol. En Bayona, en Francia, un conductor de autobús murió de la paliza que le dieron cuatro pasajeros a los que les había pedido que se cubrieran las caras. En Lubbock, Texas, un atacante usó una llave inglesa para agredir al conductor y rompió a golpes el parabrisas del autobús, amenazando a los viajeros que intentaban contenerlo. En San Francisco, tres hombres armados con bates de béisbol dejan sin conocimiento al conductor de un tranvía.

172

De la noche a la mañana ha empezado una inmersión anticipada en el otoño. Las noticias sobre el virus en Madrid vuelven a ser aterradoras. El día amanece fresco después de la lluvia de anoche. Había relámpagos lejanos pero no se oían truenos. Me levanté y me asomé al balcón a las tres de la mañana. En la oscuridad del dormitorio había estado oyendo la lluvia. Entraba fresco de la calle pero el calor de los días de verano duraba en el interior de la casa. Por la mañana las plantas permanecían muy erguidas en el aire limpio y húmedo, como en estado de alerta, con una ligera vibración en los tallos y en las hojas. La casa estaba sumergida en un gris otoñal que inducía al letargo. Para espabilarme salí a la calle, con una cazadora sobre la camisa, por primera vez desde el comienzo del verano. Llevaba en la conciencia el rumor insalubre de las noticias de la radio, el aumento acelerado de los contagios, el colapso cercano de la atención primaria, el porcentaje de camas de hospital ocupadas otra vez por enfermos de covid-19, la incuria y la saña y la sinvergonzonería de la mayor parte de la clase política, cada día más dañina en su parasitismo y su sectarismo, en su escandalosa inoperancia: «El bullicioso escuadrón de los majaderos y de los malvados», dice Galdós. Crucé el Retiro y me fui al Botánico. En los días de lluvia es más misterioso porque suele haber poca gente. En el Botánico me domina siempre la congoja del tiempo. Me vuelve el recuerdo de mi padre, el de mis abuelos, y cae sobre mí la conciencia de la edad que tengo, y de lo lejos que se ha quedado todo, tan rápido. En la huerta del Botánico me asombraba hoy el tamaño de las hojas y de las flores amarillas de las calabazas, flores desmesuradas como de Georgia O'Keeffe. En el estanque se ha abierto una constelación de nenúfares. Las hojas de las coliflores preservan en su superficie impermeable gotas de agua que brillan en la luz como piedras preciosas. Me acuerdo del nombre que ellos les daban a esas hojas: berzotes. Parece que hay una correspondencia exacta entre la palabra y lo que designa. La huerta del Botánico es mi túnel del tiempo. Veo al niño que fui en la huerta de mi padre, y los veo a ellos, mi tío Juan, mi abuelo Antonio, la gente de las huertas vecinas, con sus apodos estrambóticos, Guindilla, Chimenea, Gangrena, Comepaja, Allanacerros. Los veo, casi los vislumbro entre los árboles frutales y las plantas de la huerta, en la umbría de los granados, caminando enérgicamente por las veredas con el ruido que hacía el roce de los pantalones de pana, sentados bajo una higuera, como en una antigua foto colectiva, congregados en torno a un lebrillo de ensalada recién hecha, a la hora que ellos llamaban del almuerzo, el descanso hacia las diez de la mañana, cada uno con un trozo de pan y una navaja, partiendo con ella rodajas de embutido, clavando un trozo de pan para mojarlo en el aceite de la ensalada. Y me veo a mí también, desde la perspectiva de entonces, no el niño que rondaba en torno a ellos, y al que enseñaban a trabajar a su lado, sino el hombre que soy ahora, con el pelo entre gris y blanco, mucho mayor de lo que era mi padre entonces, un fantasma entre los fantasmas de un mundo extinguido. A la entrada del Botánico la taquillera me ha preguntado si soy mayor de sesenta y cinco años. La cara que ve ella, con su mirada de juventud, no es la que yo veo en el espejo. La melancolía está mezclada de dulzura. En la huerta maduran exactamente igual que entonces los frutos de septiembre: las uvas, las calabazas, las granadas, los caquis. Hasta el tráfico del paseo del Prado suena atenuado, como si lo estuviera oyendo desde mucho más lejos.

173

Pero la palabra *berzote*, tan rotunda, ha despertado un recuerdo, o más bien, el eco de un recuerdo de otro, mi padre, cuando me contaba cosas de su niñez, casi siempre con el ánimo de que yo tomara ejemplo, de que me hiciera ágil, esforzado, mañoso, que aprendiera a trabajar y a ganarme la vida tan precozmente como él, con sangre, sin pereza, sin ensoñaciones ni fantasías de libros. Me contaba que de niño tenía una yegua blanca y la montaba a pelo, y subía a ella de un salto, y galopaba sobre ella sin más auxilio que la brida y la fuerza de sus piernas apretando el lomo desnudo, por los caminos del campo. Me contaba que para ganarse un poco de dinero sembraba matas de hierbabuena a la orilla de las acequias y se las vendía a los moros de Franco que seguían acuartelados en la ciudad en los primeros tiempos después de la guerra. Se había fijado en que los moros echaban hierbabuena al té, y con una cesta llena de ella iba a la puerta del cuartel, y se la quitaban de las manos. Había que buscar al tío Mañas, decía él, lo decían todos, afilar el ingenio, ganar algo como se pudiera, como en los tiempos de la guerra, en los años mucho peores del hambre que vinieron después. La hierbabuena crecía muy rápido a la orilla del agua. Él la segaba y se la vendía en manojos a los moros. Con lo que ganaba gracias a su sagacidad y a su esfuerzo, mi padre compraba las entradas para ir a los toros durante la feria, o al Teatro Ideal, a gallinero, a ver a las compañías de revista, todavía casi un niño y ya ganándose la vida, midiéndose con los hombres. No como yo, su hijo, me estaba diciendo implícitamente, que no sería capaz nunca de montarme de un salto en un caballo, ni en un burro, que me quedaba distraído y no prestaba atención a los trabajos de la huerta, ni ponía empeño en aprender, y andaba siempre como adormilado, perdido en fantasías de libros y tebeos.

Estábamos un día cortando hojas de coliflor para forraje de las vacas y mi padre se acordó de algo más que hacía de niño para ganarse unas monedas. Cargaba en la huerta el serón de un burro con berzotes y los llevaba a un antiguo palacio que todavía existe, en una plazuela cercana al mercado de abastos. Aquellas cargas de berzotes se destinaban no a alimento de ganado sino de hombres. Mi padre, que cumplió once años recién terminada la guerra, llegaba con su burro a la puerta de aquel palacio que se había convertido en cárcel y estaba lleno de presos republicanos. Se acordaba de ver los brazos saliendo por las rejas de las ventanas. Unos guardias le abrían la puerta del palacio y mi padre veía las caras y las manos de los presos arracimados detrás de una alambrada en el patio. Volcaba el serón, y descargada los berzotes en el suelo. Los hombres hambrientos extendían las manos entre los barrotes y las mallas de alambre queriendo alcanzarlos. Con eso los alimentaban. Antes de irse mi padre los veía disputarse aquellas hojas duras y grandes, y se acordaba del olor a mierda humana que venía del patio, porque aquel alimento de rumiantes les hinchaba el vientre y les provocaba tremendas diarreas.

174

23 de mayo. *Estábamos leyendo tranquilamente los periódicos en el sofá, después del desayuno, cuando ha empezado el trompeteo de los cláxones: la extrema derecha ha convocado una manifestación motorizada contra las cautelas sanitarias del gobierno. De pronto, en esta mañana soleada y plácida de sábado, cuando tengo todavía en el cuerpo el cansancio benéfico de una gran travesía en bici por Madrid, todo lo que más detesto se me presenta junto y de golpe bajo mi balcón: los coches, los atascos, los himnos, las banderas, las temibles banderas agitadas para amedrentar y embestir, la insolente ocupación automovilística y fascista del espacio público. Miles de coches atascan durante varias horas todo el centro de Madrid. Parece que tenían prisa por desquitarse de más de dos meses de silencio y de aire limpio. Como sus equivalentes en Estados Unidos, son patriotas fervorosos de los combustibles fósiles y de los gases de efecto invernadero. Como se aburren en el atasco que ellos mismos han provocado salen de los coches agitando sus banderas y sus pancartas y fraternizando entre ellos sin mascarillas y sin ningún respeto por la distancia de seguridad. También están en guerra contra la evidencia científica. Pasan motos monstruosas haciendo todo el ruido que pueden con sus tubos de escape. En los equipos de música de los coches suena a ratos* El novio de la muerte *y a ratos el* Y viva España *de Manolo Escobar. Mi oído alerta también distinguía ráfagas del* Cara al sol. *Bajan de los coches y dan saltos en la mediana de O'Donnell gritando «Libertad, Libertad», y alzan-*

do un brazo para hacerse selfies, como en conatos involuntarios de saludo romano. Gritan «Viva España» con una ronquera cuartelaria. Hasta cerca de las tres dura el atasco y el trompeteo patriótico.

175

Elvira va a recoger a Leonor a la guardería. Con las maestras y sus compañeros la niña no abre la boca. En cuanto sale por la puerta ya no para de hablar. Van de la mano, hasta el cruce de Luchana, donde tomarán un taxi. A Leonor ir en taxi le encanta. Se queda mirando absorta por la ventanilla, fijándose en la presencia misteriosa del conductor, las manos juntas en el regazo, los pies en el aire, calzados con zapatillas de deporte que siempre parecen demasiado grandes para ella. Elvira le toma la mano y le pregunta: «¿Me estabas esperando?». Y Leonor contesta, siempre mirando por la ventanilla: «Te estaba esperando sentada en la silla roja».

176

Estos son los días dulcemente soleados del veranillo de San Miguel, el *Indian summer* que tiene tanta belleza en Nueva York. En Úbeda hoy es el día en que salen en procesión los gigantes y los cabezudos y empieza la feria. El comienzo oficial es pasado mañana, el día de San Miguel Arcángel. Pero los niños sabíamos que en cuanto sonaran los primeros cohetes los gigantes y los cabezudos estarían saliendo del ayuntamiento, criaturas desaforadas con sus cabezas enormes, ojos saltones de cartón y bocazas abiertas que nos habían dado miedo cuando éramos más chicos. Años más tarde, cuando ya sabíamos que dentro de ellos había personas normales que los animaban, seguían despertándonos la euforia de lo desorbitado y lo fantástico: las cabezas enormes, ojos fijos, las bocas muy abiertas, las túnicas y las coronas del rey y la reina gigantes; y en torno a ellos el barullo y la danza inmemorial y el cortejo de los cabezudos, que a veces se salían de la procesión para perseguir esgrimiendo vejigas de cerdo hinchadas a los niños golfos que los desafiaban. Gigantes y enanos iban bailando al ritmo que marcaba la banda de música que marchaba tras ellos, muy solemnes con sus uniformes azul oscuro y sus gorras de plato, como el reverso incongruente de aquellos monstruos danzantes que parecían revividos de los desfiles de carnaval de la Edad Media. Por las bocas abiertas con dentaduras y carcajadas de cartón se asomaban los ojos de los que iban dentro, que solían ser gente marginal de la ciudad, borrachines y mendigos. Los niños les gritaban y les tiraban cosas desde las aceras, y ellos entonces se lanzaban en embestidas que provocaban una ondulación de alarma y de risa entre la gente. Detrás de la procesión iban los operarios que lanzaban los cohetes y la banda de música tocaba marchas y pasodobles que animaban la danza de los monigotes. La escuela, que empezaba a principios de septiembre, había cerrado con motivo de la feria esa misma mañana. Era como si empezaran benévolamente otras vacaciones muy poco después de las del verano. Cada día, al salir de la escuela, muchos de nosotros habíamos subido a los descampados de las afueras de la ciudad en los que se estaba levantando la feria. Atisbando ansiosamente desde lejos veíamos la rueda de la noria, el techo de lona pintada del circo, los armazones de metal y madera de los carruseles, las casetas de tiro al blanco y las que venderían juguetes, dulces, garrapiñadas, pinchitos morunos, churros recién hechos con chocolate caliente. Los feriantes llegaban con sus camiones y sus furgonetas viejas, los carros de trashumantes y de zíngaros en los que vivían muchos de ellos. La feria se instalaba en ese descampado al final de la ciudad y los feriantes la habitaban con el exotismo de su condición forastera, el aire de gente nómada y oreada al aire libre que era visible en todos ellos. Hombres de torsos desnudos y caras y manos negras de grasa manejaban llaves inglesas y trepaban a lo alto de andamios que en el curso de unos días cobraban la forma de edificios fantásticos, el circo, la casa del terror, los túneles del tren de la bruja, la altura vertiginosa de la noria. Algunos de ellos ostentaban tatuajes de corazones o de puñales en los brazos forzudos. Nosotros salíamos a mediodía de la escuela y echábamos a correr hacia aquellos terrenos baldíos, más allá de las últimas casas, ansiosos por observar cada día el progreso de aquella ciudad improvisada, la gran tómbola que regalaría muñecas innumerables y aquellos cubos y balones de colores que eran la gran novedad porque estaban hechos de plástico, la pista de coches de choque, el tren de la bruja. La impaciencia infantil originaba leyendas incitantes: que la noria sería más alta que ningún otro año, que en el circo actuaría un hombre bala que sería disparado por un cañón de verdad, que una mujer hercúlea arrastraría un camión con la fuerza de sus dientes. En la claridad del mediodía, cuando llegábamos tan impacientes a ella, la feria era todavía una desolación de maquinarias desmontadas, de telones extendidos sobre la tierra pelada y la maleza, de andamios y armazones de madera en los que se afanaban aquellos hombres de caras oscuras y aspecto de forajidos, y entre los cuales jugaban niños y niñas medio desnudos, hijos salvajes de feriantes. Pero cada día la feria iba cobrando una forma más completa, y a nosotros se nos olvidaba el tiempo y acabábamos volviendo tarde a nuestras casas, corriendo con las carteras en la mano, para eludir la ira de nuestras madres, que ya tenían puesta la comida en la mesa y se asomaban a los quicios de las puertas para vernos venir.

177

25 de mayo. *De pronto hay muchas cosas que vuelven juntas por primera vez en el mismo día, en la nueva fase de la desescalada: vuelvo a pasear y a correr por el Retiro, que ha abierto esta mañana; volvemos a ver a Miguel y a Lara, y comemos con ellos; volvemos a salir juntos a la calle Elvira y yo, por primera vez en más de dos meses y medio. Vamos juntos, a la hora en que solíamos salir al balcón a aplaudir, a participar en una concentración en homenaje a los sanitarios, delante del Gregorio Marañón. Los sanitarios están desplegados en las escalinatas del hospital, con sus pancartas de protesta y celebración. Frente a ellos, ocupando la acera y una gran parte de la calzada, estábamos los ciudadanos aplaudiéndoles, muy numerosos y muy espaciados, todos con mascarillas, algunos también con pancartas en defensa de la sanidad pública. Detrás de las mascarillas y los uniformes se traslucía algo de las identidades individuales de esos trabajadores admirables: gente casi toda joven, sobre todo mujeres, doctoras y enfermeras, con sus gafas de pasta, sus zapatillas de deporte, sus moñetes en lo alto del pelo recogido. Una pancarta decía: HEMOS LUCHADO SIN ARMAS. Batíamos las palmas al unísono repitiendo una sola consigna muy clara: SANIDAD PÚBLICA. Al cuar-*

to de hora de aplauso incesante los sanitarios han plegado tranquilamente sus pancartas y han vuelto al trabajo.

Luego la multitud se ha dispersado con disciplina y buen ánimo en dirección a la calle Ibiza y al Retiro. Era muy raro ver tanta gente en esa calle que durante dos meses ha estado casi desierta. Es el primer día que vuelven a abrir las terrazas. Había mucha animación, pero no desbordamiento, una alegría colectiva cautelosa. Hemos visto las verjas abiertas de par en par del Retiro y hemos entrado a pasear. En el atardecer caluroso el parque tiene una frondosidad ligeramente húmeda, un espesor de verdes brillantes de vegetación como en Riverside Park. Los olores de la tierra y de los árboles florecidos se filtraban a través de la tela de las mascarillas.

178

Delante de la procesión de gigantes y cabezudos abrían la marcha por iniciativa propia los tontos de la ciudad, a los que todo el mundo llamaba así sin ningún reparo, aunque muchas veces también sin crueldad, o con una crueldad impersonal que podía mezclarse con la lástima. Los tontos eran personas averiadas, física o mentalmente, desamparadas, supervivientes en los márgenes, en cuevas o barrios de chabolas de las afueras, tarados y a veces borrachines, sobre todo hombres, pero también alguna mujer. Las mujeres, las tontas, tenían más aspecto de vulnerabilidad y extrañeza, niñas envejecidas con coloretes en la cara, enanas de caras muy serias y cabezas enormes, o de cabezas diminutas como de niñas decrépitas. Algunos tontos eran mendigos o hacían trabajos subalternos en el mercado de abastos. Uno de ellos empujaba un carrito de mano en el que recogía verduras y frutas que le daban los vendedores, porque era el enviado del asilo de las Hermanitas de los Pobres. Tenía una habilidad especial para imitar la bocina de un coche antiguo, para que la gente se apartara de su camino. Pero había también otros más aseados, y hasta alguno con traje y corbata, personas heridas por la enfermedad mental, o por avatares genéticos agravados por la miseria de los que nadie sabía nada, y para los que no había ningún tratamiento, ningún destino posible que no fuera la marginalidad o el manicomio. Llamo a mi tío Juan y él me recuerda los nombres: el Primo, Huevoduro, la Chacha, Patarito, Pérez, Rodriguillo. Por una indulgencia inmemorial, a los tontos se les permitía abrir la marcha en la procesión de los gigantes, y su torpe formalidad, que contrastaba tanto con el barullo de los cabezudos, acentuaba la burla de la gente. Uno de ellos, Pérez, asistía también a todos los entierros, con la misma cara de luto y de infortunio. Entre todos los tontos de la ciudad Pérez era el que iba mejor vestido, como un oficinista caído en la desgracia pero todavía digno, con unas gafas de muchas dioptrías, corbata, una chaqueta muy usada, muy pálido, sin edad, como un Tintín desbaratado, muy flaco, siempre con mucha prisa. Un droguero bondadoso, Antonio Espadas, le ayudaba a ganarse la vida encargándole diversas tareas, que él cumplía atolondradamente, de un lado a otro de la ciudad, saludando a todo el que se le cruzara, sus ojillos como puntas de alfileres tras las gafas de culo de vaso. Decían que Pérez había sido un niño brillante hasta que lo sepultaron los escombros durante un bombardeo al final de la guerra. Cuando lo encontraron lo dieron por muerto. Lo metieron en uno de aquellos ataúdes blancos en los que entonces enterraban a los niños. Y en el camino al cementerio el ataúd empezó a moverse sobre los hombros de los que lo llevaban, y era que el niño Pérez había vuelto en sí y gritaba igual que cuando lo sepultaron los escombros.

La gente contaba aquella historia de la resurrección del pobre Pérez con grandes carcajadas. A mí los tontos me daban una lástima inexpresable, abismal, uno de esos sentimientos que sobrecogen a un niño a tal profundidad que no puede confiarlos a nadie. A veces veía cómo se burlaban de ellos, cómo los escarnecían, los humillaban, los asustaban. Mi tío Juan me habla de un tonto al que él conoció cuando era niño y acompañaba a su padre, mi abuelo Antonio, a su puesto del mercado. A aquel tonto los vendedores le hacían pequeños encargos y a cambio le daban comida, un tomate, dice mi tío, una lechuga, frutas mustias que ya nadie iba a comprar. Un hortelano descubrió una broma que no fallaba nunca, y que a todo el mundo le hacía morirse de risa: le daban al tonto una cesta de mimbre, y le encargaban que fuera a la fuente y la trajera llena de agua. El tonto iba a la fuente y por más que se esforzaba la cesta no se llenaba nunca. Sin que él pudiera remediarlo el agua chorreaba entre los mimbres de la cesta. Y el tonto volvía al puesto del hortelano con su cesta vacía, atribulado, desconcertado, rascándose la cabeza, explicando a aquellos hombres que soltaban grandes carcajadas a su alrededor que por más veces que iba a la fuente la cesta no se llenaba nunca de agua.

179

Había pandillas de mocetones brutales que se divertían acosando a los tontos, acorralando a uno de ellos, tirándole piedras, riéndose a carcajadas feroces cuando lo veían encogido y temblando como un animal, buscando refugio en un rincón. Me acuerdo como si lo viera ahora mismo del Primo, escondiéndose tras una columna de los soportales en la plaza del general Orduña, acuclillado, abrazándose las rodillas, como meciéndose a sí mismo, temblando, con los ojos desorbitados y la boca abierta, una boca de encías muy rojas y dientes grandes y desiguales: una pandilla de jóvenes lo tenía acorralado, con piedras en las manos, y él parecía que estaba preparándose para salir corriendo y escapar al asedio. Ya no recuerdo más. Tal vez fue la primera vez en mi vida que vi tan de cerca la maldad humana.

180

Nada más llamar a mi madre le he notado en la voz que estaba lúcida y contenta. Me dice que ha estado mucho rato acordándose de algo, y que ha disfrutado mucho. Se recreaba en la evocación de una escena del pasado, como si reviviera una película que hubiera visto la noche anterior, todavía interiormente iluminada por ella. «Me acuerdo muy bien de muchas cosas, así que no tendré la cabeza perdida.» Se ha estado acordando de una vez que fue al cine de verano de la plaza de toros, cuando era niña, con su madre y su tía Baltasara, y con sus hermanos pequeños y sus primos, los hijos de su tía. La tía Baltasara y su madre eran hermanas, y estaban muy unidas. Los dos grupos de primos eran una sola familia. Esa noche, mi madre, que tendría once o doce años, hacía de hermana mayor de todos. Procuraba más o menos apacentarlos, pero disfrutaba tan infantilmente como ellos. Las dos hermanas, Leonor y Baltasara, habían preparado algo de comida y lo llevaban en fiambreras y cestas, para que los niños cenaran durante la película. Se habían criado juntas y no se separaban nunca. Las dos eran morenas, altas, con caras anchas y pómulos altos, la piel delicada, las manos largas y bonitas a pesar del trabajo y las asperezas y las dificultades de la vida. Pasaban juntas por la calle hacia el cine, rodeadas por el tumulto de los niños, y mi madre observaba con orgullo cómo la gente se quedaba mirándolas, los hombres y también las mujeres. El parecido y la armonía entre ellas duplicaba su belleza. Mi madre las miraba con orgullo y también con algo de envidia, porque comprendía que ella no había heredado esa belleza, la gallardía con la que las dos hermanas iban por la calle, «que hacían ojo por donde pasaban». Se sentaban las dos juntas en el graderío de la plaza de toros, comiendo pipas, sacando la comida para repartirla entre los niños mientras empezaba la película en la pantalla levantada al fondo del ruedo.

Y hasta se acuerda de qué película era la que vieron esa noche, aunque no del título, porque títulos y nombres se le olvidan siempre. Es un niño huérfano, abandonado en la inclusa, al que cuidan unas monjas. Al hacerse mayor abandona el convento y triunfa como torero. Pero es un ingrato que no quiere acordarse de las monjas que lo criaron, y que están cada vez más sumidas en la pobreza, en el convento ahora amenazado de ruina, o de desahucio. Le han escrito cartas a las que él no ha respondido, tan atareado con sus viajes, sus tardes de gloria en la plaza de toros, su vida de éxito. Una monja mayor pero todavía guapa es la que más lo echa de menos, aunque también la que más lo disculpa. No se dice claramente, pero es indudable que esta monja es la madre del torero, y que ha guardado siempre el secreto. Pero al final vuelve el huérfano ingrato, el triunfador arrepentido, a tiempo de acompañar a la monja bella y enferma en su lecho de muerte, y ella le murmura en el oído el secreto de su origen.

Y también se acuerda de que los niños revoltosos, sus hermanos y primos, no hacían caso de la película, porque no era de romanos ni de tiros. Era ella quien tenía que intentar poner orden, persiguiendo a los más pequeños por las gradas de la plaza, y hasta por el ruedo, hacia donde se escapaban descolgándose por las barreras. Las entradas del ruedo eran más caras, porque daban derecho a sentarse en una silla de tijera, y no en las piedras del graderío, en las que duraba después del anochecer todo el calor acumulado durante el día. De todo se ha acordado hoy, y lo revive ahora mientras me lo cuenta, «igualico que si lo estuviera viendo». Y ese demorado revivir más que recordar, que le ha llegado como un sueño detallado y largo, le ha dejado una alegría tranquila, un rescoldo de aquel presente perdido, más seductor tal vez porque en la escena no había nada objetivamente memorable. No es una historia, sino más bien una fotografía, o una de esas filmaciones caseras sin sonido que se hacían en los años sesenta y setenta con cámaras de super-8: las dos hermanas altas y guapas por la calle, en el momento de alivio y holganza después de un día de mucho trabajo, de encender el fuego con leña y cocinar y fregar de rodillas y lavar ropa con agua fría y hacer camas de colchones muy pesados y cuidar de muchos hijos y de hombres opacos y exigentes y remendar y zurcir; y cuando a la caída de la noche cede el calor, libres de los maridos, que estarán en sus tareas y en sus distracciones de hombres, disfrutan de ir al cine al aire libre, en la amplitud de la plaza de toros, y de emocionarse sin reparo de una película que a ellos no les habría gustado, porque es «de llorar», la clase de películas que solo les gustan a las mujeres, o que ellos, si les gustan, se lo callan, igual que disimulan cuando escuchan tanto como ellas las novelas de la radio.

182

Uno o dos años después, a pesar de su cara tan lozana, su cuerpo erguido de carnes blancas y firmes, su boca alegre que estalla tan fácilmente en carcajadas —Leonor, la otra hermana, es más propensa a la ironía que a la risa—, Baltasara enferma de tuberculosis y muere tras una rápida agonía, en la cual Leonor la acompaña a cada momento, ayudada por su hija mayor, y se ocupa de los hijos de la hermana igual que de los suyos. El viudo y los hijos emigran a Cataluña. Es la época en la que empieza a emigrar mucha gente del campo: a Cataluña, a Madrid, a Francia, a Alemania, a Suiza. Los años pasan pero los sobrinos no pierden el contacto con la tía que los cuidó igual que su madre, y con la prima con la que jugaban y a la que hacían rabiar en el cine, porque no la dejaban ver con tranquilidad las películas. Los primos escriben cartas y por Navidades mandan paquetes con regalos de comida, mazapanes, café, embutidos, una bebida que da cosquillas en la boca como la gaseosa pero es más amarga y se llama champán. La botella de champán da un gran susto cuando el corcho parece que estalla y sale disparado. Los primos trabajan en fábricas de una ciudad que imaginamos próspera y lujosa llamada Sabadell. Viven en pisos, como la gente de dinero. De vez en cuando, a lo largo de los años, los primos vienen de visita, hombres acostumbrados al trabajo, con las mismas envergaduras físicas que nuestros padres y abuelos, pero sin tanta aspereza en las manos. Me fijo en que esos desconocidos para mí besan y abrazan a mi abuela con una ternura conmovida, como de hijos que hubieran pasado mucho tiempo sin verla, hombres fornidos a los que veo llorar cuando les llega el día de despedirse de ella y de mi madre. Al niño le alarma siempre intuir que hay zonas de las vidas de sus mayores de las que él no sabe nada. Un verano los primos vienen ya en coches grandes que aparcan bajo los álamos de la plaza de San Lorenzo, ocupando una gran parte de ella. Tienen que apartarlos cuando a la caída de la tarde vuelven del campo los vecinos con sus burros y sus mulos. De niño yo espero con fervor la novedad de estas llegadas. Los primos forasteros tienen caras muy parecidas a las de mis tíos, con los que jugaban de niños, pero no están quemadas por el sol. Hablan con un acento de nuestra tierra mezclado con vocales y consonantes catalanas, y con palabras que yo no entiendo. Sus mujeres, emigrantes como ellos, tienen un acento catalán más pronunciado. Algunas llevan el pelo teñido de rubio, y los ojos pintados. Sus hijos y sus hijas empiezan a hablar en catalán entre ellos y entonces no los entendemos. «Mis primos de Sabadell», dice mi madre en el teléfono, ensombrecida de pronto, ahora que ha terminado esa película breve y feliz de su niñez, «con lo que yo los quería, el Paco, el Pepe, el Pedro, el Nicolás, el Juanito, y ya todos están muertos». De esos nombres no tiene la menor dificultad en acordarse.

183

Como cada vez me fío menos de salir a la calle, miro el mundo desde mi balcón y vivo en conversación con las voces del teléfono. Llamé al doctor Bouza cuando se hizo público su nombramiento como portavoz del comité conjunto que se ha creado entre el Ministerio de Sanidad y el gobierno de Madrid para hacer frente al desbordamiento de los contagios y las hospitalizaciones. Emilio me dijo que no estaba seguro de haber hecho bien aceptando. Pero lo llamaron el ministro y el consejero de Sanidad desde el despacho en el que estaban reunidos de urgencia, y él pensó que tenía el deber de aceptar. «Yo soy un servidor público. Si me piden que haga un servicio público, ¿cómo voy a negarme?» Eso fue el jueves pasado. El sábado vi la noticia de que el doctor Bouza había dimitido, después de menos de cuarenta y ocho horas. Dijo con toda claridad a quienes le preguntaban que en una situación de puro enfrentamiento político él no tenía nada que hacer. Los contagios y los muertos seguían subiendo rápidamente en Madrid y los forajidos de la política, los majaderos y los malvados, continuaban con sus broncas. He dejado pasar unos días imaginando que Emilio estaría agobiado de llamadas. Lo llamo esta tarde y ha recobrado el tono enérgico y jovial de siempre, que había desaparecido de su voz cuando la escuchaba en la radio. «Chico, he descubierto que yo era feliz hasta el jueves pasado, y que no lo sabía. Yo no tenía idea de la felicidad que había en mi vida hasta que tuve que pasar 48 horas apartado de ella reuniéndome con políticos que lo único que hacen es apuñalarse entre sí y dejándome marear por los periodistas. Me di cuenta de lo feliz que era en el momento en que dejé de serlo. Y además me daba cuenta de que había sacrificado mi felicidad para nada, porque yo no tenía nada que hacer en medio de la gresca de esa gente. No les importa la salud. No les importa nada más que sus intrigas de poder. Cuando me llamaron desde el despacho del ministro dijeron que necesitaban mi ayuda para apagar el incendio, y eran ellos mismos los que propagaban el fuego. Así que para no perder el tiempo y para no hacérselo perder a nadie les dije que me iba. Yo no me acordaba ya de que era tan feliz. Estoy con mis nietos, vengo por la mañana al hospital, veo a mis enfermos. Me parece mentira lo que he visto y vivido en estas 48 horas. Ni en los peores días de la pandemia...»

184

Como es 29 de septiembre llamo a Miguel para felicitarlo por su santo. Es consciente de esa fecha porque yo se la he recordado cada año desde que era un niño, en una época en la que ya casi nadie celebraba los santos, y en la que él no habría sabido que tales cosas existieran: ni el día del santo, ni las figuras mismas, de los santos de una religión que a él nadie le ha enseñado. Miguel se llama así no por un abuelo o un antepasado sino porque a Elvira le gustaba ese nombre.

A Miguel, que era un niño fantasioso, yo creo que le gustó que hubiera un día reservado para su nombre, San Miguel, San Miguel Arcángel, que suena todavía más imponente, aunque al no haber tenido educación religiosa la palabra *arcángel* no le sonaba de nada. Yo le enseñaba fotos de estatuas y cuadros barrocos en los que el santo aparece, exótico y guerrero, esgrimiendo una espada, volador y con coraza anatómica como uno de los superhéroes con los que Miguel sí estaba familiarizado. Ahora, los 29 de septiembre, si tardo en llamarlo, es él quien me llama para asegurarse de que no me olvido de felicitarlo, aunque él sabe que no, que en los días dorados y cálidos del veranillo de San Miguel estaré acordándome de la feria, de los gigantes y cabezudos, y del día de su santo.

Aunque hay otro que también celebramos los dos, y que tiene una parte pública, digamos, y otra privada, más específica. El 16 de mayo es el cumpleaños de Miguel, pero también es el aniversario del día en que nos conocimos. «¿Cuántos años hace ya?», me pregunta cada 16 de mayo, sabiendo que yo tengo la cabeza llena de fechas y de conmemoraciones. Este año ha hecho 29. Siempre parece mentira. Miguel y yo nos vimos por primera vez el día que cumplió seis años. Al principio los amantes se encuentran en un espacio en blanco, parcialmente imaginario, en el que solo existen ellos dos, una tierra de nadie, de nadie más. Un día el taxi en el que íbamos Elvira y yo se detuvo en una acera, en la puerta de una escuela infantil en la que había padres y madres esperando. Los dos estábamos nerviosos, cada uno a su manera, retraído en sí mismo, no sabiendo anticipar cómo iba a ser el encuentro. Los niños iban saliendo, con sus mandiles y sus pequeñas estaturas idénticas. Uno de ellos miró a Elvira con una sonrisa de alegría y luego me miró a mí. Ni siquiera esa primera vez me miró con reserva, o recelo. Desde muy niño vivió con una expectativa favorable hacia las promesas de lo desconocido, con una confianza ilusionada e instintiva hacia la novedad de las personas con las que se encontraba. El próximo 16 de mayo, cuando vuelva a preguntarme cuántos años han pasado ya, como si yo fuera el contable solvente de nuestra vida en común, le contestaré: «Treinta años». Si en esta época aún nos está permitido predecir con algo de seguridad el porvenir cercano.

186

De nuevo da miedo encender la radio por la mañana, al entrar en la cocina, antes de hacer el desayuno; miedo a las cifras de más muertos, la escalada sin pausa de los contagios, la segunda ola que ya nos ha alcanzado, el cumplimiento de cada uno de los vaticinios que los médicos y los epidemiólogos llevaban mucho tiempo anunciando, desde el mismo día en que terminó el estado de alarma, cuando se podía hacer algo y no se hizo nada. Las mismas voces de marzo y abril suenan en la radio de la cocina, entre las tareas y los sabores del desayuno. En todo lo que dicen y también en nosotros está el mismo regusto ingrato del miedo, como un malestar que infecta la saliva, que nos trae el mismo mal sabor de boca de los amaneceres iguales en esas semanas en las que el porvenir quedaba cerrado como un horizonte de negrura. Todo vuelve, todo lo que en realidad no se había ido. Vuelven los avisos de un nuevo confinamiento. Me asomo al balcón y la mañana del primer día de octubre parece tan invernal como aquellas de abril. Del veranillo de San Miguel no queda ni rastro. De la noche a la mañana la ciudad ha dado un salto hacia el invierno: el que tenemos por delante o la repetición del que vivimos hasta bien entrado mayo. La gente pasa arrebujada contra el viento y la lluvia, emboscada bajo los paraguas, que el viento desbarata igual que retuerce las copas de las acacias. Ahora miro la calle tras los cristales del balcón. Las plantas inclinan sus tallos delgados y flexibles con una capacidad de resistencia prodigiosa. La mata de hibisco azota el cristal de la ventana. Las cabelleras de las stipas que plantó Eduardo parecen más que nunca plantas submarinas. Los cristales y los toldos recogidos vibran en el viento. Los árboles os-

cilan de un lado a otro desde la base del tronco como más-
tiles de veleros en una tormenta. En la radio se oyen las
voces de estafadores y bufones, el bullicioso escuadrón de
majaderos y malvados de la política española. En medio
de la catástrofe de una ciudad de casi cuatro millones de
habitantes sitiada de nuevo por la pandemia, al Ayuntamiento de Madrid le queda tiempo para quitar vengati-
vamente los nombres de las calles dedicadas a Indalecio
Prieto y a Largo Caballero.

187

He salido a la calle esta mañana de domingo en octubre y era de nuevo marzo y abril. El mismo cielo bajo de
plomo, la misma lluvia fría sesgada por el viento, el brillo
negro del asfalto, las aceras sin nadie. El kiosquero solitario asoma muy abrigado a su ventanuco. Ha protegido
el kiosco de la lluvia con cortinas de plástico. Por la calle
solo me cruzo, como en aquellos días, con algunos dueños de perros. Madrid es la ciudad con más contagios de
toda Europa. En las portadas de los periódicos apilados
en el suelo hay titulares de desastre sobre la pandemia
y frases embusteras o insensatas de dirigentes políticos.
En vez de favorecer el sentido común y la concordia, el
azote del virus alienta todavía más la inercia destructiva
de la clase política española. España es el tercer país con
más muertos acumulados de Europa; el primero, si se
tiene en cuenta la población. El desastre es la ciénaga en
la que ellos chapotean intercambiando insultos y garrota-
zos. En medio de todo este esperpento, la única que hace
con discreción y eficacia su tarea es la ministra de Trabajo, que está ayudando a lograr un acuerdo entre los sindi-

catos y los empresarios. Es como estar volviendo al pasado, con una exactitud que nunca tiene la memoria, como restaurar en la conciencia imágenes y sensaciones que ya estaba debilitando el olvido. Todo era exactamente así, como en un sueño angustioso de repetición. Era así asomarse recién levantado al balcón y ver la calle invernal y vacía. Justo así sonaban desde muy lejos las sirenas en la ciudad sin tráfico. Era el silencio lo que provocaba esta sensación ilimitada de irrealidad y de alarma, no de apaciguamiento. Esta quietud sobrenatural de domingo era la misma que notábamos cada uno de los días idénticos de aquellas semanas. Pero entonces, cuando las cifras empezaron a bajar, surgió como una inercia de esperanza, la convicción de que avanzábamos hacia un desenlace, la vuelta a una normalidad que parecía más sólida porque todavía teníamos fresco su recuerdo. Algo que había empezado tan rotundamente tendría un final indudable. Ahora no intuimos y ni siquiera imaginamos una resolución, un porvenir en el que todo esto haya cesado. El descreimiento se ha aliado a la fatiga, y los dos se alimentan entre sí. Las cifras de contagios y muertes se han convertido en una maraña confusa que cada uno interpreta no guiado por una racionalidad ya vacilante sino por sus inclinaciones o sus fobias políticas. La ola negra que vuelve a abatirse sobre nosotros también avanza por toda Europa, aunque todavía con cifras mucho más bajas, y sin el grado de ruina económica y discordia política que nos debilitan con particular crudeza a nosotros.

Entonces, parado en el semáforo, miro la fecha en el periódico y es 4 de octubre, San Francisco de Asís, el santo de mi padre, el último día de la feria, el de la corrida grande. Una mañana como esta lo habría entristecido. Si el día no aclaraba, la corrida podría suspenderse. Miraría el cielo, como lo miraban ellos tantas veces, siempre con más aprensión que esperanza, siempre temiendo que de un modo u otro el tiempo se hubiera puesto en su contra: que no lloviera, cuando hacía más falta, o que lloviera en una fecha inoportuna y se malograra una cosecha, o que cayera una tormenta de granizo, una nube, decían ellos, y en un rato de furia destruyera el trabajo de todo un año, las frutas a punto de ser recogidas, las uvas en las vides, las peras o los melocotones de carne tan delicada, o lo peor de todo, las aceitunas justo en el tiempo en que la severidad del árbol del olivo se alegra con sus racimos de flores amarillas. Un refrán explicaba sintéticamente tales contratiempos:

> *Agua por San Juan*
> *Quita aceite, vino y pan.*

En un día como hoy mi padre estaría impaciente, nervioso, entre rachas de desánimo y de esperanza, porque el tiempo otoñal cambia casi a cada momento. El viento barre las nubes y el sol lo llena todo, deslumbrando con su claridad el asfalto mojado. Pero un rato después vuelve a nublarse, como si cayera a media mañana un triste atardecer de febrero. Estará mojada la arena de la plaza. Aunque deje de llover, si el albero está muy embarrado, no podrá celebrarse la corrida, porque se hundirán en él los cascos de los caballos, las pezuñas de los toros, las zapatillas como de ballet de los toreros. Mi tío Juan también estará escrutando el cielo ahora mismo. Yo quiero imaginar para ellos, como si pudiera hacerles un regalo, un día de San Francisco glorioso, perfecto, con el sol rubio y maduro y un cielo muy limpio, con la templanza justa en el aire para que no pasen calor, y para que vayan a la plaza con sus camisas blancas y sus chaquetas ligeras, con el punto de formalidad que requiere la fiesta. Como es domingo mi padre no ha tenido que levantarse todavía de noche para ir al mercado. Habrá trabajado unas horas en la huerta, ayudado por mí, que no lo habré sacado de quicio con ninguna torpeza, que no lo habré entristecido dando muestras de flojera, o de desinterés, o de falta de esa energía que ellos llaman «la sangre». Otra cosa que lo entristece de mí es que no ha conseguido transmitirme su afición a los toros. Siempre se acordará de una vez que me llevó a una corrida, y que él se esforzaba en explicarme las faenas mientras yo bostezaba y le decía: «Papa, ¿cuántos toros quedan?».

Hoy habrá vuelto temprano de la huerta para comer pronto y para lavarse bien y arreglarse antes de comer. Habrán venido como todos los años mi abuelo Antonio y mi abuela Juana, él observador y callado, con ojos pequeños y húmedos como de pájaro, ella hinchándose y recreándose en sí misma a la manera de las gallinas o de los pavos, para no parecer tan pequeña como es. Mi madre habrá cocinado un arroz suntuoso de pollo de corral, con alcachofas tiernas traídas de la huerta, con un caldo abundante espesado machacando higadillos muy fritos de este animal soberbio «de cresta colorá». La cresta roja es un bocado que a mi padre le gusta mucho y que se reserva para él. (Pero a mi madre le disgusta en secreto que su marido disfrute tanto con esas cosas, la cresta frita del pollo, los sesos del conejo, los caracoles que sorbe haciendo mucho ruido, los pajaritos fritos que mastica haciendo crujir los huesos tenues, los cráneos tostados y huecos.) Habremos comido en la cocina, donde está la chimenea de gran campana encalada, y la puerta y la ventana abiertas al corral, de donde entra la luz del sol reflejada por los muros blancos y tamizada por las hojas de la parra, que ya empiezan a volverse amarillas, rojas, ocres. Ni la extrema vejez ni la muerte han empezado todavía a diezmar a mi familia. Estarán mis cuatro abuelos, con sus nombres simples y solemnes, transmitidos a toda su descendencia, Juana, Leonor, Antonio, Manuel. Estaremos mi hermana y yo, herederos directos de dos de esos nombres. Puede que haya venido también un tío de mi padre que es enjuto, ceremonioso y hablador, el tío Pepe, que le habla a su sobrino con la misma ternura que si fuera todavía un niño, y que lleva un traje de pana sin corbata, con la camisa abrochada hasta el último botón. El tío Pepe tiene un perfil quijotesco y calza unas botas con elásticos que parecen conservadas impecablemente desde hace más de un siglo. Habrá que juntar dos mesas para que quepamos holgadamente todos. Mi padre se habrá encargado de preparar una gran jarra de vino tinto con trozos de melocotón. Hoy estará más sonriente y hablador que otros días. Le brillarán los ojos y se le encenderá el color de la cara con la comida y el vino. A mi madre y a mi abuela Leonor les tocará luego recoger las mesas y lavar toda esa montaña de cacharros y platos. No hay lavavajillas, y ni siquiera agua caliente. No los habrá todavía en bastantes años. No hay ninguna inquietud para mi padre porque tiene tiempo de sobra y porque en el cielo no hay ni una nube, ni tampoco sopla esa brisa insidiosa que viene del sudoeste y que trae la lluvia, el aire ábrego. Ellos dicen aire, no viento. *Viento* es una de esas palabras que yo oigo en las películas y leo en los libros pero que no encuentro nunca en la realidad de mi casa.

189

Mi padre, con su pelo tan blanco que no le quita juventud a su cara, con una ancha sonrisa que es idéntica a la de su madre, sube muy erguido por la calle del Pozo, las manos atrás, tan impaciente por asistir a la corrida de toros que no siente la somnolencia del plato colmado de arroz con pollo ni del vino tinto con melocotón. Cruzará el altozano, camino de la calle Chirinos, donde ya estará esperándolo con la misma impaciencia mi tío Juan. Mi tío ha preparado el auxilio fundamental para las tardes de corrida, una bota de vino, que lanzará al torero si ha culminado una faena gloriosa y da la vuelta al ruedo. Mi tía Catalina, intocada por el trabajo y por la edad, inocente del dolor y el miedo que va a conocer muchos años después, cuando el cáncer la fulmine despacio, saldrá a la puerta a despedirse de los dos hermanos, de pie en el escalón, delgada y morena, como una de esas actrices de clase trabajadora del cine italiano. Desde el recinto de la feria llegan las músicas de las atracciones, las voces metálicas amplificadas que pregonan los regalos de la tómbola, el prodigio del hombre bala que una tarde más será lanzado por un cañón hasta lo más alto de la bóveda de lona del circo. Se oye también a lo lejos a la banda de música que desfila hacia la plaza de toros tocando pasodobles. Veo a los dos hermanos de espaldas, tan parecidos y distintos, como irían de niños, alejándose calle Chirinos arriba, en la dirección de donde viene la música y el clamor de la gente en la plaza, la misma calle en la que nacieron los dos, y en la que el más joven vivirá su vida entera, saludando a cada uno de los vecinos con los que se encuentran, los dos solos, con una incondicional camaradería infantil, sobre todo en mi tío, que al ser el menor es más expansivo que mi padre, y va pendiente de él, los dos empujados por una expectativa de felicidad que es el lujo mayor que disfrutarán nunca en sus vidas. Los toreros son héroes populares, como en otros sitios los boxeadores o los futbolistas, gente a la que admiran y en la que se reconocen porque viene del mismo origen que ellos: igual que ellos han sido pobres, han trabajado en el campo, han pasado necesidad, han ascendido a la gloria taurina a fuerza de valor y de tenacidad y sin la ayuda de nadie. En la plaza de toros mi padre y mi tío se sumergen en el júbilo de la multitud y en la claridad de la tarde, el brillo del sol en la arena, el brío de la música, la belleza de los caballos y de los penachos, la pedrería y los bordados en los trajes de los toreros. El rojo oscuro de la sangre no los impresiona, porque están acostumbrados a matar animales y a verlos morir. El sufrimiento de los toros solo los escandaliza cuando ven que un picador o un matador torpe se ensañan con ellos. Con ojos tan adiestrados como los de un experto en danza o en pintura observan los pormenores de cada faena. La belleza de un pase los estremece como un largo pasaje musical. Si la corrida es muy buena se dejan arrastrar por un arrebato colectivo. El vino de la bota de mi tío les alegra la tarde, y además favorece la confraternización con los vecinos en el graderío. Mi tío es capaz de distinguir un defecto oculto o un gesto equivocado en la lidia como un melómano advierte la entrada en falso de un instrumentista en la orquesta. Se envanece mostrando

sus conocimientos delante de su hermano mayor. Mañana al amanecer volverá cada uno a su trabajo, al afán de
ganarse la vida, que no ha dejado de agobiarlos desde que
eran niños y hubieran debido estar en la escuela, no trabajando la tierra. Pero esta tarde de sol y feria del día de
San Francisco mi padre y mi tío la pasan, como ellos dicen, en la mismísima gloria.

190

El 15 de octubre, día de Santa Teresa, diez días después
del final de la feria, los dueños de los puestos de juguetes
que se instalaban junto a las tómbolas y a las casetas de
las atracciones tiraban todos los que no habían vendido. Los
tiraban no se sabía dónde, fuera de la ciudad, bien lejos,
para que nadie pudiera encontrarlos, en algún vertedero particular de juguetes intactos, en uno de aquellos barrancos en los que se tiraban basuras y animales muertos. En
los corrillos de la calle y en los patios de la escuela los niños especulábamos con toda seriedad, con apasionamiento,
sobre el posible paradero de aquel yacimiento extraordi-
nario, sobre el pacto de secreto que sería necesario esta-
blecer entre quienes lo encontraran, más allá de las huertas,
de los olivares más lejanos que se veían desde la muralla.
Planeábamos expediciones, sabiendo el peligro de perder-
nos por aquellos parajes desconocidos, o de que se nos
hiciera de noche en la búsqueda y nuestros padres se an-
gustiaran. Alguien contaba que el vertedero de los juguetes
estaba en el interior de uno de aquellos túneles del ferroca-
rril que nunca terminó de construirse. Sería una gran lla-
nura, un terraplén, una colina hecha solo de juguetes, un
desquite por todos los que nuestros padres no habían po-

dido o querido comprarnos, una ebriedad inconcebible, un Eldorado para nuestras imaginaciones de buscadores temerosos. Cada año se repetía el rumor en cuanto terminaba la feria, según concluía el espectáculo triste de las casetas y las atracciones que iban siendo desmontadas, el armazón desnudo de la noria, el mástil que ya no sostenía la carpa del circo. Era preciso contar uno por uno los días hasta que llegara el de Santa Teresa. Habría que salir muy temprano y alejarse por los caminos blancos entre los olivares y las viñas, que por aquellos mismos días estaban adquiriendo un resplandor apagado de herrumbre y de oro. Se rumoreaba que alguna pandilla de niños de alguna calle que nunca estaba cerca de la nuestra había encontrado el yacimiento de juguetes y se había comprometido bajo juramento a no revelarlo a nadie. Imaginábamos un terraplén como el que había al final de la calle Fuente de las Risas, de cara al campo abierto, un muladar no de basuras y desechos sino de juguetes relucientes, todos los que nadie había ganado en los sorteos de las tómbolas, los que se ofrecían como señuelos en las casetas de tiro, los balones de reglamento, los fuertes del Oeste con sus guarniciones de soldados de uniforme azul y sus patrullas de indios a caballo, las espadas de juguete, las escopetas de corchos, los correajes y las pistolas plateadas, las corazas y los morriones de romanos, los trenes eléctricos, los Scalextric que solo podían costear los padres de niños ricos, los veleros con velas de verdad, los coches de carreras a los que no hacía falta dar cuerda para que arrancaran con un rugido poderoso. Era el sueño de la abundancia, la leyenda áurea de la repartición de las riquezas. Los jugueteros desmontaban sus puestos en la feria y mantenían aquellos tesoros guardados en sus almacenes, y la noche antes de Santa Teresa, cuando nadie podía verlos, los sacaban clandestinamente de la ciudad en furgonetas y camiones para ir a tirarlos en aquel lugar que solo ellos conocían. Que nadie hubiera encontrado nunca aquel yacimiento era una prueba no de su inexistencia, sino de su categoría fabulosa.

191

Quién recordará lo áspero de la vida, lo difícil, lo incómodo, lo que no se notaba porque todo el mundo estaba acostumbrado a aquella aspereza y no había conocido otra cosa: las palmas de las manos infantiles de mi tío Juan ásperas como lija cuando arrancaba hierba para los conejos, la otra aspereza perenne de las superficies que primero desollaba las manos y luego las endurecía: la tela áspera de la que estaban hechos los sacos, la aspereza de las cuerdas de fibras de pita con las que se ataban, lo áspero de la soga con la que se ayudaba a sujetar o levantar un gran peso y cuando se escurría quemaba literalmente la piel de las manos, la soga engarzada en una polea de la que se tiraba para sacar un cubo lleno de agua del fondo del pozo, la corteza de la tierra endurecida, la de los tablones y los postes nunca bien alisados, con astillas diminutas como agujas que podían hincarse justo entre la carne y la uña. Era áspero y seco y se agarraba a la garganta el polvo del trigo y de la cebada cuando se aventaban las espigas en la trilla; y parecida sequedad y aspereza había en las hojas crujientes de maíz, de las que a veces se rellenaban los colchones, que se aplastaban en seguida y no protegían de la dureza del somier o del suelo, y que hacían tanto ruido con el crujido de las hojas que dificultaban el sueño. Quien cagaba en el retrete de su casa tenía que limpiarse con un trozo áspero de papel de periódico; si la necesidad le sobrevenía en el campo se limpiaba con lo que tuviera a mano, siempre con un grado mayor o menor de aspereza, un trapo viejo, una hoja de higuera, si la había a mano, un terrón seco, una piedra. Cuando yo era niño vi a hombres que a modo de calcetines se envolvían los pies en unos trozos de lona basta que se llamaban peales, y que ataban al tobillo con cuerdas de cáñamo, como en la época de Sancho Panza. Y sobre los peales se calzaban unas abarcas de tiras de cuero que tenían como suelas trozos recortados de goma de neumático. Cuando llovía en la época de la aceituna los pies tan mal calzados se hundían en el barro de los olivares y de los caminos, igual que los cascos de los caballos y los mulos muy cargados con sacos de aceituna. Al arrancar hierbas había que tener cuidado de no tocar las ortigas, que dejaban en las manos un escozor de carne viva, aunque algunos hombres tenían las manos tan endurecidas que a ellos las ortigas no les picaban. Para arrancar las matas de garbanzos, en lo más caluroso del verano, habrían debido ponerse guantes recios, pero como no los tenían llevaban las manos dentro de calcetines viejos. Los garbanzos se arrancaban cuando la mata ya estaba seca. El tallo era duro y áspero, las hojas afiladas y pinchudas. Las vainas secas de los garbanzos se rompían en cáscaras de filos tan agudos como hojas de afeitar. Las manos de los que arrancaban los garbanzos terminaban siempre ensangrentadas. En la huerta estaba al menos el alivio de la sombra fresca de higueras y granados y el fluir alegre del agua en las acequias. En las tierras de secano todo era aridez y aspereza. En los campos de cereal no había ninguna sombra, salvo la que proyectaba contra la tierra el cuerpo doblado del segador. Las espuertas, los serones, las barjas en las que se guardaba la comida, estaban hechos de esparto. No puede haber un material más seco y más áspero. Cuando era joven mi abuela Leonor había trabajado tejiendo esteras de esparto. Cuando se sacaba con un golpe de azada un grumo de patatas había que sacudirlo y desprender con las manos la tierra adherida a las raíces. La tierra seca en seguida la piel de las manos. Y estaba la aspereza de las piedras que había que quitar de los campos y amontonar en las lindes, y la de los ladrillos y el yeso y la argamasa cuando se levantaba un muro, y la de la cal con la que se blanqueaban las paredes. En cuanto llegaba el frío se helaban las manos cuando había que lavar las hortalizas bajo el chorro helado de la alberca. Las mujeres lavaban con agua fría y las pilas de lavar estaban en los corrales, tapadas si acaso con un cobertizo. El jabón áspero que ellas mismas fabricaban con aceite usado y sosa cáustica les quemaba y les enrojecía las manos. El frío extremo llenaba de sabañones morados las manos, las puntas de las narices y las de las orejas. Las mujeres se arrastraban en invierno para recoger la aceituna y la dureza de la tierra les desollaba las rodillas y les hacía padrastros dolorosos a los lados de las uñas. Las manos de las mujeres estaban siempre hinchadas y rojas. Eran las mismas manos que tienen las criadas jóvenes en los cuadros de la juventud sevillana de Velázquez. En las casas no había sofás ni sillones, solo sillas de anea con respaldo rígido, o sillas formales de comedor en las que nadie se sentaba. Después de cenar las personas agotadas se quedaban dormidas en la mesa camilla, con la cabeza entre las manos como sobre una almohada. Una vez, cuando mis abuelos Manuel y Leonor llevaban poco tiempo casados, mi abuelo estuvo enfermo mucho tiempo, de una de aquellas enfermedades que no se sabía lo que eran porque no había médico que viniera a diagnosticarlas ni a recetar medicinas. Cuando empezó a mejorar, pero todavía le faltaban fuerzas para mantenerse en pie, mi abuela me contó que tuvo que pedir dinero prestado a su cuñado Luis para comprarle a mi abuelo una mecedora en la que descansara durante la convalecencia. La mecedora era un lujo en aquella casa despojada de todo. Cuando los niños acercábamos la cara a los adultos para darles un beso notábamos la aspereza de los pelos duros de la barba mal afeitada: nos ponían una mano en la cara y tenía un tacto áspero de madera.

192

Lo suave era recóndito y se perdía muy rápido después de los primeros años de la infancia: el pecho mullido y cálido de mi madre y de mi abuela cuando me apretaba contra ellas; el calor de la cama de mi abuela a la que yo me pasaba cuando todos los demás adultos de la casa se habían ido a la aceituna. Lo suave era el agua fresca de una acequia en verano, y la superficie porosa y húmeda del botijo en el que se refrescaba el agua, colgado de una rama de granado, en una umbría en la que era igual de suave la brisa. Lo suave y lo caliente era un huevo recién puesto por una gallina sobre un lecho de paja que ella misma calentaba con su cuerpo. Era suave y bruñido el tacto del cabo de una azada, de un escardillo, de una vara de varear. Recién compradas esas herramientas, la madera era todavía áspera, pero el uso y el roce y la presión de las manos las iban suavizando, casi las modelaban, las barnizaban con el brillo noble del trabajo. Era suave y frío el lomo de un perro de porcelana en el comedor nunca usado de mis padres, y el tacto de las tazas en las que nunca tomaron café, guardadas tras una vitrina de cristal; suave la pulpa de una ciruela madura en el paladar, la seda de una sombrilla blanca con puño de marfil que estaba sepultada en un baúl y olía a tiempo antiguo, el regazo de mi madre cuando yo me abrazaba a ella y no le llegaba todavía a la cintura. Ella había venido de un sitio en el que había estado mucho tiempo, un hospital oí que decían, pero yo ignoraba el significado de esa palabra. La vi aparecer de pronto en el umbral de una habitación, un poco desconocida para mí porque estaba más pálida y delgada. Lo suave estaba casi siempre escondido. Era el tapizado de raso rojo de la única butaca que había en casa, pero que tampoco se usaba, a no ser en las muy raras ocasiones en que mi padre se ponía o se quitaba unos zapatos formales que eran los de su boda y los de ir a los entierros. La butaca pertenecía al mundo de las cosas intocables, como las tazas y los platos y el azucarero y la jarrita de leche del juego de café detrás de su vitrina, en ese comedor siempre en penumbra en el que no habíamos comido nunca. Cuando llegó el tiempo de la escuela la suavidad y la ligereza eran el gran atractivo de todas las cosas, el tacto y el olor, el papel impreso, los cuadernos rayados, los lápices, los libros. Mis manos infantiles eran muy suaves cuando llegaban las vacaciones de verano, acostumbradas solo al trato con los lápices y los libros. Empezaba a trabajar en la huerta, aunque las tareas que me encargaba mi padre al principio eran livianas, y de tanto apretar el cabo de la azada o del escardillo se me formaban ampollas. Mi padre me decía que me orinara sobre ellas para desinfectarlas. Las ampollas se reventaban dolorosamente. Poco después empezaban a formarse callos en las palmas. Al final de verano yo también las tenía endurecidas y ásperas. Me había puesto muy moreno de andar siempre al aire libre. Mi padre se enorgullecía de mis manos ahora fuertes y de mi piel oscurecida por el sol. Ya no veía en mí la palidez insalubre de la escuela: «Está más negro que una morcilla». Entonces revivía brevemente su esperanza de que yo no fuera un inútil y de que me hiciera hombre trabajando a su lado en la huerta.

193

Pero lo áspero y árido de las cosas era solo una parte de la aspereza general de la vida. Era áspero el acento del castellano que hablábamos, un duro andaluz medio manchego con jotas que raspaban como lija, y lo eran también las voces que daban órdenes y que gritaban o insultaban. Todo lo infectaba la aspereza de un régimen político malencarado y cuartelario. En los actos públicos jerarcas de gafas fúnebres de sol, bigotillo fino y correajes ladraban secamente los llamados gritos de rigor: «Viva Franco, Viva España, Arriba España». Las palabras en las discusiones de los hombres podían tener una aspereza agresiva de guijarros. Por las calles se veían mutilados de guerra, mancos con una manga de la chaqueta vacía, hombres con una sola pierna que se apoyaban en toscas muletas. Un arriero que llevaba siempre una reata de burros cargados de escombros o materiales de derribo tenía cortados los dos brazos un poco más arriba del codo, y sin embargo se las arreglaba para cargar cosas, gobernar a sus animales, trabajar como cualquiera. Contaban que jugando de niño en un descampado le había estallado entre las manos una granada de la guerra. Los hombres fumaban dentro de las casas y tiraban las colillas al suelo. El suelo de los bares y de las tabernas era un vertedero crujiente de cáscaras de gambas. Hombres viejos de caras congestionadas untaban la punta ensalivada de un puro en la copa de coñac antes de darle una chupada. Los bares olían a aceite refrito y a humo acre de tabaco.

Mozarrones broncos cercaban a parejas de perros enganchados en el coito y los forzaban a separarse a pedradas. Se arrimaban jactanciosamente a las mujeres solas en los paseos del domingo y les decían piropos de un ingenio baboso o brutal y les daban pellizcos en el culo. Sobre una mesa destartalada, bajo el retrato de Franco y de José Antonio a los lados del crucifijo, los maestros mantenían bien visible la palmeta de madera. Le sujetaban a un niño la cabeza debajo del brazo izquierdo y con el derecho le daban palmetazos en el culo, contándolos en voz alta, a veces sin quitarse el cigarro de la boca, sofocados por su propia ira y por el humo. Era normal que los padres pegaran a los hijos, con la mano o con la correa. Cuando era niña mi madre se escondía dentro de una alacena o detrás de una cortina y se tapaba los oídos para no oír los correazos y los gritos cuando su padre castigaba a uno de sus hermanos. He visto a un hombre apalear a un burro atado e indefenso hasta que ya no le quedaban fuerzas o se le había partido la estaca con la que lo golpeaba. He visto el pánico ante la crueldad humana en los ojos de los caballos, los burros o los mulos, y lo he reconocido muchos años después en los caballos despavoridos del *2 de mayo* de Goya. He visto ahogar dentro de un saco a gatos recién nacidos y he visto cómo los mataban golpeando el saco contra una pared. He oído, en medio de las voces infantiles en los juegos de la calle, el coro de los que se burlaban de un niño que parecía afeminado, o cobardón:

> *Mariquita*
> *Barre barre*
> *Con la escoba*
> *De su madre.*

He visto el terror en los ojos de un niño con síndrome de Down acosado por otros un poco mayores que lo escarnecían señalando su bragueta mojada, porque se había meado de miedo.

194

He oído muy cerca un chillido que traspasaba los tímpanos y que a cada momento se hacía más agudo, el de un cerdo en el momento en que los hombres entraban en la cuadra armados de ganchos y sogas. Él había oído acercarse los pasos numerosos y fuertes y había sabido que iban a matarlo. Le ataban sogas a las patas y a la cabeza. Le hincaban un gancho en la mandíbula. Tiraban al unísono de él cuatro o cinco hombres. Ellos decían marrano, no cerdo. El animal enorme y ya muy bien cebado reculaba contra el fondo de la cuadra, clavando en el suelo las pezuñas, chillando de dolor por el gancho en la boca y sobre todo por la plena conciencia de que lo iban a matar. Desde que fui un poco mayor tuve que sumarme con mis fuerzas escasas y mi carácter desmayado al grupo de adultos que entraban a buscar al cerdo y lo arrastraban fuera de la cuadra, tropezando algunos y cayendo durante el camino, porque el poderío físico del animal era inmenso. A lo largo de todo el camino, entre la cuadra y el portal donde el matarife había instalado el banco de madera del sacrificio, el chillido no cesaba ni un instante. Es un grito que yo no he escuchado en ninguna otra parte, ni en otra criatura. El chillido llenaba la casa y se extendía por la calle a esa hora del atardecer que era la establecida para matar al animal. Mi tío Paco, que era el matarife, había llegado un poco antes con su mono azul, un mandil largo de cuero, unas botas de goma muy altas, un envoltorio con su arsenal tremendo de cuchillos, unos largos y muy afilados, otros chatos y curvos, otros como hachas, según la tarea para la que se usaran. El más largo y filoso de todos era el que se clavaría de un golpe en un punto exacto del cuello para traspasar el corazón, abriendo una herida de labios anchos y rojos por la que brotaría a borbotones el caño humeante de la sangre. Lo más difícil era levantar al cerdo al peso entre los cuatro o cinco hombres que lo habían arrastrado y ya estaban sudorosos y sin aliento, y tenderlo sobre el banco de matar. En el momento en que mi tío Paco se disponía a clavar el cuchillo, cuando el chillido sonaba más agudo y más desgarrado y los ojos desorbitados del cerdo miraban el tumulto de gente que lo rodeaba y sujetaba, una mujer ponía en el suelo el lebrillo en el que iba a verterse la sangre. La mujer se remangaba y hundía las manos en la sangre caliente según caía en la artesa y la removía para evitar que se coagulara. Mi tío Paco introducía la mano en la herida abierta para agrandarla por dentro y acelerar la hemorragia. En lugar del chillido ahora se oía el gorgoteo de la última respiración en la garganta del animal. Los hombres que lo sujetaban aún no podían aflojar la presión por si el cerdo daba un último estertor y se desembarazaba de ellos, rodaba por el suelo, volcaba el lebrillo colmado de sangre.

195

Llamo a mi hermana y la encuentro vigilando en el recreo. Me dice que los niños, desde que empezó el curso, se comportan con una responsabilidad admirable. Usan las mascarillas, se lavan las manos, se frotan en ellas el gel hidroalcohólico, mantienen las distancias, permanecen disciplinadamente en los grupos separados que les corresponden. Han crecido en unos meses: se han vuelto más formales y sobrios. Va a resultar que los niños son más responsables que muchos adultos. Dice mi hermana que a un profesor de su colegio acaban de expulsarlo por negacionista del coronavirus. Llevaba trabajando unos años, y este era el primer curso que tenía un contrato fijo. El primer día del curso se presentó en el colegio sin mascarilla y el portero le dijo que no podía entrar. Se enfadó primero; dijo que él era un profesor titular del centro y que el portero no podía negarle la entrada. El portero se mantuvo firme: él cumplía órdenes. El profesor convocó a los padres de sus alumnos por videoconferencia y les explicó que el coronavirus era un invento del gobierno y de las compañías farmacéuticas, que las mascarillas no sirven para nada, etc. Entre los padres y madres de sus alumnos hay varios que son médicos y enfermeras y le llevaron la contraria con argumentos profesionales que él no quiso escuchar. Todos firmaron una carta diciendo que si el profesor se negaba a ponerse mascarilla ellos no mandarían a sus hijos al colegio. Durante todo el mes la dirección del centro, con cautela absurda, ha intentado convencer al profesor para que cambie de actitud. Al final no han tenido más remedio que expulsarlo. Así que en estos tiempos en los que millones de personas se han quedado sin trabajo este idiota ha preferido perder un puesto seguro y bien pagado antes que renunciar a sus fantasías de conspiración.

30 de mayo. *Ahora que las restricciones empiezan a levantarse sin que el virus esté ni mucho menos vencido el peligro es toda la gente absurda que se lanza a la juerga gregaria sin ninguna precaución, con una irresponsabilidad inaudita. En un pueblo de Córdoba se juntan treinta personas para un cumpleaños, algunas de ellas venidas de Sevilla y hasta de Bruselas, y como varios de ellos tienen el virus se lo contagian a todos los demás. Debía de ser gente de clase latifundista, porque la fiesta era en una finca, y entre los invitados había un miembro de la familia real belga. Pero la máxima estupidez colectiva, por ahora, ha sido en Tenerife, donde varios cientos de idiotas se concentran también sin precauciones sanitarias en torno al ataúd de un héroe local que tenía el doble mérito de ser motero y rapero. En las imágenes del informativo se ve a la gente abrazándose a lágrima viva, muchos de los dolientes rockeros decrépitos, arremolinándose en torno al ataúd para tocarlo y para besarlo, por supuesto sin mascarillas y sin ninguna medida profiláctica. Anoche, cerca de Felipe II, vi a un grupo como de treinta jóvenes haciendo botellón, todos muy juntos, ellos y ellas, todos sin mascarillas. Es asombroso lo poco que se aprende; y más todavía lo rápido que las personas abdican de la sensatez en cuanto deja de ser obligatoria. Hay una frontera radical entre los que sufren y los que no se enteran de nada, entre los que quedarán marcados para siempre y los que ya están olvidándose de lo que ni siquiera ha terminado todavía.*

La matanza era un trabajo agotador que duraba tres días. También era una de las grandes celebraciones del año. El final de la vendimia coincidía con San Miguel y con los últimos días cálidos del final de verano. La matanza llegaba hacia mediados de noviembre, en torno a San Martín, que era el día once, con los primeros fríos que anticipaban el invierno. El frío ayudaba a preservar la carne del animal recién sacrificado. Después de desangrarlo lo depositaban en una artesa que a mí me parecía una piragua de película de aventuras y le echaban por encima cubos de agua hirviendo para reblandecerle la piel erizada de cerdas, que raspaban enérgicamente con cazoletas metálicas de bordes afilados. El cerdo abierto en canal era izado con sogas hasta colgar de un gancho en el techo del portal y ahí se quedaba oreándose al fresco toda la noche, oscilando bocabajo, con el tórax abierto a hachazos y ya limpio de vísceras, la piel ahora lisa y fría al tacto, la cabeza una máscara formidable de sonrisa macabra y diminutos ojos rasgados brillando en la oscuridad, como en la atmósfera de un sueño. A la mañana siguiente, muy temprano, todos los bajos de la casa estaban ocupados por calderos, lebrillos, artesas, por grandes sartenes en las que se freía la carne picada para los chorizos. En los calderos enormes, negros por fuera y de cobre reluciente por dentro, instalados en los corrales sobre fuegos de leña de olivo, los hombres usaban cucharones como remos para dar vueltas a las masas hirvientes de sangre del cerdo mezclada con cebolla con la que se haría la morcilla, y para hervir las tripas muy bien lavadas que se usarían para los embutidos, y que colgaban luego secándose de los tendedores. Mi tío Paco había partido a hachazos los huesos de las costillas y de la columna vertebral, dividido los grandes trozos de tocino, cortado y limpiado hasta darles forma los jamones que poco después las mujeres salarían y pondrían a secar al fresco en las cámaras altas. La casa entera se había convertido de la noche a la mañana en una factoría en la que todo el mundo colaboraba con sus saberes y sus fuerzas. Bajo la campana de la chimenea de la cocina y en los corrales se mantenían las hogueras encendidas con brazadas de leña. En lebrillos de barro colmados de carne fresca recién picada las mujeres añadían cucharas de pimentón y aliños de especias y de hierbas y lo amasaban todo hundiendo enérgicamente los brazos en la mezcla olorosa. Según terminaban de usarse, lebrillos y calderos se lavaban con agua fría en el corral y volvían de nuevo resplandecientes y dispuestos para ser usados. De los tubos de las máquinas de embutir movidas agotadoramente con manubrios iban saliendo las tripas prietas de morcilla, de butifarra, de chorizo. La matanza era una factoría y una fiesta a la que se agregaban familiares y vecinos de la calle. A los niños nos habían dado la vejiga del cerdo que una vez secada e hinchada se convertía en una pelota magnífica. Quien venía de visita echaba una mano girando la manivela de la máquina de embutir, cargando al hombro jamones o piezas de tocino para subirlas a las cámaras, ayudando a majar mezclas de especias en el mortero. El visitante recibía un trozo de pan y sobre él una loncha de tocino recién asado en la lumbre, con su corteza olorosa y crujiente, o una cucharada de morcilla caliente o de picadillo de chorizo para que juzgara su punto de sazón. El tiempo de la matanza era de fiesta porque dejaba en suspenso los hábitos de los días normales. En los tres días que duraba no regían los horarios de siempre y se comía y cenaba casi a cualquier hora, de cualquier manera, a veces de pie, delante del fuego, en una pausa del trabajo. De la mañana a la noche la casa estaba abierta de par en par. Las corrientes de frío se mezclaban inestablemente con el calor de los fogones y de las calderas donde hervían y borboteaban sustancias espesas. Con las piernas abiertas y los brazos en jarras las mujeres frotaban los interiores cóncavos de las calderas con jabones ásperos y cepillos de cerdas. Con una vejiga y una caña se podía hacer también una zambomba, en preparación para la Pascua, que venía un mes más tarde. Había gran regocijo y carcajadas picarescas que desconcertaban a los niños cuando alguien, un hombre, se escupía en la palma de la mano para que se le deslizara bien por el carrizo de la zambomba, con su ronco sonido de juerga campesina. El vino para la celebración venía en damajuanas de cristal verde oscuro. Terminada de hacer y reposada la morcilla, antes de empezar a embutirla se mandaban platos hondos llenos de ella como obsequios a las casas de familiares y amigos cercanos. El plato de morcilla del regalo se adornaba con piñones pelados, blanco de marfil contra el negro rojizo. A los niños nos tocaba llevarlos en una cesta tapada con un lienzo para que la morcilla no se enfriara mucho. Íbamos como mensajeros en las tardes de noviembre dejando un rastro sabroso y picante en el aire muy frío, en el que flotaba siempre un olor a humo de leña. Era un mandado que hacíamos con gusto, porque la persona que recibía el regalo nos daba una propina; y también porque en el camino alzábamos cautelosamente el lienzo que cubría la cesta y nos comíamos algún piñón, o untábamos un dedo en morcilla para saborearla. Era como una fiesta popular en un cuadro de Bruegel: uno que está en el Prado se llama justamente *El vino de la fiesta de San Martín*; una celebración de la abundancia como la que embriaga a Sancho Panza en las bodas de Camacho. Aquel mundo arcaico duró en nuestra tierra pobre y atrasada hasta los mismos años en los que ya sonaban las canciones de los Beatles.

198

Terminada la matanza volvía el sosiego. En el suelo embaldosado de las cámaras yacían en fila los jamones sepultados en sal. En las altas orzas de barro se guardaban tajadas de lomo y carnosas costillas sumergidas en manteca. A lo largo de las vigas de los techos colgaban oreándose las ristras de morcillas, chorizos y butifarras. La careta y las orejas del cerdo se conservaban en sal y se asaban sobre las ascuas del fuego, o en las hogueras que se encendían al amanecer entre las filas de olivos. Poco después del final de la matanza, tras un breve respiro, comenzaba el otro gran trajín del invierno, la movilización innumerable de hombres, mujeres, niños, animales de carga, en la recogida de la aceituna. En las barjas de esparto y en las fiambreras de los aceituneros iban los recios alimentos de la matanza que los sustentarían en jornadas de muchas horas de esfuerzo sin tregua.

199

Voy a media mañana por este Madrid atribulado del presente y de pronto una llamada de mi tío Juan me devuelve a Úbeda y al pasado lejano. Con el móvil en el oído y sorteando a la gente me extravío entre dos mundos. Mi tío Juan suele llamarme a la hora del aperitivo. Ha pasado la mañana en su casa antigua, trabajando en el huerto. Ha recorrido las habitaciones en las que están los recuerdos y las fotos de su vida con Catalina: la cama nupcial, los pocos muebles que tenían cuando se casaron; la Santa Cena en bajorrelieve de plata; las fotos de novios, juntos o por separado, que se hicieron en el estudio de Ramiro Retratista. Él va de un lado a otro muy atento a todo, y respetuosamente, como si visitara una capilla, el museo solitario de su propia vida. Ahora ya tiene poco que hacer en el huerto. Ha arrancado las matas de tomates, de pimientos y berenjenas. Los últimos higos y las últimas uvas de la parra se las dejó a los pájaros. Ha limpiado y labrado la tierra y la ha dejado esponjándose en reposo hasta la próxima siembra. Así que como ya no tiene gran cosa que hacer y le sobra tiempo se prepara a conciencia su aperitivo. Tiene un vinillo tinto de la Alpujarra que le manda de Granada un amigo suyo. Tiene unas almendras fritas y saladas que le gustan todavía más porque son de su almendro, y las ha recogido, pelado, frito y salado él mismo. Se sirve también un plato de aceitunas de cornezuelo machacadas. Fue él también quien las machacó una por una, con un martillo de madera, quien las puso en agua en una orza con sal, cáscara de limón y tomillo. Le gusta el brillo aceitoso de las almendras fritas, y el de los granos de sal gorda. En el microondas tiene preparado el plato que calentará para comer. Me lo describe golosamente, para darme envidia: unas migas con pimientos fritos y torreznos que le ha traído su cuñada, la hermana más joven de Catalina. Las dos hermanas eran tan guapas que parecían gemelas. Pero mi tío siempre tuvo la satisfacción íntima de que su Catalina era la más guapa de las dos: y también más lista, y más trabajadora; quizás más apasionada. Esta última suposición es mía. Me ha venido de pronto el recuerdo de que a mi tía Catalina le gustaban mucho los libros.

Con su vaso de vinillo alpujarreño en la mano, en este mediodía que no parece de otoño, mi tío Juan me cuenta tristemente que este año no salieron los gigantes y los cabezudos, por culpa de la pandemia, y me somete por teléfono a un examen de vocabulario taurino. «A ver, tú que has estudiado tanto y que sabes tantísimas palabras. ¿Cómo se llama el palo que aprieta el torero para sujetar la muleta?» Se deleita en mi silencio, en mi ignorancia. «Pues se llama estaquillador. Con la buena memoria que tienes a ver si no se te olvida. Es una pieza muy importante en el toreo.» Mi tío paladea cada sílaba de esa palabra que le gusta tanto igual que paladea una almendra frita o una aceituna machacada. Es un término técnico que a mi tío Juan le llena de orgullo, hasta de reverencia. Me explica que si el torero, al dar un pase de muleta, coge el estaquillador por la parte más cercana a su cuerpo, malo. No tiene seguridad. Tiene miedo. El estaquillador un maestro de la lidia lo tiene que sujetar por el centro, con fuerza, con mando. «Ahora una más fácil: ¿Cómo se llama esa bota metálica que lleva el picador para que el toro no le hinque los cuernos en los bajos de las piernas?» Hay otra pausa. Lo oigo sorber un poco de vino. «Pues se llama la mona.» Dice que ahora va a hacerme una pregunta de Historia. «¿Y cómo se llamaba el toro que mató a Manolete en la plaza de toros de Linares, aquí al lado, en la Feria de San Agustín, el 29 de agosto de 1947, cuando tu tío Juan Cachorro tenía la tierna edad de ocho años?» Del fondo de mi memoria, del archivo de saberes inútiles que llevo toda mi vida acumulando, emerge un nombre que no habré recordado ni una vez en más de medio siglo, aunque lo escuché mucho de niño, y que ahora me sirve para ganar algo de crédito ante mi tío Juan:

«Islero».

Hago la cuenta y le digo: «Así que tú naciste el mismo año que terminó la guerra». Él chasquea la lengua y mastica despacio una aceituna o una almendra frita. Ha de tener cuidado con su dentadura postiza. «Mira la suerte que tuve yo para nacer. Mi mama, tu abuela, Juana Valenzuela Marín, me dio a luz en la casa de aquí más abajo, donde tú venías a verla cuando eras chiquillo, en el dormitorio del balcón, el que da a la esquina. Mi mama se puso de parto el 28 de marzo del año 1939 a las once de la mañana. Las tropas de Franco estaban entrando en Úbeda desde la carretera de Baeza, por el paseo del León, con todo el gentío que iba a recibirlas, que decía mi papa, tu abuelo, que no se sabía de dónde habían salido de golpe tantas banderas de los nacionales, y en ese mismo momento venía al mundo tu tío Juan Muñoz Valenzuela, también conocido como Juan Cachorro.»

30 de mayo. *Hacia las doce saco la bici y me voy al Botánico. Había ya algunas personas haciendo cola junto a la verja, con una mansa paciencia propia de aficionados a las lentitudes del reino vegetal. Éramos pocos, y he estado mucho rato sin cruzarme con nadie, escuchando a distancia voces tranquilas, mezcladas con los silbidos de los mirlos, y luego, más al fondo, en la zona de las plantas acuáticas, con el croar de las ranas. Yo no sé cuántos años hace que llevaba sin oírlo. Parece que los anfibios se extinguen tan rápido como los insectos y los pájaros. En la alberca de nuestra huerta había muchas ranas. Se paraban en el* filo, o se las veía camufladas entre el espesor verde de las ovas. Mi padre quería enseñarme a atraparlas pero a mí me daban un poco de asco, y me faltaba rapidez y decisión para agarrarlas con la mano. Alguna vez que lo hice su tacto húmedo y la palpitación de sus barrigas me daba tanto escrúpulo como los pezones de las vacas, que tampoco me atrevía a sujetar y apretar para ordeñarlas. El Botánico está magníficamente descuidado y asilvestrado. La fertilidad vegetal, después de meses de soledad y de lluvia, ha desbordado las líneas demasiado geométricas de jardín francés. Las especies silvestres y las cultivadas se mezclan en los canteros con una espléndida anarquía, con la armonía espontánea del desorden y el crecimiento orgánico. Como es sábado y el paseo del Prado está cerrado al tráfico esta mañana, el Botánico, por primera vez en todos los años que llevo visitándolo, está inundado de silencio. Por el paseo del Prado y luego por Alcalá y O'Donnell subo pedaleando camino de casa, cuesta arriba pero sin fatigarme, con toda la anchura de Madrid para mí y para los otros ciclistas y caminantes como yo.

Me siento culpable porque hace una semana que no llamo a mi madre. Esta mañana alegre de Botánico y bici se tiñe de tristeza porque he soñado con ella. Me hablaba de algo lejano, uno de esos recuerdos amargos que repite tantas veces, algo que al parecer le había sucedido en noviembre. La fecha es una de esas exactitudes ilusorias de los sueños. Yo le decía, como le digo en la realidad: «Pero todo eso pasó hace mucho tiempo, y tú ahora tienes otra vida».

202

Dijo la mujer del tiempo en el telediario que a estas alturas del otoño cada día se pierden trece minutos de luz. He salido al balcón con la confusa idea de que aún quedaba sol y ya está anocheciendo. Hace una brisa fresca que estremece las plantas, las largas ramas extendidas del jazminero que se extienden como tanteando en busca de un apoyo. Si quiero sentarme en mi silla para mirar a la calle tengo que ponerme una chaqueta. El oro de sol tardío se ha apagado en el aire. Hacia el oeste hay unas nubes dispersas teñidas de un rojo débil. En las ventanas ya están encendiéndose las luces. Es esa época de principios de curso en la que antes de que se hiciera de noche ya estaban iluminados los interiores de las papelerías, con el bullicio de niños y madres, de adolescentes de Instituto que entraban a comprar cuadernos, lápices, estuches de colores, libros de texto, todo lo que cabe en la bella expresión *material escolar*. Estaban empezando las clases, después del final de la feria, y al salir del Instituto yo tenía que darme prisa para bajar a la huerta. Dejaba la cartera en mi casa, cogía al paso algo de merienda y bajaba por los caminos cuando duraba el sol de la tarde. El campo olía a otoño. El color de octubre era el de los pámpanos rojos y amarillos de las viñas, el de las uvas maduras, que reventaban de jugos dulces al pisarlas, el de las calabazas, el de los caquis de piel lisa y pulpa carnosa, el de las granadas entreabiertas, con sus grumos de granos rojos envueltos en una membrana translúcida. Los colores de octubre eran más oscuros y los olores más profundos. En el horizonte de los cerros en los que había terminado la vendimia nubes moradas contrastaban con el ocre de la tierra desnuda, exhausta de dar frutos después de la abundancia de todo el verano. En la huerta mi padre y el peón que le ayudaba estaban terminando de lavar la hortaliza bajo el chorro frío de la alberca, y empezaban a prepararla en haces, a guardarla en sacos y en canastas de mimbre: los pimientos, las berenjenas, las acelgas, los últimos tomates, las granadas, las coliflores, las patatas, las cebollas. Yo recogía a la yegua en el barbecho en el que había pastado todo el día. Le ponía la manta y luego la albarda sobre el lomo, la jáquima con la brida en la cabeza, le apretaba bien la cincha bajo la barriga, para que la albarda se mantuviera firme y no hubiera peligro de que la carga se volcara. Tomaba impulso para levantar el serón de esparto y ponerlo encima de la albarda. Un rato antes estaba en el Instituto tomando apuntes de griego, de latín, de literatura, mirando de soslayo a las chicas en las bancas próximas, la primera vez en mi vida que compartía un aula con ellas. Ahora estaba ayudando a mi padre a atar haces de cebollas y acelgas con juncos fuertes y flexibles, a recalcar bien los sacos llenos de coliflores y de patatas, a levantarlo todo sobre el lomo de la yegua y acomodarlo en los dos lados del serón. Era una tarea de equilibrio y de fuerza: acomodar las cosas, los sacos y los cestos, para que toda la carga pudiera ir segura sobre la yegua, sin volcarse, sin que al animal le hiciera daño o le estorbara los movimientos. Una trama de sogas y cordeles tensos, nudos bien apretados, lo mantenía todo en su sitio. Las manos de los hombres hacían esos nudos y los aseguraban con la misma destreza vigorosa que las de los marineros. Había que darse prisa para tenerlo todo listo mientras aún era de día. Yo tomaba a la yegua por las riendas y subía por los caminos de las huertas y luego por las calles empedradas y en cuesta de un antiguo arrabal en el que aún quedaban lienzos y torres en pie de la antigua muralla y puertas con arcos de herradura del tiempo de los musulmanes, camino del mercado de abastos, a la hora en que llegaban a dejar sus cargas los hortelanos, casi todos en burros, mulos o caballos, algunos, los más adelantados, en remolques enganchados a máquinas cavadoras, que eran entonces una gran innovación. Ataba la yegua a un aldabón junto a la entrada y descargaba con la ayuda de algún operario los sacos y las canastas de nuestras hortalizas, que se quedaban guardadas junto al mostrador de mármol del puesto donde a la mañana siguiente, muy temprano, mi padre las desplegaría con gran talento visual para ponerlas a la venta. Libre la yegua de su carga, más gallarda ahora y más alta, yo me montaba en ella y volvía a mi casa, atravesando calles con poco tráfico en las que ya se habían encendido las luces de las esquinas, inseguro de mis destrezas de jinete, temiendo que una moto o un coche espantaran a la yegua y me tirara al suelo.

203

«Qué poca sangre tienes.»

Esas palabras llegan del pasado lejano, de golpe, y me hieren a tanta distancia con una exacta puntería, aunque quien solía decírmelas lleva muerto dieciséis años, aunque yo era poco más que un niño cuando las oía, dirigidas a mí, en la voz de mi padre, y a veces también en la de mis abuelos y mis tíos. Qué poca sangre tienes: me lo decían cuando no era capaz de hacer algo con la fuerza y la destreza que para ellos eran naturales, cuando me faltaba empuje, cuando quería levantar un saco lleno de algo y me quedaba parado a la mitad, cuando no apretaba una soga con la fuerza suficiente para sacar rápidamente del pozo un cubo de agua, cuando no era capaz de subirme de un salto a la yegua y tenía que arrimarla bochornosamente a la reja de una ventana y extender una pierna sobre la albarda, cuando no sabía arrancar de la tierra una mata de zanahorias o de rábanos apretándola muy fuerte justo por la base y en vez de eso se me escurría la mano y arrancaba las hojas pero no la raíz, cuando no daba un golpe de azada con fuerza suficiente para levantar un bloque de tierra dura. Tener sangre era ser fuerte y ser rápido recogiendo berenjenas, pimientos, tomates, o higos de una higuera, o los higos maduros que habían caído sobre la tierra y que ya solo servían para alimentar a los cerdos. Tener sangre era raspar con el filo de una pala el suelo de la cuadra para levantar la capa de mierda fresca dejada por las vacas y echarla con determinación en una espuerta de goma. Tener sangre era apretar con determinación y habilidad los pezones de una vaca para ordeñarla, cortar al sesgo las raíces de las malas hierbas con la hoja de un escardillo, sacudir con energía un manojo de cebollas bajo el chorro de agua de la alberca para quitar toda la tierra de las raíces y darles un blanco deslumbrante. Tener sangre era golpear con la vara una rama de olivo y provocar una granizada de aceitunas sobre el mantón de lona, y poner en el golpe la habilidad necesaria para que la rama se doblara sin romperse. La sangre era vigor físico, empuje, iniciativa, agilidad, soltura en las tareas. Mi padre me miraba hacer algo a su lado y me decía, con reprobación, con tristeza, casi resignadamente: «Qué poca sangre tienes». Y al ver esa expresión irritada y censora, tan familiar para mí, yo me volvía aún más torpe y más inseguro. Mis manos no lograban mantener abierto el saco donde él iba depositando coliflores, por ejemplo, o la fuerza del agua me arrancaba de ellas el manojo de cebollas que estaba lavando. Hasta es posible que ese manojo no lo hubiera atado yo con la energía y la destreza suficientes, y que las cebollas acabaran cada una por su lado.

Hasta para agitar el cencerro y dar las voces que asustaban a los pájaros hacía falta sangre: hacía falta mucha fuerza para sacudir con las dos manos aquel cencerro de buey con badajo de madera que pesaba tanto. Tener sangre en las venas era la virtud fundamental, la prueba necesaria de hombría, en un niño igual que en un adulto. El mayor elogio que ellos hacían de alguien era: «Qué sangre tiene». La torpeza, la lentitud, la falta de fuerza física, eran indicadores vergonzosos de que se tenía poca sangre, o una sangre aguada o floja, o de que no se tenía sangre en las venas. Era la sangre lo que le daba a uno el impulso para montarse de un salto en un caballo. Hacía falta sangre para desviar con dos golpes certeros de azada el agua de una acequia alzando un dique de barro, una torna, en el habla de ellos. Lo contrario de tener sangre era ser perro. *Perro* contiene un grado de acusación y desprecio que no cabe en la palabra *perezoso*, que ellos no usaban. «Perro malo», decían. «Es más perro que el suelo.» Ser perro era ser flojo y también ser cobarde. Tener sangre era ser valiente. Tener sangre era unirse de manera efectiva al grupo de hombres que arrastraban a un cerdo aterrorizado hacia el banco de madera del matarife. Y también hacía falta sangre para clavar el cuchillo en el lugar justo del cuello del animal, y para ahondar tanto que la cuchillada alcanzara el corazón. En la sangre había un elemento de honra y orgullo. Tener sangre era estar a la altura de los demás en el trabajo compartido y no hacer trampa escudándose en el esfuerzo de los otros. Era no quedarse atrás en la línea de hombres que cavaban o segaban en un tajo, no tener medio vacía la espuerta de aceitunas cuando los otros ya llenaban las suyas. Quien mostraba ser perro o carecer de sangre avergonzaba a su familia. Para la falta de sangre no había excusa: que el jornal fuera bajo, o el esfuerzo inhumano, o el patrón déspota o miserable. Lo que tenían que hacer lo hacían poniendo toda su sangre, su máxima entrega. Decían: «La única carrera que tienen los pobres es la honra». El jornal era solo una parte del pago. Lo que importaba sobre todo era quedar bien con los iguales que compartían las tareas; el buen nombre de uno mismo y de su familia. Era una ética invariable y obstinada del trabajo. Era un orgullo que les permitía mantener intacta la dignidad y el sentido del propio valor en un mundo en el que no tenían defensa contra los abusos y en el que estaban privados de cualquier derecho. Quejarse era una debilidad incluso si uno se quejaba con razón. Quejándose uno se destacaba y por lo tanto se ponía en peligro, a sí mismo y a los suyos. Decían: «Tú no te señales». Detrás de aquel código arcaico estaba la huella del terror que no nombraban, y del que ni siquiera necesitaban acordarse, porque la derrota en la guerra se lo había tatuado a todos en el alma. «Pase lo que pase tú no te señales.»

205

Aquel mundo que nos parecía tan antiguo en cuanto llegamos a la adolescencia y nos sentimos con derecho a rebelarnos contra él era en realidad un paisaje de ruinas recientes. Nosotros lo veíamos como fuera del tiempo, anclado en la exasperante lentitud circular de los trabajos campesinos. En realidad era el escenario de un cataclismo tan reciente que era necesaria una ley rigurosa de silencio y terror para borrar su existencia: las fosas todavía abiertas, el murmullo humano y la oscuridad de las cárceles, los mutilados por la calle. No era que siguiera durando un pasado de siglos; el pasado había vuelto a imponerse a punta de pistola. Ellos aludían a los asesinatos y a los perseguidos de manera oblicua, y no mostraban abiertamente hacia ellos compasión o solidaridad, sino un escéptico desdén campesino, como si hubieran pagado el precio no del heroísmo sino el de la ingenuidad, o el desvarío, o la simple imprudencia. La mente campesina estaba empapada en recelo y sarcasmo. El trabajo que hacían era al mismo tiempo agotador y exigente. En él no había casi descanso, ni lugar para la improvisación, pero tampoco ninguna seguridad sobre los resultados, una recompensa que estuviera a la altura del esfuerzo. El trabajo era incesante, y requería toda la energía física, y todo el discernimiento, toda la destreza: pero también estaba sometido a la incertidumbre, a la intervención de fuerzas superiores a cualquier empeño de un hombre, y además indiferentes a él, que podían golpearlo en cualquier momento. La amenaza de la sequía era permanente; también la de las tormentas de verano que podían arruinar en pocos minutos la cosecha de un año. Podía no llover nada y también llover catastróficamente. La escasez era una desgracia que siempre acechaba; también podía ser una calamidad la abundancia excesiva. La fiesta de una gran cosecha de aceituna traía consigo la caída ruinosa de los precios y el agotamiento de los olivos, que al año siguiente darían poco fruto o ninguno. La sabiduría campesina era una invitación constante al escepticismo y al desengaño. La palabrería de los expertos, de los demagogos, los iluminados, los curas, toda la gente parásita que no trabajaba con sus manos, contrastaba con las evidencias incorruptibles de la realidad. Nadie mejor que ellos podía saber que no era lo mismo predicar que dar trigo, y que un solo pájaro en mano, por mezquino o desmedrado que fuera, era mejor que cien pájaros volando, y que si alguien le daba a uno pan no tenía la menor importancia que lo llamara tonto, y que mucho más valía un toma que dos te daré. Era el buen sentido irritante y socarrón de Sancho Panza. Era la burla de toda elocuencia y de toda retórica del soldado Švejk. Uno de esos días de San Francisco que mi abuelo Antonio y mi abuela Juana venían a comer a casa, cuando eran ya muy viejos y yo había empezado a colaborar en un periódico, saqué mi máquina portátil de escribir y me puse a trabajar en ella. El ruido acelerado y copioso de las teclas despabiló a mi abuelo Antonio, que se había quedado dormido en la mesa, con la cabeza caída sobre el pecho. Mi abuelo miraba con curiosidad y hasta cierto asombro mis manos veloces sobre las teclas, el gesto seco con que desplazaba el carro al llegar al final de una línea. Probablemente era la primera vez que me veía mover mis manos con soltura. Tenía los ojos pequeños y acuosos, la piel muy fina, punteada de venillas moradas. Dijo, para sí mismo: «Se ve que esto se le da mejor que coger higos».

206

Mi tía Elena y su marido llegaban sin avisar de los lugares exóticos a donde los llevaban sus viajes. Para mí cualquier lugar era exótico porque no había viajado a ninguna parte, salvo a la capital de la provincia, donde a veces me llevaban al médico. Mi tía Elena y su marido llegaban de un viaje y yo adivinaba que eran ellos por el modo alegre en que hacían sonar el llamador, tan musical como el sonido de los tacones de mi tía sobre el empedrado. Otras veces yo estaba en la calle, sentado en la tierra, o jugando a las bolas con otro niño, y al levantar la cabeza los veía aparecer, en lo alto de la calle Fuente de las Risas, jóvenes y muy bien vestidos, como personajes de películas en technicolor. A mi tía y a su marido, a diferencia de a casi todos los adultos que yo conocía, se les notaba la alegría de estar juntos. Si uno contaba algo el otro lo miraba con atención y sonriendo. Ella no se colgaba formalmente del brazo de él: se apoyaba en él, echaba la cabeza sobre su hombro. A veces iban por la calle tomados de la mano. Eso no lo hacía en Úbeda ninguna pareja. Bajaban hacia mí tomados del brazo, mi tía con un traje de chaqueta de falda estrecha, un bolso elegante, tacones de punta fina, y mi tío con traje y corbata, pero no uno de esos trajes sombríos y esas corbatas negras que se ponían los hombres para ir a los entierros, sino uno de formas sueltas y colores claros, como sus corbatas. Mi tía y su marido traían las gafas de sol de pasear por lugares luminosos y también marítimos, o fluviales, de un sol que alegraba y bronceaba pero que no quemaba en seco, como el nuestro. Hasta las gafas de sol que llevaban mi tía Elena y su marido eran distintas de las que yo veía cuando iba a las calles del centro, porque en nuestro barrio nadie las usaba, salvo un gitano viejo que se llamaba Canorra y que tenía unas gafas oscuras con un solo cristal, como un parche sobre un ojo enfermo. Las gafas de sol que yo solía ver eran las que llevaban siniestros personajes oficiales en los desfiles y en las procesiones, como un complemento necesario de sus uniformes, sus bigotillos y sus ceños despóticos. Años después, viendo películas italianas y francesas, descubrí que las gafas de sol de mi tía Elena y su marido eran idénticas a las de Marcello Mastroianni y algunas de aquellas actrices que empezaban a gustarme, Monica Vitti, Silvana Mangano, Anouk Aimée. Comparada con mi tía Elena, hasta mi tía Catalina empalidecía. Catalina era muy guapa, pero no dejaba de notársele el desgaste del trabajo, y su ropa se parecía mucho a la de mi madre y mi abuela y todas las mujeres de nuestra calle, batas y mandiles, tejidos oscuros, todo muy gastado, alpargatas, chancletas, zapatillas a cuadros.

Mi tía Elena y su marido llegaban de un viaje y yo no me apartaba de ellos. Siempre me traían regalos: coches de carreras de latón y barcos de rueda a los que se les daba cuerda, con banderolas y chimeneas negras; maquetas de veleros; álbumes de tebeos de tapa dura; libros con ilustraciones de maravillas del mundo y escenas de aventuras. Me contaban sus viajes en transatlántico, en trenes que tenían por dentro dormitorios, salones, hasta cuartos de baño. Les habría gustado llevarme alguna vez con ellos, pero mis padres decían que era todavía muy chico, o que no podía faltar a la escuela. Los dos tenían las manos largas y suaves, sin filo negro en las uñas. El marido de mi tía sacaba los cigarros de una caja plana de metal que se llamaba pitillera, o de un paquete brillante de celofán con las letras impresas de un nombre extranjero, en rojo sobre fondo blanco. No sacaba el tabaco a granel de una petaca ni lo liaba con un papelillo de fumar de punta humedecida, como hacían los abuelos. No fumaba cigarros de tabaco negro sin filtro, como mi padre, ni los encendía con un mechero de yesca, que dejaba al apagarse un olor infame. Sus cigarros con filtro de color tostado salían ya lisos y perfectos del paquete o de la pitillera, y no los encendía girando una tosca rueda que hiciera saltar chispas de una piedra de pedernal, sino con un mechero plano y plateado del que brotaba una breve llama azul. El humo de sus cigarrillos no era basto y acre, sino muy delicado, con un punto de dulzor. También los encendía a veces con cajas de cerillas como las que se veían en algunas películas, que llevaban impreso el nombre de un hotel internacional o de un restaurante de lujo.

207

Mi tía Elena y su marido se marchaban tan sin aviso o sin motivo como habían llegado. Con el equipaje tan ligero que llevaban siempre viajar no les daba ninguna pereza. Yo oía cada mañana el silbato del cartero con la esperanza de que me trajera una de las postales que me enviaban mis tíos, en las que había siempre edificios blancos de muchos pisos, palmeras, avenidas con coches de colores variados, cielos de un azul que solo se ha visto en las postales y en las películas de aquellos años. Mi tía Elena y su marido no existían. A él también le inventé un nombre, pero se me ha olvidado, y no quiero hacer la trampa de inventarle otro ahora. Hay cosas que deben contarse sin trampa ni ficción. Estando solo en mi casa, o yendo por la calle, o en las mañanas de la huerta, y sobre todo de noche, al meterme en la cama, en el silencio y la oscuridad, yo inventaba meticulosamente detalles sobre los dos, sobre su vestuario, sus viajes, las aventuras que vivían en ellos, los regalos que me traían, las cosas que me contaban, los proyectos que hacían para cuando yo fuera un poco mayor y pudiera irme con ellos, tal vez para siempre, para vivir en otro país. Y la esperanza imaginaria de que aparecieran era tan intensa que a veces se convertía en una secreta esperanza real, en el desconsuelo de añorarlos: de un momento a otro los vería llegar, jóvenes y luminosos, en la esquina de nuestra pobre Fuente de las Risas, donde los tacones gráciles de mi tía y los zapatos impecables de su marido pisarían el suelo de tierra, muchas veces embarrado, o sucio de estiércol de animales, y el empedrado desigual, y las vecinas se los quedarían mirando tras las rejas de las ventanas, o asomándose al quicio de una puerta, como cada una de las raras veces en las que aparecía un forastero. Yo los inventaba como personajes de película, limpios, bien vestidos, sin aire de fatiga ni de deterioro, sin barro en las suelas de los zapatos, sin las caras quemadas por la intemperie, sin callos en las manos. Eran emisarios resplandecientes de un mundo exterior a los que yo solo veía. Eran más cercanos a mí porque nadie más que yo sabía que existieran. Oía el silbato del cartero cuando estaba muy sumergido en una de aquellas imaginaciones y me parecía que estaba a punto de llamar a nuestra puerta y de dejar una postal o una carta en las manos enrojecidas que mi madre se secaría en el mandil antes de cogerla. Un día, jugando solo en la calle, elaborando una de mis historias sobre mis tíos invisibles, oí una voz de mujer que llamaba varias veces: «Elena, Elena». Sentí una oleada de emoción y extrañeza, porque mi mundo secreto se estaba mezclando inexplicablemente con el mundo real. Elena no era un nombre que se oyera en nuestro barrio, y yo no conocía a ninguna mujer o niña que se llamara así. Alcé los ojos con mi corazón infantil sobresaltado, queriendo ver a la mujer que llevaba ese nombre, creyendo por un instante en la posibilidad de que fuera mi tía invisible.

208

2 de junio. *Por primera vez volvemos a sentarnos en una terraza: en Arzábal, en la acera un poco litoral de Menéndez Pelayo, todavía con sol sobre las arboledas del Retiro. Es la novedad estimulante de lo que antes era habitual: sentarse en* una mesa, mirar la carta, pedir algo de beber y de cenar, al cabo de tres meses. Es la primera caña que me tomo desde principios de marzo. Le dejo a Elvira el primer sorbo. El blanco de la espuma, el oro de la cerveza muy fría. Me concentro en el acto de beber: lo frío y lo ligeramente amargo de la espuma, el deleite de paladear la cerveza, en esta terraza, en este atardecer templado, frente al Retiro, con gente alegre y habladora en las mesas cercanas, separadas reglamentariamente entre sí. Grupos de mujeres pasan por la acera y se paran en el semáforo, con vestidos livianos que se abren al costado, zapatillas blancas, sandalias, mallas, camisetas, hombros desnudos, la pura felicidad universal de ir por la calle, de respirar el aire libre, de no estar ya confinados por el miedo. Elvira bebe vino blanco con hielo y yo tinto gallego. Está muy animada, muy guapa, la piel lozana, el pelo rizado, los labios muy rojos, una camisa de seda con estampado floral. Tomamos raciones frugales de cosas que nos gustan: gambas al ajillo, burrata con tomate, mejillones en escabeche, patatas crujientes y saladas de bolsa. Ahora miramos con extrañeza y alivio hacia el aislamiento de estos meses pasados. Los dueños de Arzábal, junto a los de muchos otros restaurantes de Madrid, han estado haciendo comidas gratuitas para miles de personas durante este tiempo. Volvemos a casa despacio, por nuestro barrio de nuevo animado del Retiro, con la ligera ebriedad del vino y de las cosas recobradas de golpe, y las que regresan poco a poco.

209

Le pregunto a mi madre por aquella vecina que venía a asustarla a nuestra casa de la calle Fuente de las Risas contándole que se iba a acabar muy pronto el mundo, que iba a chocar contra él una estrella o una gran bola de fuego, pero ella no se acuerda. Ese es el tiempo de su vida que nadie comparte ahora más que yo. Mi padre está muerto. Mi hermana nació cuando yo tenía casi seis años y sus primeros recuerdos son más tardíos. Su vida de madre joven que por primera vez tenía una casa solo para ella nadie más que ella y yo la recordamos. Mi madre es una mujer joven, de poco más de treinta años. Ella y yo pasamos mucho tiempo solos en esa casa en la que no ven pobreza mis ojos de niño, sino edén y misterio. Mi madre cocina en una hornilla de carbón. Yo me acuesto en una cuna con barrotes de hierro en el dormitorio de mis padres. Los barrotes están muy fríos cuando los toco por la mañana. Encima de mi colcha me ponen una piel de borrego. Por las noches, cuando ellos están dormidos, yo me cobijo bajo las mantas y las sábanas y el calor del borrego como en una cueva y me imagino todo tipo de historias muy elaboradas, o me escucho a mí mismo cantando canciones en voz baja. En el suelo, detrás de la cortina del balcón, aparecen los regalos en la mañana del día de Reyes, muy temprano, cuando apenas está amaneciendo. Su sencillez los hace más enigmáticos todavía, sagrados, valiosos de tocar, hasta de oler: una pizarra pequeña, una caja de lápices de colores, una goma que huele mucho mejor que las gomas compradas en la papelería porque los Reyes la han dejado para mí detrás de la cortina del balcón. Yo escribo aplicadamente mi carta a los Reyes Magos, esmerándome en la claridad de la letra, pero ellos traen lo que quieren, que es siempre mucho menos de lo que les había pedido —el tren eléctrico, el balón de reglamento— pero que por eso tiene el valor de lo no solicitado, lo elegido por ellos. Mi madre dice que la casa era pequeña y vieja, pero yo recuerdo en ella pasajes umbríos, cajones que guardaban secretos, un baúl, la puerta de un armario que se abría en silencio mostrándome en el espejo un duplicado sorprendente de mí mismo. Del interior de las alacenas venía el olor de los alimentos. Por un corredor oscuro de techo muy bajo se llegaba de golpe a la claridad del corral. En la radio mi madre escuchaba las novelas y los programas de canciones y mi padre, los domingos por la noche, un boletín de informaciones taurinas. Algunas canciones de la radio me sobrecogían de congoja secreta.

Adiós mi España querida
Dentro de mi alma
Te llevo metida.
Y aunque soy un emigrante
Jamás en la vida
Yo podré olvidarte.

210

Los niños sienten como una sombra la responsabilidad de proteger a sus padres. Debajo de la fortaleza benévola que lo ampara, el niño tiene la intuición animal de la vulnerabilidad de su padre y de su madre. La intuye, pero no se la puede explicar, y eso lo agobia más, porque él sabe que no puede hacer nada, que el influjo mágico que le sería necesario no está a su alcance. Una vecina gorda venía de vez en cuando a ver a mi madre y le contaba cosas que le daban mucho miedo. Una parte de lo que aquella mujer le contaba a mi madre yo no lo comprendía. El habla de los mayores estaba llena de palabras y expresiones que carecían de significado. Yo veía a esa mujer bajando por la calle y me daban ganas de entrar corriendo en casa y cerrar la puerta por dentro, echar el gran cerrojo que gruñía tanto y que yo no lograba deslizar alzando mis manos infantiles. Le diría a mi madre que aunque oyera llamar no debería abrir la puerta. La vecina venía a hacer algún recado, a pedir algo, sal, aceite, a traerle algo a mi madre. Pero yo sabía, con la clarividencia de un perro que advierte el peligro y no sabe cómo avisar a su dueño, que esos recados eran pretextos tramposos. A lo que venía aquella mujer era a asustar a mi madre y a disfrutar viendo el efecto de lo que le contaba. No entraba en la casa: se quedaba en la puerta de la calle. Si mi madre veía que yo estaba cerca me hacía un gesto para que me fuera. Yo desaparecía de su vista, pero seguía rondando, vigilando el peligro. Me esforzaba por descifrar las palabras que decía aquella mujer. Era difícil porque las palabras de los adultos muchas veces decían una cosa y parecía que significaban otra muy distinta, y porque aquella mujer le hablaba a mi madre bajando la voz, como impartiendo un secreto, algo temible que ella hubiera preferido no saber. Distinguí unas palabras por encima de otras tal vez porque eran las que más se repetían en las visitas de aquella mujer: «Acabamiento de mundo». Me acercaba más, con sigilo, convertido en gato o perro en ese momento, en niño invisible. La mujer le decía a mi madre que ella había sabido que el mundo iba a acabarse muy pronto, que lo había oído en la radio o se lo había contado alguien que sabía mucho, que se abriría la tierra y nos tragaría a todos, que los muertos saldrían de las tumbas, que una estrella de fuego iba a chocar contra el mundo, muy pronto. Yo escuchaba detrás de la puerta, o me asomaba un poco, aprovechando que mi madre, muerta de miedo, no se daba cuenta de mi presencia. Tenía una cara de miedo que me la volvía desconocida, de miedo y desamparo, una cara muy pálida. No veía lo que para mí estaba tan claro, la perfidia de aquella mujer, el placer monstruoso que disfrutaba viendo la credulidad sin defensa de mi madre. El niño observa a los adultos y descubre que cuando están solos o hablan entre ellos no tienen la misma cara que cuando lo miran o le hablan a él, igual que no tienen la misma voz. Entonces el adulto, tan familiar que parece, resulta ser un desconocido, tener una vida completa inaccesible para el niño, que lo consideraba una extensión de sí mismo. La mujer le advertía a mi madre que «por nada del mundo» repitiera a nadie lo que ella le había contado. Las palabras quedaban en mi conciencia como escritas con tiza sobre el fondo negro de la pizarra, o el de la oscuridad del dormitorio cuando no me llegaba el sueño, también como si una voz las dijera en mi oído, y yo las repitiera muy bajo: «Por nada del mundo», «Acabamiento de mundo», «Los muertos salen de las tumbas», «Una estrella de fuego». Iba a venir un cometa, decía también la mujer. La palabra *cometa* la repetía con tono de secreto y de espanto. Los adultos decían palabras que siendo las mismas tenían significados distintos. Un cometa era una bola o una estrella de fuego y también era ese aparato volador que hacían algunos niños de la calle con cañas, papeles, hilos de bramante. Me quedaba dormido con una de aquellas palabras en los labios.

211

A medianoche, todo el fin de semana, me asomo al balcón y veo la cola de la gente que aguarda para comprar alcohol. Desde las diez han de estar cerrados los bares. Llenan la tienda de 24 horas sin guardar distancia, y tampoco la guardan mientras hacen cola, subiéndose las solapas de los abrigos, porque las noches ya son frías, quitándose las mascarillas para fumar. Algunos mean sin apuro contra los árboles de la acera, las mujeres en cuclillas entre los coches aparcados. La cola crece según avanza la noche. Hombres y mujeres, todos jóvenes, apareciendo en grupos por las bocacalles, alejándose luego con bolsas de plástico llenas de botellas y con bolsas de hielo, camino de esas fiestas que están prohibidas pero que se oyen desde la calle, el ruido de voces y de risas y músicas que vienen de ventanas abiertas y terrazas iluminadas, una insensata sublevación colectiva que ahora mismo invade hasta el pequeño parque que hay detrás de la Maternidad, a un paso de los pabellones del Gregorio Marañón en los que están los enfermos de covid-19. Madrid ha sido confinada de nuevo. Las sirenas vuelven a travesar la noche. España sufre las mayores cifras de contagios de Europa, la caída más desastrosa de la economía. Pero toda esta gente se congrega sin escrúpulo en plazas que luego deja invadidas de basura, y en las fiestas donde no tienen el menor reparo en mezclarse entre sí y transmitir el contagio mientras se emborrachan y bailan con sus músicas atronadoras, manteniendo insomnes a los vecinos hasta la madrugada, hasta que llega por fin un coche de policía a interrumpir la fiesta alcohólica, no sin que algunos de los celebrantes agredan a los guardias, les tiren botellas, les escupan. La policía entra en un garaje y descubre a cincuenta personas, todas ellas desnudas, hombres y mujeres, pero sobre todo hombres, que participaban en una orgía en la que al mismo tiempo se estaba rodando una película porno. Es la danza de la barbarie impune y del contagio festivo, la jactancia incívica consentida y hasta alentada desde hace muchos años, ahora más ofensiva que nunca, aterradora en su poder de centrifugación del desastre. No parece posible que la irracionalidad y la estupidez humana lleguen a este grado. Frente a mi balcón la gente hace cola y se amontona ahora mismo para comprar alcohol y emborracharse cuanto antes, y difundir de paso el virus que ahora vuelve a condenarnos a la enfermedad y a la ruina. Y cuando cierro el balcón veo en el televisor las imágenes en directo que vienen de Granada, en Puerta Real, en la calle Ganivet: centenares de universitarios que ya no pueden seguir en los bares cerrados se lanzan a una especie de aquelarre público, en una gran celebración de imbecilidad colectiva. Y mientras tanto las camas en los hospitales vuelven a llenarse, los sanitarios se ven desbordados otra vez por la multiplicación del número de enfermos, millones de personas trabajadoras se ven arrojadas al paro y a la pobreza: pero estos miles de idiotas a los que entre todos les pagamos sus carreras universitarias no tienen la madurez mínima ni la decencia de cumplir las normas y dejar de emborracharse en manada un fin de semana.

212

3 de junio. *El regreso de hoy ha sido el del Prado. Como una parte del personal está de baja y no tienen dinero para contratar vigilantes, han hecho de la necesidad virtud y han preparado una selección de obras escogidas en la galería principal, en la gran sala octogonal de Velázquez y en algunas de Goya. Llegamos esta mañana a las diez y nos recibe el jefe de prensa. A esta hora solo hay operarios y guardias de seguridad. Atravesamos las salas en penumbra de la planta baja. Los cuadros son manchas familiares y borrosas en las paredes. En la sala principal, a la entrada, han puesto frente a frente* El Descendimiento *de Van der Weyden y* La Anunciación *de Fra Angelico. Ver las obras* tan lejos de sus lugares habituales y una frente a otra tiene un efecto de revelación: lo que está empezando como esperanza y augurio en Fra Angelico ha alcanzado en Van der Weyden su culminación atroz.

Pasamos mucho rato solos Elvira y yo en la sala grande de Velázquez. La quietud y la soledad favorecen la contemplación de la pintura. También aquí hay novedades. Han puesto al lado de Las Meninas los retratos de los bufones, lo cual resalta la presencia que tienen estos en torno a la infanta Margarita, figuras de entretenimiento y compañía que alivian el tedio de posar para el pintor. Elvira, con su experiencia de dibujante aficionada, se fija en cómo están pintadas las manos, o casi no pintadas, gestos disueltos en el aire.

El mayor asombro, después de Velázquez, ya al fondo de la galería, es el encuentro súbito con Goya. En la rotonda donde está la familia de Carlos IV han colgado, uno enfrente del otro, el 2 de mayo y Los fusilamientos. De nuevo una revelación argumental, la secuencia completa y el desenlace de una historia terrible, desde la pompa imbécil del retrato de la corte hasta el horror que sucedió muy poco después. Y por primera vez podían verse esos dos cuadros con luz natural, la luz blanca y limpia de la claraboya en la rotonda. Los cuadros cobran volúmenes y profundidad, una fuerza de espacio en tres dimensiones, de cuerpos singulares en el amontonamiento: el rosa delicado al fondo de la carnicería en el 2 de mayo, la honda negrura de la noche en la escena del fusilamiento, alumbrada por esa linterna cúbica amarilla. En el 2 de mayo la sangre que brota de la panza del caballo herido de un navajazo es de un rojo fresco: en Los fusilamientos tiene ya el rojo oscuro de la que se va secando y empapa la tierra. El amarillo de la linterna es el mismo de los pantalones del hombre que abre los brazos en cruz en el momento en que va a recibir los disparos. Me acuerdo de lo que dice Antonio Palomino sobre Velázquez: «Lo demás es pintura. Esto es verdad».

213

Una tarde me asomé a la ventana y estuve seguro de que se acababa el mundo. Yo tendría nueve o diez años, porque ya vivíamos en la plaza de San Lorenzo. Jugaba mucho con otros niños en la calle, pero también había aprendido a estar solo y a sumergirme en los tebeos y en los libros. Ya estaba oscuro en el interior de la casa. Aún no habíamos encendido la luz eléctrica, a esa hora que mi madre y mi abuela llamaban «la oración». Para ahorrar retrasaban todo lo que podían el momento de encenderla. Se quedaban cosiendo junto a la ventana, aguzando la vista, aprovechando hasta el último rescoldo de la claridad del día. Antes de encender la luz eléctrica había que cerrar los postigos, «No vaya a vernos la gente que pasa». Me reñían si yo daba la luz atolondradamente con la ventana todavía abierta. Si no estaban escuchando la radio hablaban en voz baja, la una frente a la otra, las dos inclinadas sobre la labor, a cada lado de la ventana, en sus sillas bajas, hablando en un murmullo, como si el apagarse lento de la luz se correspondiera con el de las voces, como murmurarían respetuosamente en una capilla. Ese rumor de las dos voces, intercalado de largos silencios, y el movimiento de las manos sobre el bastidor de tela blanca, los gestos sutiles de los dedos que manejaban la aguja, su brillo y el de la tela en el contraluz, formaban parte de una especie de liturgia secreta, exclusiva de esa hora, de ese momento, la oración. Pero esa tarde yo estaba solo, sentado en una de las dos sillas bajas. Aquella ventana enrejada daba a la calle del Pozo, a un largo muro encalado. Alcé los ojos del tebeo que estaba leyendo y al mirar por la ventana vi que todo se había vuelto rosado, púrpura, violeta. La cal del muro era de un rosa muy intenso, y también el cielo por encima, y el empedrado delante de la ventana, y la acera, y el aire, rosa rojizo, rojo del todo un momento después en el cielo más liso que el muro encalado, y también en el interior de la habitación donde yo estaba, en la parte a la que llegaba debilitada la claridad exterior, tiñendo mis manos, y el papel del tebeo abierto sobre mis rodillas, como un rescoldo a la vez amenazador y moribundo. No pasaba nadie en ese momento por la calle del Pozo. No se oía nada, ni en la calle ni en el interior de la casa. Me daba cuenta de que llevaba mucho tiempo sin ver a nadie, ni a mi madre, ni a mi abuela, ni a mi hermana, muy pequeña todavía. No se oían canciones ni juegos en la plaza, ni pájaros en los árboles, ni mugidos de vacas, ni cascos de caballerías volviendo del campo. Lo único que existía fuera de mí era esa luz rosa a cada momento más uniforme y más intensa, con algo de niebla tenue y de polvo en suspensión. Me acordé de la bola de fuego que se estaría acercando a la Tierra, según el vaticinio de aquella mujer que por fortuna ya no vivía cerca de nosotros. La cola del cometa del acabamiento del mundo enrojecía el aire antes de incendiarlo todo. El cielo ahora era una niebla roja. Me he acordado porque ese es el color que tiene ahora en las fotos de los incendios de California y de Australia. Yo no sabía si estaba despierto o soñando. Tal vez ya se había acabado el mundo y yo era el único habitante que quedaba vivo, el último, salvado por azar, en mi isla de soledad infantil y lectura. Cuanto mayor era la penumbra en la habitación más fuerte se hacía la claridad rosa y rojiza que venía de la calle, descendiendo del cielo, tiñendo el muro blanco de cal. Aquí se detiene el recuerdo, como se detiene la narración en un instante fotográfico.

214

De madrugada, en una noche insomne, he terminado de leer el último de todos los Episodios Nacionales, *Cánovas*, el sexto de la quinta serie, que quedó interrumpida con él, aunque Galdós tenía planeados unos cuantos más que se le quedaron sin escribir. Está publicado en 1912. A Galdós le quedaban ocho años de vida. Estaba enfermo, y casi ciego, pero no deja de intrigar ese silencio. Después de *Cánovas* a Galdós le faltaban por escribir cuatro episodios que ya tenía planeados. Pero al terminar la novela no da la impresión de que algo quede interrumpido o malogrado, en suspenso, en espera de una continuación que no va a llegar, como un edificio o una sinfonía incompleta. El tono es tan de derrumbe y de despedida que uno intuye que Galdós, aunque tuviera el propósito consciente de continuar, ya sabía en el fondo de sí mismo que no quedaba nada más que decir. El personaje narrador, Tito Liviano, que en los tomos anteriores muestra una desenvoltura humorística, aquí se vuelve serio y melancólico, con mucha dulzura en sus sentimientos —el amor por Casiana, la amistad hacia Segismundo— y mucha aspereza, desolación y radicalismo en su visión de la política. El delirio y hasta el disparate en el retrato de la I República y la revolución cantonal se vuelven de pronto negrura y luto al final de *De Cartago a Sagunto*, en las escenas de la masacre perpetrada por los invasores carlistas en Cuenca. Es el hartazgo de un horror sanguinario que ya dura muchísimos años, y contra el que el otro lado, la España liberal, puede hacer muy poco: por la debilidad militar del Estado, pero sobre todo porque no hay una verdadera convicción progresista en los que están a cargo de la defensa de la legalidad; ni convicción ni altura de miras, ni constancia, ni unidad de propósito. El alegre Tito, el don Juan chiquitín, se ensombrece más todavía porque empieza a perder la vista. Aquí el último volumen se vuelve todavía más autobiográfico. Galdós está trabajando en esta serie no con documentos ni con narraciones de otros sino con la memoria de su propia juventud. Pero en ella se filtra la experiencia amarga del tiempo en el que está viviendo. Es el hombre ya viejo, de sesenta y nueve años, que parecen muchos más en las fotos, el que transfiere a Tito Liviano su propio desengaño político y la tristeza de su ceguera.

A Galdós le quedaban ocho años de vida, pero ya no escribió más episodios. Beethoven no compuso ninguna sonata para piano en sus últimos cinco años. Simenon vivió dieciocho sin publicar ninguna aventura nueva de Maigret. El artista viejo se va alejando de lo que le ocupó tanto tiempo, las invenciones en las que puso tanta constancia, a lo largo de tantos años. Llevo casi toda mi vida leyendo y admirando a Galdós, pero creo que solo ahora empiezo a ser consciente de la verdadera magnitud de su talento, de la generosidad de su imaginación, la fuerza de su patriotismo civil, de su conciencia democrática española, sin rastro de mixtificaciones nacionalistas. En el último año y medio he leído cuatro de las cinco series. La cuarta y la quinta enteras no han dejado de acompañarme ni un solo día en estos tiempos tan raros de la pandemia. La amplitud monumental de los materiales narrativos solo puede compararse a la realidad concreta y a veces mínima y sin embargo memorable de cada uno de los personajes: cada uno con su nombre, su presencia física, su oficio, su lugar de origen, sus manías verbales. Ahora lo que me apetece es volver de inmediato al principio de todo, a la primera serie, a la aventura juvenil de *Trafalgar*, y también a la intriga folletinesca y militante de la primera de todas las novelas que escribió, con veintitantos años, *La Fontana de Oro*.

215

6 de junio. *La vida de estos meses en suspenso se va disolviendo día a día. El lunes que viene Madrid entra en la Fase 2, que permite ocupar mesas dentro de los restaurantes, y no solo en las terrazas. Ayer a medianoche, en las calles laterales del barrio, por encima de las copas de las acacias, se oía una animación de conversaciones y ruido de vajillas y de copas, gente que se reúne de nuevo a cenar con los balcones abiertos. Había una gran luna llena encima de la plaza de Felipe II, igual que en las primeras noches del confinamiento. Quedaba una terraza todavía con público, y olía engañosamente a lluvia porque acababa de pasar un camión de riego. Es la vida antigua que vuelve, por ahora sin cambios visibles, con un aire de energía animosa por todas partes, en las tiendas donde la gente hace cola para volver a comprar, en el ruido de las obras de reforma que empiezan a hacerse, de nuevo con obreros trabajando y contenedores de escombros junto a las aceras. Yo voy de nuevo a comprar legumbres a granel en Casa Ruiz, café colombiano recién molido a La Mexicana, pan y ensaimadas a Formentor, lápices y cartulinas a la papelería de Narváez. En Casa Ruiz los tarros de cristal con especias y hierbas aromáticas están ordenados alfabéticamente en las estanterías. Parecen tarros de pigmentos en el taller de un pintor antiguo. Los colores y las texturas de las cosas tienen más be-*

lleza cuando se van leyendo en voz alta los nombres. Cuando abro la mochila en la papelería para guardar lo que he comprado, el aroma del café y el de las ensaimadas se mezcla con el de las gomas, cuadernos y lápices.

La corriente del tráfico arrecia en O'Donnell, pero en otros sitios de Madrid sigue habiendo menos coches, y se ven más ciclistas y gente que camina. Menéndez Pelayo, esta mañana, y Goya esta tarde, siguen siendo amplitudes de calma pastoral: en el centro de Goya, una mujer enseña a montar en bicicleta a un niño de cuatro o cinco años, tan menudo que el casco abulta en su cabeza como una escafandra. Se ven ganas de disfrute de esta amplitud inusitada y esta calma, igual que las hay de salir a trabajar, a hacer todo tipo de cosas. En el periódico las noticias económicas son aterradoras, pero nada de eso se advierte en la calle ni en la actitud de la gente. Las medidas sociales que ha aprobado el gobierno sin duda han dado un respiro, y la actitud mucho más solidaria de Europa ofrece un fondo de estabilidad que amortigua, por ahora, la magnitud de la crisis, los efectos destructivos de la bronca política.

216

Mi madre recuerda cosas que desaparecerán de la memoria viva cuando ella las olvide, o cuando muera. Ayer es nunca jamás. Mi madre se acuerda del sonido de las sirenas que alertaban de aviones enemigos en el cielo y de bombardeos inminentes. En la capital de nuestra provincia, donde su padre paseaba una gallardía de hombre alto y de ojos claros con el uniforme azul oscuro de la Guardia de Asalto, no había defensas antiaéreas, pero sí al menos sirenas anunciando la inminencia de los bombardeos. Su padre andaba siempre de servicio, quién sabía dónde, custodiando edificios oficiales con su máuser y su estatura marcial, poniéndose firme y llevándose la mano extendida a la visera de la gorra de plato cuando se izaba la hermosa bandera tricolor y sonaba el himno bullanguero de la República —o tal vez rondando a alguna de aquellas mujeres que le escribían luego cartas que a mi abuela la inquietaban más porque no podía leerlas. Su madre y ella oían las sirenas y cogían en brazos a los niños pequeños para salir corriendo al refugio cuando ya empezaban a sonar los motores de los aviones enemigos. Ella tenía ocho años en los últimos meses de la guerra. Corría sosteniendo con dificultad a uno de sus hermanos y le daba miedo tropezarse en el empedrado y caer entre la gente que también corría bajo el estrépito de los motores y las bombas. Pero más miedo le daba aún estar esperando en la oscuridad de aquel sótano y sentir que temblaba la tierra por el impacto de las explosiones, que parecía a punto de derrumbarse el techo tan bajo de aquel refugio, y de sepultarlos a todos, los que aguardaban en silencio, muy agrupados a la fuerza en el espacio tan estrecho, entre el retumbar profundo de las bombas y el llanto de los niños, el miedo a que se le cayera de los brazos su hermano de pocos meses se confunde en su conciencia despojada de sentido del tiempo con el otro miedo a perder a su hijo o a su hija la primera vez que se quedó embarazada, en una época en la que el miedo era su forma exclusiva de relación con el mundo: miedo a los silencios y a las brusquedades y los deseos ávidos de su marido, miedo a cocinar algo que a él no le gustara o a decirle algo que lo irritara sin que ella pudiera saber por qué. Tenía náuseas siempre. Las náuseas eran una manifestación física del miedo. Tenía dolores que le atravesaban las entrañas. Su suegra decía que le faltaba buena sangre, quizás porque ella y sus hermanos habían pasado mucha hambre después de la guerra. Su suegra la miraba con desconfianza y algo de burla y a ella le daba miedo ser observada por aquella mujer de expresión acusadora y efusiones frías. Si estaba haciendo algo delante de ella se equivocaba sin remedio. Las manos se le volvían inseguras, y veía de soslayo a su suegra complaciéndose en su torpeza. Perdió la criatura a los cinco meses de embarazo. El dolor la derribó y empezó a sangrar, y creyó que iba a morirse, tirada en el suelo. Cuando abrió los ojos la cara de su suegra se inclinaba sobre ella junto a la cara de la comadrona y todo había terminado. Se acuerda de la criatura que no llegó a vivir como si estuviera viéndola ahora mismo, «con su carilla redonda, con pelo negro, todo en su sitio, las manecillas y los pies, hasta con sus uñas, enteramente como una muñeca». Era una niña, me dice en el teléfono, como haciéndome una confidencia, aunque todo esto me lo ha contado muchas veces. Y a continuación sé que va a imitar, con todo su rencor intacto, la voz de esa mujer, mi abuela Juana, que lleva muerta más de treinta años y a la que no ha perdonado ni perdonará nunca, diciendo lo que contaba a las vecinas, alzando la voz para estar segura de que su nuera lo escuchaba: «Encargar la criatura, eso bien que supo hacerlo. Lo que no supo fue traerla sana al mundo». Yo nací justo un año después. Si aquella hermana mía fantasma hubiera vivido yo no habría llegado a existir.

217

Miro desde mi balcón las siluetas de la gente que pasa y recorto de las páginas del periódico figuras de gente que camina enmascarada y anónima, y las pego en el mismo cuaderno en el que escribo. El desfile de las figuras recortadas contra el fondo blanco del papel se parece al de la gente que pasa por la acera del otro lado de mi calle, ahora más abrigada, porque ya es casi invierno, bajo las copas de las acacias que van teniendo amarillas las hojas. En el escritorio mi herramienta de trabajo es el ordenador, con una pantalla ancha y vertical que me exige mantenerme erguido y un teclado plano y silencioso. En la mesa del comedor, todas las tardes, desde el marzo ya tan lejano de hace unos meses, lo que tengo delante es el ventanal y el balcón que da a los edificios del otro lado de la calle. Aquí necesito más espacio porque he de usar instrumentos más variados, no la abstracción fría de la pantalla y el teclado, sus superficies lisas de plástico. Aquí dispongo, como en la mesa amplia y despejada de un taller, la pluma que me regaló el doctor Bouza, el tintero, los lápices, las tijeras, las cartulinas, las carpetas, la caja de cartón donde guardo las páginas con noticias y las siluetas recortadas, y también titulares, o fragmentos de frases, o palabras y nombres aislados que me seducen por su tipografía, que adquieren una inesperada poesía visual cuando quedan aislados y pegados en las hojas anchas del cuaderno, mezclados con las líneas rápidas y sumarias de mi propia escritura. Me gusta tocarlo todo con las manos, las texturas diversas, el papel firme y liso del cuaderno y el más áspero y quebradizo del periódico, los filos de una figura recortada, el olor del pegamento y la sensación de extenderlo apretando la barra, como si hiciera un trabajo manual, una de esas tareas que requieren concentración, destreza, un cierto sentido plástico, queriendo compensar tal vez mi incapacidad para el dibujo, o recuperar el hábito infantil de pegar cromos en los álbumes. Los hortelanos trabajaban a veces así, con una precisión y un ensimismamiento de jardineros más que de agricultores, tan concentrados que se les olvidaba el mundo alrededor y perdían el sentido del tiempo, más laxo porque no tenían relojes. Calculaban la hora fijándose en la inclinación de la sombra sobre la tierra, o escuchando a lo lejos las campanas en las iglesias de la ciudad.

218

Hay un tiempo del día para trabajar en el escritorio, en la pantalla y el teclado, pero antes, según el hábito que se ha formado a lo largo de estos meses, y que antes no existía, está el otro tiempo de la media tarde en la mesa del comedor, el del cuaderno, las tijeras, los lápices, el pegamento, la atención al declinar de la luz y a las ventanas de enfrente y el cielo sobre las terrazas, al que la noche llega cada vez más temprano, el robo creciente de los minutos de sol de cada día. A las ventanas ya no se asoma casi nadie. Hace meses que quedó abolida la fraternidad de los balcones. Las cosas más recientes pasaron hace mucho tiempo. En la pantalla la página que escribo tiene una existencia geométrica impecable, líneas rectas, márgenes justificados, tipografía como de libro impreso. En la pantalla se lleva a cada momento la contabilidad automática de las palabras escritas. Los errores corregidos no dejan tachaduras. Lo escrito cobra de inmediato la pulcritud engañosa de lo definitivo. Las faltas de ortografía pueden corregirse por sí solas. Basta pulsar un botón, a conciencia o por error, y todo lo escrito desaparecerá sin dejar ni una huella. Una palabra o una frase entera o un párrafo de los que uno se arrepiente desaparecen como si nunca hubieran existido, como equivocaciones en la vida que no dejaran ni un indicio de remordimiento.

En el cuaderno todo es más incierto. La letra varía según la prisa, el estado de ánimo, el grado de entrega irreflexiva con el que uno vaya escribiendo: en la inclinación de los rasgos queda impresa la rapidez con que se ha escrito. Un error o un arrepentimiento no desaparecen. Tan solo son tachados, de modo que en la misma página coexisten las diversas búsquedas y tanteos que se han sucedido sobre ella. No hay página escrita a mano que no sea un palimpsesto. Las palabras pueden ir a alguna parte o quedarse en nada; una improvisación que condujo a un punto sin salida no desaparece aunque se tache con rayas que se cruzan. Es la mano misma la que parece que guía lo que se va escribiendo, no la voluntad, y mucho menos la conciencia. Las palabras escritas se detienen cuando se acaba la tinta en el depósito de la pluma. La invención, por impetuosa que sea, queda interrumpida mientras se quita el capuchón, se destapa el tintero, se sumerge en él la punta de la pluma, se llena accionando el émbolo como una jeringuilla. Ahora que lo pienso puede que al doctor Bouza le gusten tanto las plumas porque le recuerdan al instrumental médico. Al escribir de nuevo, las palabras que se estaban volviendo inciertas y dudosas por la falta de tinta cobran una mayor nitidez, porque el hilo de la tinta fluye con abundancia. Entre la rapidez de la invención verbal y el fluir adecuado de la tinta hay una conexión decisiva. Lo escrito en la pantalla parece que tiene que ir en línea recta a alguna parte. La página virtual impecable ya prefigura la página del libro, aunque también avisa de lo fugaz y lo frágil de todas las inscripciones digitales. Lo escrito en el cuaderno puede llegar a la página virtual o a la página impresa y puede también no ir a ninguna parte, quedarse en la intimidad, en el secreto del papel, como en otras épocas quedaba lo escrito en una carta, olvidado tal vez y al mismo tiempo perdurable. Lo escrito en el cuaderno se me olvida muy pronto porque lo he hecho literalmente a vuelapluma: y cuando lo encuentro y lo leo al cabo de un tiempo, de solo unos días, es como si lo hubiera escrito otro, y yo tan solo hubiera encontrado ese manuscrito, y lo pasara al ordenador como un secretario de mí mismo.

219

Los argumentos, los lugares y las situaciones de mis sueños se repiten tanto como los de las historias que escribo, sin duda porque brotan del mismo fondo de lo que yo soy, de mi manera de estar y de verme en el mundo. Sueño que estoy perdido, o que he vuelto a un lugar al que tengo mucho apego y lo encuentro tan cambiado que no lo reconozco: esta noche, que volvía a Úbeda, y que desde la plaza de San Lorenzo iba hacia la de Santa María, donde los edificios antiguos y las iglesias los habían sustituido construcciones modernas y brutales, bloques de pisos, almacenes como de polígono industrial, oficinas. Yo quería llamar a Elvira para contarle el escándalo de lo que estaba viendo pero no encontraba mi teléfono. Creía encontrarlo pero era otro y yo no sabía manejarlo, como cuando mi padre no lograba marcar números en los teléfonos móviles porque sus dedos eran demasiado anchos para tocar por separado teclas tan pequeñas. Los sueños de haber vuelto y no reconocer nada se corresponden con los otros igual de angustiosos de no poder volver, de no encontrar el camino. Esta mañana salgo a la calle nada más levantarme y en la realidad diurna y ruidosa de tráfico de los ojos abiertos no me encuentro menos perdido que en mi sueño.

Si mi madre está de buen humor y tiene la voz firme y clara en el teléfono es porque se ha recreado en un buen recuerdo.

—¿Te acuerdas de cuando vino a verte el rey mago?

Sonó el llamador en la puerta de la calle y mi madre y mi padre, que habían estado esperando tranquilamente en la mesa de la cocina, después de cenar, se miraron entre sí y se hicieron una seña. Sobre el hule limpio de la mesa había tan solo un plato con borrachuelos y mantecados, una botella de anís y una copa diminuta de las que se usaban para beberlo. A los niños nos echaban en una de esas copas unas gotas de anís con un poco de agua y quedaba un líquido lechoso y dulce que nos gustaba mucho, una palomita, y que probablemente nos deparaba un conato de embriaguez infantil. Yo estaba muy nervioso, y me extrañaba que ellos estuvieran tan tranquilos. Los adultos siempre eran sorprendentes. Por mucho que uno los observara no había manera de entenderlos. Los adultos unas veces estaban irritados sin que se supiera por qué y otras estaban de guasa y no se tomaban en serio ninguna de las cosas cruciales que al niño lo inquietaban. Por no recuerdo qué conducto, a mis padres les había llegado el aviso de que el rey Melchor vendría a nuestra casa a traerme los regalos esa noche del 5 de enero, y también la advertencia de que si ellos o yo se lo decíamos a alguien rompiendo el secreto ni Su Majestad vendría a verme ni yo recibiría ningún regalo, sino un saco o una espuerta de carbón. Un niño intuía que las cosas mejores que se le concedían por un favor inescrutable también podrían serle negadas en el último momento. Pero esa noche, en el silencio y el frío, en la casi oscuridad de la calle Fuente de las Risas, que solo tenía encendidas algunas bombillas en las esquinas, sonaron los golpes en la puerta, y al oírlos a mí me dio un vuelco el corazón. Pero mis padres siguieron tan tranquilos, como si no hubiera prisa, como si no existiera el peligro de que en el último momento el rey Melchor rompiera su promesa y se marchara. Se levantaron, y yo con ellos, y los tres salimos al portal empedrado. Fue mi padre el que valerosamente se adelantó hacia la puerta, y corrió el cerrojo para abrirla. Mi madre y yo nos quedamos atrás, yo buscando su mano, que abrigaba la mía. Y en el hueco de la puerta, mucho más alto que mi padre, que se hizo a un lado humildemente para invitarlo a pasar, estaba el rey mago, Melchor, con su barba blanca y rizada sobre el pecho, la corona en la cabeza, quizás un poco ladeada, una capa suntuosa con el mismo brillo de oro, una túnica verde atada con un cordón blanco, todo muy parecido al hábito de los penitentes de la cofradía del Santo Borriquillo, que era la primera que desfilaba en la Semana Santa, el Domingo de Ramos. El rey Melchor hizo una especie de bendición con su mano enguantada de blanco, y me preguntó si yo era el niño Antonio, y si vivía en la calle Fuente de las Risas número 67, y si era hijo de Francisco y de Antonia. A todo yo decía que sí, aunque la voz no me salía del cuerpo, así que afirmaba con la cabeza, temblando un poco, sintiendo la mano enguantada de seda del rey posada en mi cabeza. Con voz grave Su Majestad me preguntó si había sido bueno durante todo el año anterior, y yo dije que sí, o intenté decirlo, y miré a mis padres con el deseo de que confirmaran mi gesto. Pero ellos estaban como alelados, como distraídos, y a mí eso me inquietaba y hasta me indignaba. Me parecía mentira que en una situación tan comprometida fueran tan irresponsables, mostraran tan poca reverencia, como si en la misa no se hubieran arrodillado durante la consagración. El rey entró en el portal, y pasó a la cocina, siguiendo a mi madre, que le indicaba el camino. Aquellas pobres sillas de anea que teníamos me parecieron de pronto inadecuadas para una visita de ese rango. Al pasar el rey a mi lado con el rumor del roce de sus vestiduras de seda me fijé en que debajo de la capa sostenía un gran bulto, en el que sin duda traía mis regalos. Y también me fijé en que del filo dorado de su túnica salían unas zapatillas comunes de invierno, de cuadros, como de estar en casa, incongruentes y sin embargo adecuadas, porque al fin y al cabo debían de ser un atributo de un rey mago, igual que la corona, la túnica, la barba. El mundo era siempre misterioso. Que el rey Melchor no llevara botas puntiagudas, ni sandalias antiguas, sino zapatillas de casa, era uno de tantos indicios enigmáticos que uno estaba advirtiendo siempre, y que para los mayores por algún motivo permanecían invisibles.

221

«Qué serio estabas», dice mi madre, riéndose de la misma broma inagotable casi sesenta años después. «Qué pálido te habías quedado, mirando al rey. Y yo que me moría de risa.» El rey se sentó majestuosamente en la silla, con las piernas abiertas. Encima de las zapatillas de paño se distinguían unos calcetines, y los bajos de un pantalón. Los Reyes Magos calzaban zapatillas de paño y llevaban calcetines. Me dio uno por uno varios regalos. Los sacaba de debajo de su capa de oro, y los iba depositando con gran solemnidad encima de la mesa. Con sus guantes blancos vertía sobre el hule puñados de duros de chocolate, envueltos en papel de oro y de plata. Ese año recibí el regalo más valioso de los que me trajeron nunca los Reyes, una máquina rudimentaria de cine. Yo miraba las cosas y no me atrevía a tocarlas. Me sobrecogía la presencia del rey Melchor en nuestra pobre cocina, con una bombilla pelada colgando del techo, con la hornilla de carbón de mi madre, y la radio sobre una repisa. Pero lo que me inquietaba, lo que me atormentaba, era la irresponsabilidad, la falta de respeto que mostraban mi padre y mi madre, los dos conteniendo la risa, como si en todo aquello hubiera algún motivo de burla, mi padre con los carrillos colorados y los ojos llenos de lágrimas, reventando de risa, tapándose la cara con las manos para ocultarla, hundiendo la cabeza entre las manos apoyadas sobre el hule, cerca de los juguetes a los que no prestaba la menor atención. Mi madre se puso seria un momento y le ofreció al rey un borrachuelo y una copa de anís, con una deferencia parecida a la que dedicaba a un médico después de una visita. Pero yo me daba cuenta de que la deferencia era falsa, y me daba miedo que Su Majestad se diera cuenta también, y se ofendiera, y se marchara, recogiendo de una brazada los juguetes y volviendo a guardarlos bajo su capa dorada. Con su voz grave y cóncava le dio las gracias a mi madre y le dijo que no, que aún le quedaban muchas casas que visitar esa noche, muchos niños a los que llevarles regalos. Mi padre hizo un gesto hipócrita de seriedad, de respeto, y se inclinó delante del rey para despedirlo, pero yo vi que volvía la cara para esconder la risa, y sentí como propio aquel ultraje a la nobleza y a la bondad del rey Melchor. El rey se inclinó sobre mí desde su gran altura, y volvió a ponerme la mano enguantada en la cabeza. En el momento en que se oyó la puerta cerrarse y mi madre echó el cerrojo ninguno de los dos pudo ya contener la risa.

Yo los miraba herido, desconcertado, ofendido, y les reñía por su comportamiento indecoroso, asustado por descubrir el grado de irresponsabilidad al que eran capaces de llegar los adultos. «Yo me moría de risa, y tú con lo grande que eras ya eras tan inocente que no te enterabas. Y eso que te habías fijado en que había venido con las zapatillas de andar por casa. Me decías: se habrá enfadado el rey por que te rieras tanto, qué vergüenza, mama, el rey sacando los regalos y tú venga a reírte.»

222

Entonces advierto que mi madre no nombra en ningún momento a mi padre, que lo ha borrado por completo de ese recuerdo que en todo lo demás es tan preciso. No es que no quiera nombrarlo, o que el deterioro de su memoria deje espacios vacíos en esa escena revivida, como en una foto dañada. Era mi padre el que se reía sin control aquella noche, el que tenía la cara congestionada de risa y los ojos llorosos, viendo a mi tío Paco, el matarife, disfrazado de cualquier manera, con una corona de cartón pintada de purpurina que se le torcía sobre la cabeza, y la peluca blanca y la barba postiza, y la túnica y la capa de penitente de su cofradía de Semana Santa. Era así como él se reía muchas veces. Pero ahora, en la memoria de mi madre, la burla y las carcajadas son suyas, y mi padre ha desaparecido, borrado con la misma eficacia con la que se elimina digitalmente de una película a un actor que ha caído en desgracia por algún escándalo. Durante años se acordó de él para enumerar sus defectos, cultivando una contabilidad meticulosa y terminante de todo lo que le irritaba de él, todo lo que había sufrido en secreto durante toda su vida y no le perdonaba. El tiempo, en vez de desdibujar y apaciguar las heridas, las avivaba, y la memoria de mi madre parecía enriquecerse con pormenores añadidos. Para ella no había gradación en las acusaciones. Póstumamente le reprochaba lo grave y lo ínfimo, lo que había sido pasajero y lo permanente, lo de verdad sufrido y lo imaginado. Hablaba de mi padre y parecía que se iba olvidando del interlocutor que tuviera delante y que a quien veía era a él, muerto y regresado, aceptando en silencio sus quejas. Gastaba mucho dinero comprando lotería. No le daba nunca dinero o le daba muy poco y ella pasaba apuros angustiosos para manejar la casa. Se enfadaba sin que ella supiera el motivo y pasaba días sin dirigirle la palabra. Salía al corral cada mañana a hacer gimnasia usando el palo de una escoba y es posible que por culpa de esa manía le diera el ataque al corazón. La llevaba a viajes del Imserso dando tumbos en autobuses por toda España y a ella no le preguntaba si le apetecía. Igual que a su madre, le gustaba comer pajaritos fritos y masticaba las cabezas y los huesecillos con un ansia que a ella le provocaba náuseas. Caía en la cama y se ponía a roncar y ya no paraba en toda la noche. Ella no podía dormir con ese estruendo a su lado. Para comprar aquella huerta que tanta ilusión le hacía vendió la casa de la calle Fuente de las Risas obligándola a ella a vivir de nuevo en casa de sus padres y de sus hermanos. Se fue una vez a Madrid con su hermano Juan porque toreaba en Las Ventas aquel torero de Úbeda que triunfó durante unos pocos años, Carnicerito, y dejó abandonada la huerta y el puesto en el mercado justo en mitad de la temporada de los alcauciles, que eran la hortaliza con la que ganaba más dinero. En la memoria de mi madre agravios separados por largas distancias temporales mantenían la misma cualidad de injurias. Ninguna herida cicatrizaba con los años. Ningún error lo absolvía y ni siquiera lo amortiguaba el olvido. Él no había querido que yo estudiara. Lo único que él quería era que yo dejara cuanto antes la escuela y me fuera con él a la huerta. Era ella quien me defendía, quien me compraba libros ahorrando una parte del poco dinero que él le daba, ella quien también se empeñó en que mi hermana estudiara.

223

Ahora el murmullo acusatorio ha cesado. Una presencia constante a lo largo de sesenta años ha desaparecido. Si nombro a mi padre, ella hace como que no me ha oído o se acuerda de una de sus quejas antiguas. Antes no era capaz de recordar nada bueno de él. Ahora no recuerda nada. A veces quiero preguntarle algo sobre la noche de su muerte, sobre lo que hicieron él y ella la tarde anterior, pero obedezco la prohibición no expresada y no le pregunto, y me conformo con imaginar lo que sé que ocurrió, lo que nos contaba ella misma con un tono neutro en los días primeros del luto, antes de que la dejáramos en la casa, yéndonos sus hijos y sus nietos cada uno a nuestras vidas distintas, a Granada, al Puerto de Santa María, a Madrid; ella sola en la plazuela y en el barrio donde había tantas casas vacías, algunas abandonadas; en la casa con tantas habitaciones, cámaras, pajares, corrales, en la que había vivido tanta gente, donde se habían criado cerdos, gallinas, conejos, donde los mulos y la yegua habían relinchado en una cuadra que ahora era la cocina, donde se habían congregado rumorosamente antes del amanecer los aceituneros de la cuadrilla de mi abuelo. De un día para otro se veía habitando otra vida, otro mundo. Echaría con varias vueltas la llave; pasaría además el cerrojo, como hacía mi padre cada noche. Pero ahora en la casa no habría nadie más que ella. El día anterior era ya muy lejano, la tarde, ya anocheciendo, con las farolas recién encendidas en las esquinas, algo de frío húmedo en el aire, la mayor parte de las ventanas de la plaza a oscuras. Él le había pedido que se arreglara. Quería que fueran a visitar a su hermano Juan y a su hermana Paula. Quería darle a cada uno una copia de la foto que había encontrado unos días atrás, y que había estado perdida durante más de medio siglo, tanto tiempo que él ya no se acordaba de que existía. Se había ocupado de ir a un estudio de fotógrafo para que hicieran una ampliación de calidad, y sacaran las copias. Antes de salir las puso cada una en un sobre y los guardó con cuidado en el bolsillo del abrigo. Quería que la foto fuera un regalo y una sorpresa. Algunas veces, según iba haciéndose mayor, le entraban melancolías silenciosas. Un día que lo vi muy pensativo le pregunté qué le pasaba y me dijo: «La vida se pasa como un sueño». Él no sabía que estaba citando un lugar común de la literatura. Subieron del brazo por la calle del Pozo, y luego cruzaron el altozano y fueron hacia la calle Chirinos, hacia la casa de Juan y Catalina. Conservaban la costumbre antigua de presentarse de visita sin llamar antes por teléfono. Llamaron a la puerta de mi tío Juan. Volvieron a llamar después de un silencio, pero nadie vino a abrirles. Mi padre se quedó muy defraudado. Quería llamar de nuevo. Quizás estaban en el corral o al fondo de la casa y no habían oído el llamador. «Ya sabes lo machacón que era cuando se le metía algo en la cabeza.» Ahora fueron a casa de su hermana Paula y su cuñado Paco, que vivían muy cerca, en la calle Fuente de las Risas. Mi tío Paco, el que se había disfrazado de rey Melchor para mí casi cincuenta años atrás. A esa hora ya sería noche cerrada. La calle Fuente de las Risas era más estrecha porque había edificios más altos y coches aparcados junto a las dos aceras. Llamaron y tampoco les respondió nadie. Mi padre se quedó abatido, callado. En el camino de vuelta llamaron de nuevo a casa de mi tío Juan, aunque era inútil, porque seguía sin haber ninguna ventana iluminada.

224

Volvieron a casa, y esa noche mi padre cenó poco. Dijo que estaba un poco mareado, que se tomaría un vaso de leche caliente y se acostaría pronto. Ya no tenía que madrugar mucho para ir al mercado o al campo, pero seguía levantándose muy temprano. Por la noche el sueño le entraba pronto, y se quedaba dormido después de cenar, aunque ya no sentado en una silla rígida y con la cabeza sobre la mesa, con los brazos cruzados como almohada, sino en un sillón confortable, delante del televisor. Estaba todavía despierto cuando mi madre subió a acostarse y se tendió a su lado. A mi madre le chocó que se volviera hacia ella y le diera un beso. Quizás lo que en otras épocas había echado en falta ahora la incomodaba. En los últimos tiempos él se había vuelto más cariñoso, más considerado. Ella no acababa de creerse aquellas efusiones. Se acordaba de que le dijo: «Hay que ver cuántos años hace que estamos juntos», y que se abrazó a ella. Estaba muy dormida cuando la despertó su respiración agitada, el modo en que se removía a su lado en la cama. Oyó un estertor, como una queja, o un ronquido. Un momento después él estaba muerto. No llegó a despertarse. Quizás soñó que se moría.

Ahora yo tengo esa foto. Un hombre y una mujer en bañador están sentados en la playa, de costado hacia el mar, donde se ven cabezas dispersas de bañistas. Entre los dos, de pie, apoyando una mano en el hombro de cada uno, hay un niño moreno y más bien desmedrado, como de cinco años, aterido, porque se ve que acaba de salir del agua. Por el bañador del hombre sobre todo, y por el peinado de la mujer, se sabe que es una foto de los primeros años treinta. El hombre es delgado y fibroso, con un torso atlético. El bañador de tirantes, atravesado por una franja diagonal, descubre sus hombros y sus brazos poderosos. El pelo crespo está echado hacia atrás. Solo la cara estrecha y la nariz larga y afilada me recuerdan a mi abuelo Antonio. La mujer es pequeña y redonda. El niño tirita y al mismo tiempo está radiante. Sus bracillos y sus piernas flacas contrastan mucho con la fortaleza enjuta de su padre. Si tiene cinco años, la foto es de 1933. Yo nunca había visto una foto antigua en la que alguien de mi familia estuviera de vacaciones, mucho menos a la orilla del mar. El niño todavía es hijo único. Los padres jóvenes tienen un aire de austeridad, pero no de pobreza. Ninguno de los dos es mayor de treinta años. La vida es buena para ellos. La huerta y el puesto en el mercado les permiten el desahogo suficiente como para pasar unos días en la playa, quizás en Almería, o en la costa de Granada. Miran con cierta calma el porvenir. Sus vidas son mejores que unos años atrás. Los miro en la foto y me entristece la profecía retrospectiva de lo que ellos no saben que se acerca, lo que caerá sobre ellos dentro de solo tres años, la guerra y todos los años oscuros de postguerra y de hambre, la infancia interrumpida del niño, la adolescencia y la juventud en las que solo conocerá el trabajo sin descanso y sin fruto. Dentro de tres años este hombre joven tendrá que irse como soldado raso a una guerra de la que no tiene ninguna culpa y el niño tendrá que dejar para siempre la escuela para trabajar en la huerta. El niño aterido y eufórico que tal vez lleva toda la mañana saltando entre la espuma de las olas no volverá a tener unos días de vacaciones ni a ver el mar hasta dentro de cuarenta años. En algún momento del porvenir ese niño se convierte en mi padre. Pero la mirada retrospectiva es un engaño: hace creer que las cosas tenían que suceder de una manera inevitable, que el futuro tal como fue estaba contenido en aquel presente, una secuencia de pasos necesarios que conduce en línea recta hacia ahora mismo, hacia esta noche de diciembre y estas palabras que yo escribo. Pero nada hay predeterminado en ese instante congelado en blanco y negro de la fotografía, tan solo la amplitud, la duración, el vértigo del tiempo, su aterradora lejanía.

226

Voy a donde me va llevando lo que escribo. La imaginación y la memoria van a la zaga de las palabras que surgen de la pluma o de los dedos que pulsan las letras del teclado. Voy un domingo a media mañana a la plaza de Felipe II. He quedado allí con Antonio y Leonor. Hace sol y también mucho frío. El aire tiene la transparencia vítrea de los días luminosos de invierno en Nueva York. La gente va embozada en bufandas y en mascarillas, gorros de lana, chaquetones de solapas levantadas contra el aire helado. Las mascarillas parecen prendas de abrigo. El viento barre las hojas caídas provocando estampidas numerosas que ruedan por el suelo con un rumor de papeles rasgados, una agitación como de animales diminutos en fuga. De nuevo el aliento me empaña las gafas. Antonio viene desde la esquina de Goya, con Leonor de la mano. Con el gran capuchón forrado de piel, su cara redonda y sus ojos rasgados Leonor parece una niña esquimal. En la mano que no va asida a la de su padre Leonor lleva el oso de trapo del que no se separa nunca. El oso va vestido con un mono de rayas azules en el que hay cosido un corazón en el costado izquierdo. Leonor me ve desde lejos y sonríe para sí. Hay reserva y pudor instintivo en sus manifestaciones de cariño. El bebé de cara chata y rojiza y pelo muy negro al que vi en una sala de recién nacidos idénticos en un hospital de Granada es ahora este hombre más alto que yo, de treinta y siete años, al que la paternidad parece haber fortalecido, acelerado en el tránsito hacia la madurez. En vez de abrazarnos y darnos dos besos, como en el mundo anterior que no ha vuelto, nos sonreímos tras las mascarillas y nos estrechamos sin acercarnos demasiado las caras. El bullicio de la gente que pasea y los niños que juegan en la mañana de fiesta animan la fealdad de esta plaza tan desalmada como un aparcamiento. Leonor se adelanta a nosotros con su osito en la mano para acercarse a una mujer joven que toca un clarinete. Cualquier músico es para cualquier niño un flautista de Hamelín. Su padre y yo la miramos de espaldas, más diminuta en cuanto se aparta de nosotros. A la niña parece que los movimientos del clarinete la subyugan tanto como el timbre y la sinuosa melodía.

Entonces es hace treinta y tantos años y yo estoy junto a mi padre, en otro domingo luminoso que tal vez fuera de invierno, en Granada, en la zona de toboganes y juegos infantiles del paseo de la Bomba, junto a las arboledas de la orilla del Genil, con toda la amplitud de la sierra como un gran telón suspendido delante de nosotros. En el paseo de la Bomba había un vagón restaurado del antiguo tranvía que iba a la sierra, convertido en biblioteca infantil. Mi hijo, entonces todavía único, va delante de nosotros. No sabe leer pero ha estado mirando cuentos de letra grande y anchas hojas ilustradas en la biblioteca del tranvía. Ahora nos ha adelantado porque quiere montarse en un tobogán o en un columpio. Lo seguimos de cerca y en ningún momento lo perdemos de vista, ni mi padre ni yo. También yo soy más alto que mi padre. «A sus nietos les hizo mucho más caso del que os hizo nunca a vosotros, a tu hermana o a ti. Era locura lo que tenía con ellos», decía mi madre, cuando contaba cosas de él. Mi padre es muy sentimental y se le humedecen en seguida los ojos. Mira a su nieto, del que le dolió tanto que no le pusiéramos su nombre, y me habla de lo cariñoso que es con él, lo bueno, lo alegre, lo listo. Instintivamente lo veo mayor que yo en esa escena revivida, porque un padre siempre ha de ser mayor que su hijo, pero en seguida hago el cálculo y corrijo el recuerdo: mi padre en aquel momento era varios años más joven de lo que yo soy ahora. Aún no se había jubilado. Aún se levantaba a las cuatro de la mañana para ir al mercado, iba a la aceituna, trabajaba jornadas enteras en el campo. Quizás no tenía ni sesenta años. Mi hijo ha llegado al tobogán pero no se atreve a mantener su turno entre los niños que se arremolinan para subir a él. Le digo a mi padre que me preocupa que sea tan tímido, que llore cuando lo llevo por las mañanas a la guardería; le cuento que hay un niño algo mayor que le metía miedo y le pegaba, y que tuve que hablar con la maestra para que no lo permitiera. Mi padre se queda pensativo, mirando al niño parado junto al tobogán, no a mí, y me dice: «Es natural que haya salido así. Tiene a quien parecerse».

En ese momento, con una virulencia instantánea y absurda, vuelven a mí todos los complejos antiguos, el miedo que me daban muchas veces los niños mayores, la vulnerabilidad excesiva que mi padre notaba y lo entristecía o lo irritaba, la torpeza física, la falta de empuje y de destreza en las tareas que él intentaba enseñarme, tantas veces sin éxito, tantas de aquellas veces que me dijo «Qué poca sangre tienes».

Entonces, la mirada un momento ausente, sin verme a mí, sin vigilar al niño pusilánime que no se atreve a impedir que otros le tomen la delantera para subir al tobogán, mi padre dice: «Se parece a mí cuando tenía su edad».

228

Leonor ha pasado el día con nosotros y ahora la llevo en un taxi a casa de sus padres. Son poco más de las siete, pero al salir a la calle daba la sensación de que hacía mucho tiempo que era de noche. Con la niña en brazos he ido al filo de la acera a llamar un taxi. He visto en su mirada la extrañeza ante esta noche prematura y profunda, que a mí siempre me produce una sensación de irrealidad, las luces frías de las tiendas, los bultos de la gente en la oscuridad de las calles laterales, el invierno recién sobrevenido, los abrigos, los pasos ahora mucho más rápidos de las siluetas que pasan por la acera cuando me asomo al balcón, recortadas contra la claridad de la tienda de 24 horas. En el escaparate de la agencia de viajes se suceden imágenes veloces de lugares muy lejanos. Unos monjes de cabezas afeitadas y túnicas color azafrán llegan en fila a un templo y se arrodillan ante un gran Buda de oro; una mujer rubia en bikini mira el atardecer desde un acantilado, sujetándose el sombrero de paja contra el viento, frente al mar esmeralda de la isla Mauricio; unos turistas joviales montados en camellos pasean entre las ruinas de Petra; una pareja joven se abraza en una plataforma de bambú, junto a una cabaña, frente a la bahía de un atolón del Pacífico. He salido con la niña al balcón, los dos muy abrigados, ya preparados para irnos, y me ha señalado por encima de las terrazas la luna en cuarto creciente que yo no había visto todavía. Será una de las primeras veces que Leonor se fija en la luna. Sujeta los barrotes con las dos manos enguantadas. Un momento después ya no la ve. Dice que la luna ha ido a esconderse detrás de una casa. La sigue buscando cuando vamos en el taxi, mirando hacia arriba por la ventanilla. El conductor lleva una gorra de lana calada sobre la frente. Entre el filo de la mascarilla y el del gorro queda una estrecha franja horizontal en la que se le ven los ojos, en el retrovisor. El interior del taxi solo está iluminado por las luces del salpicadero y por la pantalla del móvil donde el taxista novato sigue de reojo la ruta que indica el mapa. Vamos como en un submarino de bolsillo surcando la noche de Madrid. Más allá de la ventanilla se dilata una galaxia de resplandores de tiendas abiertas en la calle Goya y de iluminaciones navideñas. Leonor mira deslizarse las luces y la multitud compradora y festiva de las aceras con los ojos muy abiertos y acuna en sus brazos al oso de trapo. Le cuenta cosas en voz baja y el oso le responde con la voz más aguda que pone ella misma. Antes de llegar a la plaza de Colón el taxi avanza cada vez más lentamente. «Es que han encendido hoy las luces de Navidad y la gente sale en coche para verlas.» Ahora Colón, la Castellana, Recoletos, la calle Génova, son un océano de coches atascados, de motores y cláxones pulsados por la impaciencia y la ira. A Leonor no le importa que el taxi vaya tan lento. Le gustan los espacios interiores bien delimitados, bien protegidos, el confort de su casa y el de la nuestra, el de los sofás, las alfombras, las colchas de las camas. El taxista avanza con acelerones y frenazos, pitando al que tarda en arrancar delante de él cuando cambia la luz del semáforo, en vano porque todo está atascado. Leonor mira el cielo nocturno en el que no encuentra la luna en medio de tanta incandescencia de luces. Si algo queda para ella de esta noche será en uno de los confines más lejanos de su memoria futura. En la radio del taxi están diciendo que los contagios y los muertos crecen ahora en el resto de Europa y en Estados Unidos. Un epidemiólogo explica que antes del verano que viene podrán haberse vacunado en nuestro país veinte millones de personas: pero añade, con cierta angustia en la voz, o fatiga, o escepticismo, que no hay que confiarse, que todavía mucha gente cae enferma y muere o sobrevive con secuelas que no se sabe cuánto durarán, que este barullo de la Navidad y las fiestas que vienen pueden traer una tercera ola todavía más devastadora. Las luces del atasco se pierden hacia el fondo de las arboledas de la Castellana. Se ve a la gente entrando y saliendo en multitud de las tiendas, llenando las terrazas cubiertas de los restaurantes y las cafeterías. Pero este no es el mundo de antes que ha vuelto, aunque yo me sienta en él casi igual de extranjero. Es otro mundo raro que quizás se parece al que existirá cuando yo ya no pueda verlo. La niña pega la cara al cristal para mirarlo todo con sus ojos tan abiertos, como observando el mundo de las profundidades desde la cabina de un submarino, o de una máquina del tiempo en la que ha viajado hasta el límite de bruma que formarán sus recuerdos más antiguos, tan frágiles como fotografías vistas en sueños. A partir de una cierta distancia en esa oscuridad futura yo no soy más que una sombra que se confunde con las de mis mayores, reunido con ellos, reconciliado, sobrevivido conjeturalmente en el recuerdo de los vivos, en las narraciones que algunos de ellos quieran transmitir.